JE VEUX ÊTRE JOURNALISTE

Paola Zannoner

JE VEUX ÊTRE JOURNALISTE

Traduit de l'italien
par Stéphanie Bertamini

EDITIONS PRISMA

Titre de l'édition originale :
VOGLIO FARE LA GIORNALISTA

Coordination éditoriale : Ambre Rouvière
Édition et correction : Nord Compo Multimédia
Mise en page : Nord Compo Multimédia
Maquette de couverture : Scarlatine

ISBN : 978-2-8104-0486-5

Introduction essentielle

Ma tata Rose dit souvent :

— Le monde est beau parce qu'il est avarié.

Il n'y a encore pas si longtemps que ça, je trouvais que c'était un dicton plein de sagesse. Quand j'étais petite, je ne connaissais pas la différence entre « varié » et « avarié » et quand je l'ai découverte, je me suis dit que ma tante était absolument géniale : une vraie existentialiste ! Une néo-punk ! Une philosophe !

Tu parles !

En fait, tata Rose employait « avarié » dans le sens d'« avare ». Pour elle, le monde était beau parce qu'il était avare, elle riait toujours de la même plaisanterie, qui était plus que dépassée, mais qu'elle faisait depuis des années. Ceux qui la connaissent savent très bien qu'elle n'est pas du tout avare, elle est plutôt du genre dépensier, tata pense que si le monde était aussi dépensier qu'elle, alors il n'y aurait plus rien à voir, à comprendre ou à apprendre. Pour elle, le monde est avare, car il se laisse découvrir petit à petit, il dévoile peu à peu un côté caché des gens et une réalité différente.

Moi, en tout cas, je trouvais sa version du mot « avarié » fantastique. On parle si souvent de tristesse, de méchanceté et de gens malhonnêtes ! Le monde ressemble à une belle pomme rouge bien brillante, mais avec un ver dedans. En fait, il est beau justement parce qu'il a un ver, sinon il n'aurait aucun goût : on vivrait dans un splendide paradis sans émotions particulières, sans coups de cœur, où le temps serait toujours superbe et les conversations bien plates. Ça doit être pour cette raison que la fameuse pomme cueillie par Ève dans le jardin d'Éden avait un ver. Parce que le monde est beau s'il est avarié.

J'ai écrit cette introduction juste pour vous expliquer ma nouvelle passion pour les récits d'un certain genre.

Mais il faut d'abord que je me présente.

Je suis une fille de quatorze ans et j'aime beaucoup l'écriture. Et ça, tout le monde le sait.

J'ai même fréquenté une école pour apprentis écrivains l'été dernier. J'en suis sortie avec une belle attestation et un livre dans lequel est publié mon récit. Et ça, ce n'est pas rien ; comme l'a d'ailleurs commenté mon frère Berni, « c'est un sacré truc. »

Je veux écrire et c'est déjà pas mal. Mais qu'est-ce que j'écris ? Eh bien, c'est simple, je me suis dit qu'un beau roman fantasy, ça serait bien.

Je me suis donc mise à remplir des feuilles et des pages-écrans de l'histoire pleine de rebondissements d'une guerrière aux pouvoirs magiques qui tire sa force de la lumière de la lune. Pendant les nuits de pleine lune, elle est au sommet de sa splendeur, très belle et très forte, alors que la journée, elle est presque comme tout le monde. C'est ainsi qu'elle réussit à vaincre ses ennemis. Il y a aussi un magicien très puissant, il est enfermé sous terre, dans une tour, sa force provient du magma terrestre... Bref, ça me semblait être une bonne histoire, originale et pleine d'action, où le mal et le bien s'affrontent constamment, avec une série de symboles comme la nuit et le jour, le ciel et la terre, la lumière et l'ombre et ainsi de suite.

Maintenant, il ne me restait plus qu'à trouver quelqu'un pour lire les premières pages de mon histoire. J'avais besoin d'un avis impartial, mais à qui demander ? à mon copain Sean ? Ma première impulsion était de dire oui, d'ailleurs son numéro s'affichait déjà sur mon portable. Et puis j'y ai repensé. Et si ça ne lui plaisait pas ? Peut-être allions-nous finir par nous disputer ?... en admettant qu'avec Sean on arrive à se disputer, parce que pour le moment il ne s'énerve jamais, du moins pas avec moi. Comment il fait ? Ah, je ne sais pas ! C'est peut-être parce qu'il est anglais et que les Anglais ont des manières très policées. Oups ! Je me rends compte que j'ai utilisé un stéréotype qui ne plaît pas du tout à Sean. C'est le genre de chose qui le met en colère. Il fronce alors les sourcils, secoue la tête et répète :

— Mal, très mal !

Je ne sais pas comment il fait pour se contrôler tout le temps, pour s'énerver d'une manière aussi civilisée, et pour ne jamais hurler. Moi, par contre, de temps en temps, j'explose. Et comment ! Pour tout vous dire, parfois, ça me plaît bien de me disputer : par exemple, avec ma meilleure amie Jenny (quand j'étais petite, j'écrivais Genny). J'ai eu tant de disputes avec elle ! Mais après on se réconciliait, et on était encore plus amies qu'avant.

Bref, j'ai décidé de lui passer mon roman, comme ça si elle me dit que ce n'est vraiment pas bon et que je ferais mieux de me mettre à l'équitation, on se disputera et on en restera là. Après la lecture d'une cinquantaine de pages (pratiquement le premier chapitre du premier livre d'une possible saga), Jenny s'est montrée très emballée. Les larmes aux yeux et les joues rouges, elle s'est exclamée :

— Magnifique ! Mais comment as-tu fait ? Où trouves-tu toutes ces idées ?

Comme un perroquet vaniteux, j'ai gonflé mon plumage... mon amie avait été si encourageante que je suis allée proposer mon texte à mon professeur de français. Elle était l'auteur d'au moins cinq livres de poésie et aussi critique dans une revue mensuelle littéraire. Je dois avouer que je m'attendais à ce qu'une poète et critique littéraire comme ma prof, Mme Anna Trombetti, s'intéresse à mon livre rempli de magie et de fantaisie. Mais une héroïne qui doit toujours déranger le croissant de lune pour « exalter son apparence », ce n'était pas très clair. En fait, une guerrière nourrie par la lune, ça ne lui convenait pas du tout !

Mme Trombetti m'a d'abord regardée avec un grand sourire, paraissant enthousiaste, puis elle a baissé les yeux, a soupiré et a souri de nouveau. Bref, elle a mis en scène toute une série de regards et de gestes que je n'ai pas bien compris, et enfin, elle m'a tendu la main et m'a dit :

— Mia, viens avec moi.

— Pardon, mais où ? je voulais dire, mais je me suis tue.

Le moment était très solennel, rien qu'à en juger par son expression. Un sourire énigmatique s'affichait sur son visage, on aurait dit la Joconde de Léonard de Vinci.

La prof a donc posé les feuilles sur la petite table devant elle, a ôté ses lunettes et les a placées avec soin sur le tas. Elle s'est levée calmement du canapé, m'a prise par la main, et s'est dirigée vers le balcon. Elle a lâché mes doigts pour ouvrir la fenêtre et voici ce qui est arrivé ensuite.

Une rafale de vent glacé nous a soufflé dessus, mais comme ma guerrière de la lune, nous n'avons pas reculé. Bien au contraire, Mme Trombetti, défiant le froid dans sa chemise en soie rouge cerise, est sortie sur le balcon et m'a saisi la main, et nous y voilà.

D'un grand geste un peu théâtral, elle a écarté le bras droit au-delà de la balustrade et s'est s'exclamée :

— Voilà, Mia. Qu'est-ce que tu vois ?

« Beaucoup de circulation », j'avais envie de dire.

Sous le balcon se trouvait une file de voitures, on aurait dit une chenille processionnaire.

— La route... je lançais avec un filet de voix.

J'avais l'impression de marcher sur un terrain miné.

— La route et puis ? insistait la prof, toute souriante.

— Beaucoup de circulation, du bruit...

Je me suis arrêtée car je ne voulais pas la vexer. Après tout, c'est elle qui habitait là, dans ce grand chaos.

— Oui c'est ça. Beaucoup de circulation. Et là-bas ?

— Une femme qui se fâche parce que ce garçon a garé sa voiture en double file.

— Et là, en dessous ?

— Un vendeur ambulant... il propose des chaussettes de sport à une personne âgée qui secoue la tête... Un garçon qui court en survêtement avec un casque sur la tête... des filles assises sur des deux-roues... La dame de la voiture a haussé la voix, le gars qui l'a coincée avec sa voiture fait des gestes, attendez... le vendeur ambulant se précipite pour les séparer parce que la dame a pris un parapluie dans la voiture et est en train de s'en prendre au type... Madame ? Il faut appeler la police, non ?

— Non, ma chère. Rentre et ferme la fenêtre. Écris sur ce que tu vois autour de toi.

Puis, elle a décroché le téléphone et a appelé la police.

Et voilà. Le monde n'est ni beau ni moche, mais tout simplement varié. C'est pour ça qu'il vaut la peine qu'on le raconte. Et moi, j'ai de l'ambition :

celle de le raconter, de le décrire de manière directe, et comme m'a bien fait comprendre la prof, sans recourir à la fantasy. Au fond, il vaut mieux rester les pieds sur terre.

C'est ainsi que j'ai compris que je voulais devenir journaliste.

LES CHRONIQUES (VRAIES) DE MIA

APPRENDRE UN MÉTIER OU L'INVENTER

Où l'on m'explique ce qu'est une information

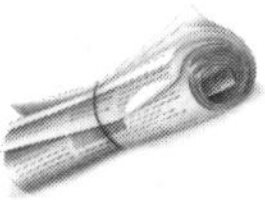

Je veux être journaliste. Dit comme ça, cela semble assez facile.

Tout d'abord, il faut que je sache pour quel journal. Voyez-vous, il faut faire ce métier en connaissance de cause. Car ce qui se raconte sera publié par ce qu'on appelle un organe de presse. Une telle expression me met déjà mal à l'aise. On pense souvent qu'un journaliste est une personne qui travaille pour un quotidien, un point c'est tout. En fait, dans le monde de la presse, il y a plein de catégories. On pourrait les comparer à un corps avec ses différents organes ; chacun avec des fonctions différentes et chacun contribuant à diffuser l'information.

La question à se poser serait : quel organe conviendrait à une fille, disons, assez brillante et pleine de bonnes idées, mais avec très peu, voire, aucune expérience ? Peut-être pas un titre national ? hum... je suis trop jeune. Un journal local, hum... non plus. Je n'ai pas l'âge. Je le sais pour sûr, j'ai demandé au frère d'une camarade d'école. À l'université, il étudie une matière au nom un peu compliqué... *les techniques de communication.*

— Ça doit être les techniques narratives, j'ai commenté.

Moi aussi, j'avais de l'expérience. Après tout, j'avais fréquenté une école d'un certain niveau.

— Genre ? a-t-il bougonné.

Malgré ses études, il me semblait vraiment peu communicatif.

— Est-ce qu'il ne faut pas construire un récit en partant de la réalité des faits ? j'ai insisté.

Quand je m'y mets, moi aussi, je suis pas mal casse-pieds.

— Plus ou moins, a-t-il répliqué, lui qui au lieu de s'appeler Gabriel devrait s'appeler « Sibylle » comme la sibylle de Cumes. Celle qui prévoyait le futur d'une manière assez incompréhensible et qui parfois parlait en monosyllabes ou en versets.

— Tu peux me donner un exemple ? je lui ai alors demandé, pleine d'espoir.

C'est probablement dans cet état d'esprit qu'à l'époque des Romains, les malheureux s'approchaient de l'antre de la susnommée sibylle.

— C'est-à-dire...

Il a attaqué d'une manière incorrecte. Il m'a prise de haut et contre toute attente a poursuivi par un tir nourri de paroles.

— Aujourd'hui l'information est constituée d'une masse énorme de données qui proviennent d'un peu partout dans le monde. Cette quantité impressionnante de faits doit être triée et sélectionnée, puis gérée par les organes d'informations, les moyens de communication de masse...

J'étais perdue dans ce torrent de phrases mystérieuses qu'il déversait sur moi. Gabriel-Sibylle de Cumes était en train de prophétiser et moi, je ne comprenais rien de rien !

— Pardon ? je l'ai stoppé, profitant d'un instant où il faisait une pause. Mais ça ne suffit pas qu'il y ait une actualité, une chose importante à raconter ?

— Eh non, fit-il en secouant la tête. Il se balançait tout en expliquant. Ce n'est pas comme ça de nos jours. Si seulement l'information suffisait !

— Même pour un accident ? j'ai lancé.

Il continuait à secouer la tête.

— Un tremblement de terre ? j'ai hasardé, et lui hochait la tête plus que jamais.

— Mais qu'est-ce qu'il faut pour faire la une ?

À ce moment-là, Gabriel-Sibylle s'échauffa et se mit à ricaner comme pour dire « maintenant je vais t'en dire une que tu ne vas pas en croire tes oreilles » :

— Il faut FABRIQUER la nouvelle, pour pouvoir scotcher les gens aux journaux et à la télé. Il faut du sensationnel, tu comprends ? Les journaux doivent vendre et ils vendent s'il y a quelque chose qui passionne le public. Pas n'importe quelle histoire, un fait banal, mais LA nouvelle. Je me suis fait comprendre ?

— Bof.

Je le regardais, les yeux écarquillés.

— Pardon, s'est calmé d'un coup Gabriel-Sibylle, refermant la bouche comme un rideau. C'est un peu trop compliqué pour toi.

Comment lui dire ? J'ai froncé les sourcils et j'ai utilisé une question-arme que mon frère utilise quand quelque chose ne l'a pas convaincu :

— Mais dans quel sens ?

— Tu es trop jeune.

— Et alors ?

Un peu aguerrie, j'ai posé les mains sur les hanches. Comme je l'ai déjà dit, quand il s'agit de se bagarrer, moi, je ne suis pas du genre à reculer.

— Mais pourquoi tu t'embêtes à vouloir comprendre les mécanismes du marché de l'information ? il a demandé, pas impressionné du tout par mon air agressif.

Alors j'ai croisé les bras, comme pour mettre une barrière entre lui, ce garçon antipathique, et moi.

— En fait, ça ne m'intéresse pas du tout.

J'ai pointé l'index vers lui :

— C'est toi qui as attaqué avec ce sermon.

Puis j'ai tourné l'index vers moi, pour clarifier ce différend.

Moi je veux écrire, pas terroriser.

De nos jours, on ne peut pas SEULEMENT écrire, a-t-il répliqué, appuyant sur l'avant-dernier mot.

Il avait pris un air menaçant et grognait :

— Le reportage n'est pas le lieu de la frivolité, tu sais, ce n'est pas un truc pour les jeunes.

— Ah bon ? Les mains commençaient à me démanger.

Ce type me tapait tellement sur les nerfs que j'aurais pu revenir sur le pacte de non-violence promis plein de fois à Sean le pacifiste, et lui sauter à la gorge.

— Pas si tu veux être un journaliste.

J'ai noté qu'il utilisait le masculin, comme si c'était un métier pour les hommes durs.

Et il insistait de manière toujours plus envahissante :

Le journaliste doit savoir qu'il fait partie d'un système de pouvoir et qu'il détient un pouvoir.

LE journaliste n'était-il pas par hasard en train de parler de ses propres ambitions un peu folles ?

Mais qui m'avait dit de venir voir cet énergumène ? Je me suis juré à ce moment-là que j'arrêterais de parler aussi à sa sœur Flavia, avec qui je prends le tram tous les matins. Un mot en entraînant un autre, nous sommes devenues un peu amies. Aussi, quand je lui avais évoqué l'idée que j'aimerais en savoir plus sur le travail de journaliste (j'étais restée un peu vague, car il y avait beaucoup de gens autour de nous et je ne voulais pas risquer qu'elle aille m'appeler Lilli Gruber dans toute l'école), et que je faisais des recherches sur le métier de journaliste, Flavia s'était illuminée comme une petite lampe de Noël et elle m'avait dit :

— Demandons à Gabriel, lui, il sait tout sur les journaux !

En effet, j'ai remarqué !

Devant cette réprimande du frère beau parleur, la pauvre Flavia était restée ahurie... comme si le fameux Sibylle l'avait foudroyée sur-le-champ. Bref, c'était mon tour d'argumenter.

À ce moment-là, j'ai utilisé la tactique de Sean. J'ai respiré un bon coup, j'ai changé de ton. Ça ne valait pas la peine de se disputer avec ce fou juste pour une histoire de principes.

— Moi, je veux devenir journaliste, juste journaliste, pas commandant en chef, j'ai rectifié avec beaucoup de calme. Il doit bien y avoir des gens qui racontent les histoires des gens et qui restent parmi eux.

Il a haussé les épaules :

— Même pas dans les journaux locaux.

Mais moi, à ce moment-là, j'ai compris qui j'avais en face de moi : comme les oracles, Gabriel-Sibylle tendait vers une vision apocalyptique. Tandis que moi, j'aspirais à une vision plus réduite : la mienne.

Où je raconte ma mésaventure

Ceux qui me connaissent savent déjà que je ne suis pas du genre à me décourager facilement.

Donc je me suis armée de patience et je suis allée chercher un « organe de presse » qui me convenait. J'ai exclu le quotidien de ma ville, parce que Sibylle-Gabriel avait raison à propos de l'âge : qui me prendrait au sérieux, moi, à quatorze ans ? Et si par hasard quelqu'un était prêt à me donner une chance, il serait freiné par la peur de passer pour quelqu'un qui exploite les enfants.

Tout ceci, je l'ai approfondi avec mon amie Jenny, en naviguant sur Internet et sur certains forums d'aspirants écrivains (il y en a tellement !). Certains internautes m'ont conseillé de chercher un journal scolaire, peut-être même sur Internet.

« Un de mes amis a commencé comme ça, et maintenant, il est correspondant au *Monde* », m'a encouragé un certain Alvestar.

Je ne sais pas si c'est vrai, mais j'ai envie d'y croire.

C'est ainsi que j'ai passé en revue les sites des écoles de ma ville. Bien sûr le plus logique serait que je me lance dans la rédaction du magazine web de mon école, mais j'ai plusieurs raisons suffisamment sérieuses pour être un peu hésitante.

Tout d'abord, le magazine web de mon lycée est entre les mains d'un groupe d'arrogants, des filles et des garçons de dernière années. Et seuls quelques élèves des premières années, des quasi prix Nobel, ont été admis à participer à la rédaction de la revue. Vous comprenez, ils croient faire le *Times* en ligne. Les critiques de musique ou de théâtre ne sont pas des petites choses ! Et ne parlons pas des comptes-rendus de concerts donnés dans d'autres villes, et qu'Amanda Signorino écrit en direct de Londres... histoire d'élever le niveau !

Et puis, disons que l'une des « signatures » du magazine web est un certain Sean Hamilton auquel j'ai déjà fait allusion. D'où justement mes craintes à lui faire lire mes écrits, qu'il s'agisse de fiction fantasy ou non.

D'ailleurs, nous nous sommes même DISPUTÉS. On pourrait aussi me dire de ne pas me perdre dans mes bavardages : je n'ai pas dit que c'était impossible de se disputer avec un garçon décrit comme plus SAINT que Sean !

Eh bien voilà : une des qualités d'un journaliste devrait être la clarté, et moi je me suis déjà embrouillée mille fois comme les amies de tata Rose qui papotent sans s'écouter les unes les autres à tel point que la fameuse expression « dialogue de sourds » est franchement inappropriée. Parce qu'un « dialogue » suppose deux personnes, et puis les sourds savent parler entre eux, et comment ! Dans le cas de tata Rose et de ses amies, il s'agit plutôt de monologues délirants, un peu comme les miens.

Bon, reprenons depuis le début avec Sean, sinon on ne s'en sort pas.

Sean Hamilton, que j'ai connu grâce à un atelier d'écriture, est mon copain depuis environ huit mois.

S'il n'est pas là, c'est qu'en ce moment nous sommes en *stand-by* parce que nous nous sommes disputés (du moins je crois). Et devinez à cause de qui ?

Pas besoin d'être un aigle pour y arriver en à peine une demi-seconde : eh bien, c'est la faute de celle que j'ai nommée un peu plus haut, Amanda Signorino, la reine des coups bas à peine as-tu tourné les talons. À tel point que plein de filles en sa présence s'éloignent et reculent comme des crevettes. Ce geste, que la traîtresse interprète comme une expression de révérence à sa princière personne. Elle n'a rien d'une princesse ! Elle qui se lèche les doigts après avoir mangé des chips et qui jure comme un charretier. Eh bien, voilà ce que j'ai osé dire à mon (est-ce que je peux encore le désigner comme ça ?) Sean :

— Amanda est vraiment vulgaire parfois.

— Mais de quoi tu parles ?

L'infidèle, il s'est mis à la défendre !

— Pardon, mais un bandeau rose de la même couleur que ses chaussures, tu trouves ça joli ?

Et voilà où j'ai fait la première erreur. Parce que parler de vêtements avec un garçon, c'est comme parler de cuisine chinoise avec un producteur de gruyère perdu dans sa montagne suisse.

C'est évident qu'il te regardera hébété et répondra exactement comme l'a fait Sean :

— Je n'ai pas fait attention.

En plus, une observation de ce genre te dessert vraiment, parce que tu passes pour une envieuse ou une mesquine.

— Je ne comprends pas pourquoi tu en as autant après Andy, a-t-il ajouté, en plissant le front.

— ANDY ? j'ai répété en haussant la voix.

Voilà la seconde erreur fatale. Mais pourquoi est-ce que je n'attends pas quelques secondes avant de parler, pourquoi est-ce que je ne compte pas jusqu'à trois pour ensuite prendre un air interrogateur avec des yeux écarquillés ?

Je sais que les yeux bleus ont un air plus angélique, mais mes yeux marron pourraient marcher aussi. Si je bats des cils et fais les yeux de biche, qu'en dites-vous ? Malheureusement, je n'ai jamais appris les techniques de base de la parfaite séductrice. C'est ainsi que je me retrouve à batailler avec mon copain, avec mon *guy* anglais qui très rarement perd patience, qui sait, lui, prendre, en un éclair, l'air affligé d'un faon blessé. Et me voici lancée dans une diatribe construite dans avec incontrôlable charabia :

— Ah, maintenant tu l'appelles Andy ? Et depuis quand tu fréquentes aussi intimement cette péquenaude qui se lèche les doigts tout gras ?

— S'il te plaît, Mia...

Il s'est levé d'un seul coup du canapé où nous étions assis.

— Comment se fait-il que tu la défendes tant ?

J'ai bondi sur mes pieds, tandis que lui levait et baissait les mains en disant :

— D'abord, calme-toi, ensuite nous en reparlerons.

Son ton n'admettait en effet aucune réponse. Mais moi, je suis partie au quart de tour et tu penses si j'avais envie de me calmer juste parce qu'il me le demandait !

— Écoute, si tu t'en vas, je ne veux plus te voir ! j'ai menacé, avec le visage en feu.

Je ne devais pas donner un beau spectacle de moi-même.

— Salut, Mia ! il a répondu avec l'air serein.

Il a tourné les talons et s'en est allé.

Sean avait à peine disparu de l'horizon, que je me suis dégonflée, en me laissant tomber sur le canapé.

Je n'ai pas dit que nous étions dans une salle de la bibliothèque ? Eh bien si, c'est là que nous

nous trouvions et beaucoup avaient dû suivre notre dispute, et se replonger ensuite dans leur ordinateur ou leurs livres à peine la tempête finie, qui pour dire la vérité n'avait même pas explosé, mais s'était évanouie. J'espérais que le canapé m'avalerait et me ferait disparaître, pouf ! En fait, après quelques minutes d'absence, je me suis levée, j'ai remis de l'ordre dans mes cheveux qui m'étaient tombés sur le visage. Pour les taches de sueur sous les bras, je ne pouvais qu'espérer l'invisibilité grâce à la couleur taupe de mon tee-shirt.

— Tout va bien, Mia ? j'ai entendu dans mon dos.

De derrière un ordinateur est apparu le visage faussement inquiet de Mariastella. Elle devait sûrement se frotter les mains d'avoir assisté à la scène. Quel splendide ragot à raconter demain aux camarades ! La scène de Mia Maltagliati, la bûcheuse à la bibliothèque ! Elle a été jetée par son copain ! Et encore plus intéressant, elle est très probablement cocue !

Il doit y avoir des lois physiques, comme celle de la relativité, qui font qu'au moment le moins opportun, forcément, tu rencontres la personne que tu désires le moins voir. Va savoir, tu sors d'un resto kebab, tu mords dans un sandwich avec fougue et à ce moment-là passe le garçon qui te plaît. Il te regarde avec une pointe de dégoût à l'instant même où tu fais tomber de la graisse sur ton tee-shirt qui est alors abîmé pour toujours.

J'ai mis de côté mon désespoir en voyant Mariastella, qui m'a surnommée Mia-monster et qui s'amuse à faire une macumba pour que l'on me refile un cinq en français (c'est ce que l'on m'a rapporté) et j'ai répondu, avec sincérité :

— Je dirais que non.

— Je peux faire quelque chose ? elle a ricané.

« Oui, peut-être m'enfoncer dans le sol » j'ai pensé.

Et puis j'ai eu une idée. Je me suis approchée d'elle et je lui ai dit d'un air timide, comme si j'étais à la recherche d'un instant de complicité :

— Tu veux m'accompagner boire un thé ?

— Moi ?

Elle pointait l'index vers sa poitrine. La danseuse de macumba avait les yeux écarquillés.

— Si ça te fait plaisir, j'ai soupiré, et cette fois-ci avec des yeux de biche presque humides.

Mariastella est restée interdite et elle a balbutié :

— J'ai des choses à finir...

— Je te l'offre. Tu préfères peut-être un chocolat chaud et des beignets... j'ai proposé. On pourrait parler de l'exposé en français sur lequel tu es en train de travailler, j'ai conclu, perfide.

Mes yeux étaient rivés à son écran qui, à vrai dire, n'affichait pas d'exposé de français, mais une page web d'eBay avec des sacs *Hello Kitty*.

— Dans ce cas... et elle s'est tout de suite levée de son poste.

Je vous l'ai dit : le monde est beau, car il est avare.

APPRENDRE UN MÉTIER OU L'INVENTER

Où l'on me fait une proposition

Ne pensez pas que je veuille faire journaliste par rivalité avec Amanda Signorino. J'ai juste raconté comment ça s'est passé. Les qualités pour écrire un roman fantasy, je ne les ai peut-être pas, mais celles qu'il faut pour être journaliste, je pense vraiment les avoir. Je sais de quoi je parle parce que j'ai eu une proposition juste après la petite scène avec Sean. Lequel, entre parenthèses, n'est même pas journaliste. Il est écrivain, en fait il collabore au fameux magazine web avec des récits définis comme « visionnaires », généralement situés dans d'autres mondes, fantasy ou fantastique, cela dépend un peu du scénario et de l'époque qu'il choisit (vous comprenez mieux maintenant pourquoi j'avais quelques réticences à lui faire lire mes récits fantasy, qui sont d'ailleurs abandonnés pour le moment). D'habitude, Sean préfère le médiéval fantastique, mais il ne dédaigne pas un futur métaphorique (ce sont ses mots) où il échafaude des scénarios catastrophe sur l'environnement et sur l'utilisation actuelle des ressources mondiales (encore ses mots, bien évidemment).

— Ehhh... (soupir)

J'ai une boule à l'estomac rien que de parler de Sean.

C'est un garçon fabuleux, je le sais très bien.

Et puis intense, brillant, talentueux. Et aussi très mignon, vraiment très mignon.

Ça suffit comme ça.

Le fait qu'il appelle Andy l'horrible Amanda Signorino représente pour moi une vraie offense qui exige au minimum une explication. Jamais fournie, d'ailleurs. Donc inutile que je me dise combien il est mignon et gentil et tout le reste.

Allez, venons-en donc au fait et à la proposition qui m'a été faite d'écrire UN PAPIER ! Eh oui : c'est comme ça qu'on appelle un article dans le jargon journalistique.

— Tu nous écris un papier ?

C'est ainsi que la directrice de *Doubleyou*, le journal en ligne et imprimé de l'école Willow (d'où le « double vé » du titre) m'a posé la question.

Maintenant, il faut expliquer comment cette proposition est arrivée jusqu'à moi. Il se trouve que la principale de l'école Willow est une amie de longue date de la maman de Jenny, une copine de la tristement célèbre école religieuse dont la dame nous a plusieurs fois parlé sur un ton horrifié.

Il semble que dans cette école si sévère, uniquement fréquentée par des filles, on ne pouvait porter que de lugubres tabliers noirs descendant jusqu'aux genoux, des socquettes blanches et des chaussures quasiment orthopédiques. C'est sûrement pour cette raison que la mère de Jenny aussi bien que son amie la principale, enfin libres, arborent aujourd'hui des talons vertigineux et des vêtements moulants avec une préférence pour le noir brillant pour madame Laura et l'imprimé léopard pour la principale (à vrai dire, l'école est un peu une jungle).

En somme, Jenny a parlé à sa maman de ma vocation pour le journalisme. Madame Laura a tout de suite fait le lien entre cette nouvelle et l'avantage de faire quelques économies (grâce à moi). Elle m'a donc offert une fabuleuse opportunité et me l'a servie sur un plateau d'argent : un entretien avec la directrice du journal afin d'écrire, justement, un papier.

Je ne sais pas si la scolarité de la principale dans l'école religieuse décrite plus haut a déterminé le choix du genre, mais dans cet institut j'ai l'impression qu'il n'y a que des femmes : la principale pour commencer, les enseignants, la secrétaire administrative et puis un nombre impressionnant d'étudiantes parmi lesquelles une toute petite troupe de garçons qui semblent surtout occupés à se camoufler en portant tous les mêmes blousons noir brillant et les mêmes jeans, auxquels ils ajoutent des chapeaux de laine et des grosses écharpes pour se cacher encore plus. On dirait vraiment un scénario écrit par Sean, où les garçons sont presque en voie d'extinction.

La directrice du journal est une étudiante de dernière année, avec la boule à zéro ou presque, des petites lunettes et une énorme écharpe. Sur le coup, j'ai pensé que c'était un des rares garçons qui, comme je l'ai dit précédemment, utilisent ce look asexué pour passer inaperçus. Même à sa voix, je serais incapable d'affirmer que c'est une fille, mais vu qu'elle se présente comme Claudia Massari, le doute est dissipé.

Elle me fixe un instant avant de me dire :

— Donc toi tu fréquentes l'école Léonard de Vinci.

— Exactement, j'acquiesce. Mais je voudrais effacer ce mot à peine prononcé. Et me voilà tout de suite reléguée au niveau linguistique le plus bas de la communication.

— Nous aimerions, m'annonce-t-elle, utilisant le pluriel sur un ton professionnel (à la façon d'Enrico

Mentale), lancer une rubrique sur les autres écoles. Le journal pourrait s'ouvrir à d'autres réalités, avoir un panorama plus large que notre seule école.

— Bien sûr, j'ai annoncé.

Je ne savais pas quoi dire d'autre.

— Nous aimerions un bel article, pas banal, je ne sais pas si je me fais comprendre.

Elle me fixe, comme si elle pouvait entrevoir une lueur d'Oscar Wilde à l'intérieur de moi.

— Pas toujours les mêmes informations scolaires, quelque chose de plus intéressant, un témoignage.

— Bien sûr, je répète comme un automate.

— Tu nous écris un papier, alors ? elle finit par proposer.

Je ne suis plus très sûre, vu les préambules, mais je ne peux pas reculer et donc pour la troisième fois je répète : « Bien sûr », m'attendant à ce qu'un coq chante, comme après le troisième reniement de saint Pierre.

Je quitte l'école de filles avec sous le bras plusieurs exemplaires de *Willow*, le journal le plus *glossy* du monde de l'école : papier brillant, images colorées, photos des journalistes, même des encarts publicitaires et des articles écrits par des personnages de renom (inutile de le préciser : des femmes). Parmi les sponsors : la Caisse d'épargne, le ministère de l'égalité des chances et le Conseil de l'Europe. Rien que ça !

Où je découvre que l'on devient vite vaniteux

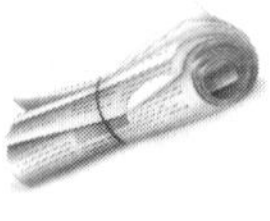

Ainsi, le matin suivant, je pose un exemplaire de MON journal sur la chaise, avec un air insouciant.

— Je peux jeter un œil ? demande la prof, Mme Trombetti.

C'était prévisible. Tout ce qui est papier imprimé est comme du papier tue-mouches pour elle, avide de paroles.

— Eh bien ! Quel journal luxueux ! commente-t-elle.

— Effectivement.

Ça m'échappe et de nouveau, je me mordrais bien la langue.

Depuis quand me viennent ces adverbes impropres, comme des rots incontrôlables ?

Avec beaucoup de tact, la prof fait semblant de ne pas avoir entendu et me demande :

— Comment l'as-tu eu ? Tu es abonnée ?

À ce moment-là, des camarades ont dressé l'oreille. Personne n'avait remarqué le journal sur la chaise. Il faut dire qu'il ne s'agissait pas d'un calendrier avec Garko ou Belen Rodriguez, entendons-nous bien.

— Non, j'ai baissé les yeux.

Je souriais amusée.

— Ils m'ont demandé un article.

La prof s'est enthousiasmée comme si j'avais dit que j'avais été sélectionnée pour les prochains Jeux olympiques.

— Bravo ! Félicitations !

Puis elle s'est adressée au reste de la classe qui avait profité de ces quelques minutes de distraction pour se consacrer à diverses activités, comme parier sur les parties de foot, la lecture de l'horoscope sur le BlackBerry de Pierre-Georges (les portables sont d'habitude interdits en classe), les échanges de devoirs, de blagues, de petits messages, de cartes magiques de l'école primaire (il y a encore quelques nostalgiques !) et des objets de parfumerie qu'une de mes camarades vend sur catalogue.

— Vous avez entendu, les jeunes ? Votre camarade Mia va écrire un article pour un très beau journal, publié par un institut privé.

— Eh bien, quelle nouvelle ! j'ai entendu distinctement.

Il devait s'agir de Matteo Baldacci, car dès que je me suis retournée, il paraissait complètement immergé dans la lecture de l'ouvrage *Les Fiancés*. Dommage qu'il soit retourné.

Puis quelqu'un s'est intéressé et a demandé :

— Elle va parler de nous ? De notre classe ?

— Je n'ai pas encore décidé... j'ai glissé.

Mais du reste, c'était vrai. Je n'avais pas encore d'idée bien précise.

— Quel est le thème ? a demandé Lucrezia Rinaldi, qui du haut de ses dix-huit de moyenne, a l'habitude de tout évaluer en termes purement scolaires.

— Comment est organisée notre école, ce que nous faisons...

— Hallucinant ! a surgi de nouveau de derrière les pages du livre *Les Fiancés*, mais pas suffisamment fort pour être entendu par la prof.

— Tu dois rendre jaloux ceux de Willow, tu dois parler de notre école comme la meilleure et de nous comme la top classe, a proposé Stefano Gori, toujours prêt pour la compétition.

— Et de notre prof qui est une célèbre poète, a ajouté Serena Zucchi, pleine d'orgueil et un peu lèche-bottes.

— Merci, Serena, mais je ne pense pas que ce soit une bonne idée, est intervenue avec modestie la prof.

— Je ne savais pas que Mia était journaliste, est intervenue Géraldine Mazzoni.

À ce moment-là, plusieurs ont avoué qu'ils ne le savaient pas non plus, même si jusqu'à présent, ils s'étaient bien gardés de le dire, histoire de ne pas passer pour des distraits ou des ignorants.

— Et alors, comment ça se fait que Willow t'ait demandé à toi ? Lucrezia a-t-elle exigé de savoir à juste titre.

Sa question m'avait un peu froissée. Quoi ? Il faut toujours tout expliquer point par point ?

— C'est parce que je connaissais la principale, j'ai dit.

On comprenait bien qu'il y avait eu du piston. Je m'étais grillée, je me sentais comme une vraie profiteuse, de celles qui chez moi sont vues avec le plus grand mépris. J'ai été pistonnée, moi, justement moi, quelle horreur ! Si mon frère le savait, il me tuerait. Papa ensuite courrait chez le notaire pour me déshériter et mettrait la maison au nom de mon chien.

Bref, j'étais là, rouge et confuse, quand Pietro Valente a dit, un peu naïvement :

— Allez, tant que t'y es, écris un article sur le journal de notre école...

La phrase est restée en suspens parce que Pietro s'est rendu compte que Mariastella lui faisait d'étranges grimaces.

— Ben qu'est-ce que j'ai dit ? Qu'est-ce qu'il y a ?

Beaucoup de filles se sont mises à me regarder différemment, ce qui m'a rendue très nerveuse. C'était évident que la nouvelle de ma dispute avec Sean avait déjà circulé, le chocolat chaud et les beignets n'avaient pas adouci la mégère Mariastella, bien au contraire. À ce moment-là, j'ai viré du rouge au violet.

— Tu n'as qu'à essayer ! Là-bas, c'est comme demander une audience papale ! j'ai lâché, et plusieurs se sont mis à rire en me donnant raison.

Oui, j'ai été recommandée, mais où est le mal ? Pourquoi Amanda, la dénommée « Andy », ne l'est-elle pas ? Ils savent tous que son père est un célèbre journaliste de la télévision et que la principale rêve d'un sujet sur le journal de l'étalissement et peut-être même d'une belle table ronde à l'école avec d'autres célébrités de la télé.

— Tu comprends, ils ne parlent même pas de foot ! m'a lancé, cette fois-ci à voix haute, Matteo Baldacci.

— Par contre sur *Doubleyou* on parle de sport et il y a un entretien avec Patricia Piccinini, la célèbre joueuse de volley-ball italienne, j'ai ajouté, tout en me pavanant.

— Eh bien, bravo pour le coup éditorial, a conclu Matteo, qui était le premier à me féliciter.

— Merci, merci, j'ai fait modestement, avec la mâchoire serrée mais qui me faisait mal tant j'essayais de sourire. Je ne m'imaginais pas aussi vaniteuse et je ne pensais pas que la simple annonce d'une collaboration avec un journal pouvait faire surgir tout ça chez moi.

APPRENDRE UN MÉTIER OU L'INVENTER

Où je reçois une droite

— Salut Mia !

Sean m'attend à la sortie de l'école, adossé au mur. Dès que je le vois, mon cœur s'emballe, mais j'essaie de le retenir parce que je suis encore vexée. C'est clair ! Du reste, lui aussi a une expression grave et il m'a saluée comme si j'étais une quelconque amie. Pas de « *darling* » ou de « *princess* », aucun de ces petits noms qui me plaisent tant et qui font de lui mon Sean. Et de moi, sa Mia.

— Salut *dar*... hum, Sean, je réponds, un peu essoufflée, d'abord parce que j'étais sur le point de lui dire *darling*, et ensuite parce que ça fait un petit moment que je ne l'ai pas vu, disons deux jours.

Il me semble encore plus beau qu'auparavant. Oh la la ! Comme il est mignon avec les boucles coiffées en arrière, du gel et son tee-shirt au col un peu relevé ! Je bats des cils comme une biche, mais je sais bien que ça ne marche pas, en fait, il me demande aussitôt :

— Qu'est-ce que tu as ? Tu as mal à l'œil ?

— Ça va, tu veux que je fasse la tête ? Tu l'auras voulu.

J'abandonne sur-le-champ mon air gentillet et je prends une mine décidée. Bien sûr, je ne peux pas m'empêcher de sourire un peu en le voyant, il est si beau. Je fonds... et il sent si bon. Ça doit être un parfum magique qui brouille la mémoire parce que je ne me souviens plus très bien pourquoi je suis en colère contre lui.

— On peut parler un peu ? Tu veux ? il me demande.

Mon Sean est du genre gentil, ce n'est pas le genre mal élevé qui s'impose en disant par exemple « Allez, vas-y, je t'écoute ! »

Une raison supplémentaire de l'aimer autant, en fait, je l'adore, et j'essaie de me retenir de l'embrasser, surtout pour garder ma réputation de fille sérieuse.

Eh non, je ne peux pas dire bêtement « De quoi, *honey* ? » et l'embrasser tout de suite après en me mettant sur la pointe des pieds.

Premièrement, je baisserais dans son estime, et je dois rester très attentive à l'image que je donne : d'abord, il faut clarifier certaines choses, c'est une des règles de transparence des relations (devinez qui l'a dit ?), et c'est là que Sean se la joue très *British*. Deuxièmement, mon « assaut » serait embarrassant pour lui. Nous sommes devant l'école et il ne tient pas à faire de chichis devant ses amis, même si franchement, moi, je ne comprends pas tous ses scrupules. Ses amis s'en vont souvent bras dessus, bras dessous avec leur copine et personne ne dit rien. Mais là on vient au fameux cliché : le flegme britannique.

— Avec plaisir (et je fais comme si j'allais lui tendre la main mais je l'enfonce tout de suite dans ma poche, parce que j'ai noté que lui, ses mains, il les a mises dans son jean tandis qu'il marche).

— Tu ne crois pas que nous avons un peu, comment dire, exagéré ?

— Eh bien..., j'hésite.

Ce n'est pas un véritable aveu, plutôt une expression neutre, mais de celles qui sont ambiguës, qu'on peut interpréter d'une manière soit négative, soit positive. Comme Sean est un optimiste, je l'ai comprise de la seconde manière. Il semble maintenant s'étirer. En fait, il lève les épaules et redresse un peu son col. Il est encore plus mignon. Je m'évanouis presque... au moins, comme ça, on n'en parle plus !

— Je crois qu'on s'est mal compris, poursuit-il. Je ne crois pas que tu aies de raisons d'éprouver de l'hostilité envers Amanda...

Comment parle-t-il ? On dirait un livre ou une version moderne de *Terminator*.

Il avait dû se préparer ce petit discours par écrit puis l'apprendre par cœur.

Je m'arrête, l'obligeant à se retourner vers moi. Je le regarde en face.

— En fait, je n'éprouve pas d'hostilité envers elle. Si tu me confirmes que je n'ai pas de raison d'en éprouver.

Il me scrute, perplexe derrière ses lunettes. Je dois admettre que depuis qu'il porte des lunettes à monture noire, cela lui donne un air encore plus intéressant, du moins pour moi.

Bref, je voudrais maintenant l'embrasser, et qu'on en finisse une bonne fois pour toutes avec cette histoire répétitive et ennuyeuse.

— Mia, je ne comprends pas. Qu'est-ce que je dois confirmer ? balbutie-t-il.

Peut-être que moi aussi, je produis le même effet sur lui : des papillons dans le ventre, la sensation de bouillonner de l'intérieur et d'avoir du mal à parler.

— Qu'Amanda ne t'intéresse pas, je bafouille.

Mais si elle l'intéresse, tant pis, je l'embrasse quand même.

— Mais s'il te plaît ! il lâche, tout en levant les yeux au ciel.

C'est tout ce que j'attendais pour m'élancer vers lui. Je me jette à son cou, et ses mains, qui semblaient bien cachées dans les poches de son jean, se retrouvent tout d'un coup un peu partout sur moi comme le scanner de la police à l'aéroport. Nous nous embrassons comme deux ventouses, sans la moindre intention de nous détacher l'un de l'autre. J'imagine que l'on pourrait rester collés comme ça pour toujours et des archéologues nous retrouveraient, d'ici des milliers d'années, figés dans cette pose de baiser tourbillon. Il ne m'avait d'ailleurs jamais embrassée comme ça, je vous jure.

Cela signifie qu'il avait hâte de me revoir, et que je lui avais manqué ! Et surtout, qu'Andy ne compte pas pour lui. C'est sûr que je suis vraiment stupide parfois.

— Vas-y doucement, Hamilton, sinon ils vont t'embarquer pour t'emmener à la préfecture de police, crie une voix sur un ton chantant.

Sa voix me parvient lointaine, comme s'il s'agissait d'un bourdonnement de moustiques. Mais mon *British boy* se ressaisit, comme un robot efficace il range un de ses scanners, en utilise un autre pour faire tourner sa main, empoigne la mienne et dit :

— Partons d'ici, c'est plein d'imbéciles.

Et voilà : je cesse de parler comme un robot. Il s'est vraiment dégagé de ses copains !

Plus tard, nous nous retrouvons tout enlacés dans un de ces pubs où il fait nuit noire même en plein jour, et où nous devons commander deux cheeseburgers pour obtenir une place. Je pense d'ailleurs en ramener un à mon chien, Robbie. Nous nous embrassons beaucoup et je grignote quelques chips, tandis que Sean réduit de moitié la portion de Robbie en moins d'une minute.

Il ricane tout en me regardant manger mes chips.

— C'est quoi cette histoire de doigts léchés d'Andy ? dit-il, inspiré par le fait que je m'essuie soigneusement les mains avec la serviette en papier.

— Un commérage. Par contre, elle parle mal, ça c'est vrai.

Il hausse les épaules.

— Mais elle écrit bien, réplique-t-il, en se dépêchant d'ajouter pour me faire plaisir : Assez bien.

— C'est elle qui écrit ou son cher papa ?, j'insiste, méchamment.

— Ça ce n'est pas gentil ! Je peux te garantir que c'est elle qui écrit, elle est douée, ça doit être de famille.

Il sourit, conciliant et ajoute sur un ton langoureux :

— Comme pour toi, être aussi mignonne !

Je pourrais accepter le compliment sans discuter. Tu parles que j'arrive à me taire !

— Tu veux dire que moi, je suis seulement mignonne ? Et qui plus est, c'est grâce à mes gènes ?

— Ne commence pas à me faire dire ce que je n'ai pas dit, il insiste.

Il lève une main en signe de capitulation.

Je pourrais arrêter de lui chercher des noises, mais je fonce tout droit, comme un train à pleine vitesse :

— Je sais que moi je ne peux pas aspirer au top, à votre magazine de petits génies, en somme. Je ne suis pas assez douée.

— Mais qu'est-ce que tu racontes ? Allez, ne fais pas ta victime, pas toi ! Si tu veux savoir, je crois que tu n'aurais aucun problème à être intégrée à la rédaction. Tu peux essayer.

À ce moment-là je sors mon « joker » (comme on dit). Je hausse une épaule, je baisse les yeux, faussement modeste.

— Non, non, je ne suis pas en mesure de faire ça... et puis, j'ai une autre proposition.

— Sérieux ? Et de qui ?

Même dans ce noir de caverne, je vois ses yeux briller de curiosité.

— Le journal *Doubleyou.*

Je n'ai pas le temps de finir ma phrase que Sean lève le menton, disant à l'unisson avec moi :

— De l'école Willow !

— Tu le connais ? je tombe des nues, mais après tout je n'ai aucune raison d'être surprise. Il n'y a rien d'étrange à connaître la publication d'une autre école ? Ça l'est pour moi.

— Et comment ! La directrice est cette espèce de skinhead.

— Je n'ai pas fait attention, je réponds, contrariée, reprenant les mots que lui avait utilisés au sujet d'Andy, qui jure comme un charretier.

— Comment ça, non ? Ce sont toutes des filles, l'unique garçon signe « Vanity ». Elles pensent toutes être splendides – et j'ai bien dit toutes. Leur journal est le meilleur, leur école est top, et pour se mettre en valeur, elles utilisent la stratégie du dénigrement des autres écoles.

— Sincèrement je ne te suis pas, je commente.

Une petite sonnette d'alarme clignote devant mes yeux.

— Étrange. Claudia Massaro a dû te demander un article où tu dois parler des défauts de notre école, n'est-ce pas ?

— Non, absolument pas.

Quand je commence à abuser des adverbes, cela signifie que les choses ne vont pas très bien pour moi.

— Et qu'est-ce qu'elle t'a demandé ? il m'interroge tout en mangeant le reste de mon cheeseburger. Adieu le cadeau pour Robbie !

— Un article pas banal, elle a dit.

— Tu vois comme elle est traîtresse ? Qu'est-ce que ça veut dire, pas banal ? Et puis, toi tu es une bonne plume, il ne manquerait plus que ça. Mais après... excuse-moi, Mia, tu ne voulais pas être écrivain ? il me demande sur un ton presque accusateur.

Il me regarde avec une certaine admiration qu'à vrai dire je perçois plus que je ne vois réellement dans l'obscurité. Il saisit ma main, m'attire vers lui, m'embrasse dans le cou, et en un instant, il se colle à mes lèvres. C'est drôle, il a avalé deux cheeseburgers et pourtant il a toujours très bon goût !

APPRENDRE UN MÉTIER OU L'INVENTER

Où j'écris mon papier avec une très grande satisfaction

Par où commencer quand on écrit un article ?

Je décide de me documenter en utilisant les journaux et les magazines qui d'habitude s'accumulent dans un panier sous le meuble de la télévision. Mais quand je vais les chercher, je découvre que le panier n'est plus là, ou plutôt qu'il a été remplacé par un porte-revues en daim, couleur rose cyclamen, mais vide ! Confiante, je me rabats sur la salle de bains de mes parents, où je devrais trouver un autre panier avec d'autres magazines, cette fois sous le lavabo. Mais là aussi, quelle poisse ! Je découvre que tout s'est volatilisé, il ne reste plus qu'un tabouret ridicule couleur pistache !

— Maman ! je crie à la fin, exaspérée.

Mais naturellement, ma voix retentit dans les pièces vides, maman n'est plus là, elle est sortie tout de suite après le déjeuner pour retourner au travail.

Prise de panique, je l'appelle sur son portable et elle a à peine le temps de répondre que j'attaque :

— Tum'expliques'ilteplaîtoùsontpasséslespanier-sàjournaux ?

— Mais qu'est-ce que tu dis ? elle s'énerve tout de suite.

Je dois dire que toutes nos conversations sont un peu de ce genre : moi qui parle trop vite, elle qui m'arrête, ce qui me met automatiquement les nerfs en boule. Exaspérée, je crie dans le téléphone :

— Les journaux ! Les pa-niers ! Où ils-sont pa-ssés ?

— Tu es devenue folle ? répond-elle.

S'il y a bien un truc que je déteste, c'est qu'on me réponde par une question qui n'a rien à voir. Je serais très tentée d'appuyer sur le bouton « off », mais elle est plus rapide :

— Écoute-moi bien, Mia. Tu devrais le savoir, mais je te le rappelle au cas où. Moi, je suis au travail, et tu ne peux pas m'agresser de cette manière. Mais qu'est-ce qui te prend ?

Je serre les dents, mais mes oreilles chauffent. Quelle honte ! Maman a raison.

— Pardon, je murmure alors, battant un peu en retraite.

— Allez, dis-moi calmement : qu'est-ce qui s'est passé ?

— Mais rien !

Ça alors ! Ma voix commence à trembler, c'est tout juste si je me mets à bêler !

— J'ai absolument besoin des journaux... et les paniers ont disparu...

— Mais mon trésor, maman s'est alors radoucie, tu ne t'es pas rendu compte qu'il n'y a plus de journaux à la maison depuis au moins dix jours ?

« Tant que ça ? » je n'ose répliquer.

En fait, je ne fais pas trop attention aux journaux, il faut dire qu'ils semblent être là juste pour indigner mes parents. Je me suis d'ailleurs toujours dit que pour leur propre sérénité, ça serait mieux qu'ils s'épargnent la fatigue et la colère de lire les nouvelles. Mais aujourd'hui, j'ai changé d'avis. Ça fait du bien aux gens de lire les journaux et aussi de se mettre en colère ! C'est le rôle des informations : éveiller les consciences, comme j'ai lu... où j'ai lu ça déjà ? Ah, mais oui, sur le site de notre magazine web. Citation de je ne sais quel écrivain célèbre, ou alors d'un philosophe. Bref, je perds le fil du sujet, la question importante est : où ont fini tous ces fameux journaux de chez moi ?

Devant mon couinement émerveillé, maman m'explique calmement :

— Tu n'as pas vu que papa et moi lisons les nouvelles sur une tablette et nos portables ? Nous nous sommes abonnés, c'est plus pratique.

Et là, la bataille reprend de plus belle :

— Mais comment ça, c'est plus pratique ? Et moi ?

— Tu peux aller sur Internet, réplique-t-elle. Étonnamment, elle était très ouverte quant au fait que je surfe sur le net. D'habitude, j'ai des horaires stricts. Et puis, elle s'est vite reprise, et a ajouté :

— Pour quelle raison cherches-tu des journaux ? Un exposé pour l'école ?

— Oui, en quelque sorte.

Je dis ça parce qu'une des règles fondamentales de la maison est de ne pas mentir. Je ne mens pas, j'omets juste quelques détails.

— Je dois étudier la structure d'un article de journal.

— Super ! elle s'enthousiasme. Il était temps que vos professeurs vous fassent un peu étudier l'information...

Elle part au quart de tour, mais je l'interromps par une question sournoise :

— Pardon, mais tu n'es pas au travail ? Je ne veux pas te faire perdre trop de temps.

— Merci de me l'avoir rappelé, elle réplique, amère avant d'ajouter sa recommandation habituelle : Ne te mets pas à chatter, *O. K.* ?

— Non.

— Tu promets ?

— Après tu m'expliqueras à quoi sert cette horreur rose, puisque les magazines ne sont plus là, je réplique, sur un ton désagréable.

— Oh, Dieu du ciel ! soupire-t-elle, avant de me dire au revoir.

Au moins, cette fois-ci, elle ne m'a pas fait promettre grand-chose.

Quelques instants plus tard, je suis en train de bavarder sur un chat avec des camarades de classe. Jenny n'est pas en ligne parce qu'à cette heure-là, elle est à la gym. La conversation s'éternise, entre points d'exclamation et *smileys*. Une heure que je bricole çà et là, je n'ai pas encore fait grand-chose ! Il faut que je me retrousse les manches et que je me mette au travail. Sur les sites des journaux, je trouve beaucoup trop de matière, de quoi me perdre. Je remarque des interviews de la directrice de l'école, et regardez-moi tous ces aspirants reporters qui ont écrit quelque chose ! Mais peu d'informations concrètes. À l'aide ! Certains parlent de technologies, d'autres de films et de spectacles, et d'autres encore d'écologie... Si ça se trouve tous sont des journalistes plus que moi !

Je reste plantée là, à fixer l'écran. Dans quelle affaire je me suis fourrée ? D'un côté, j'éprouve un certain soulagement, parce que les informations des personnes de mon âge sont plutôt à ma portée. On dirait plus des dossiers thématiques que de vrais articles, et puis ils sont assez brefs. Dire que je m'inquiétais de ne pas savoir par où commencer ! Adopter un ton léger ? ou sérieux ? ou forcer un peu sur les citations, ou m'abstenir ?.... Je vois que mes collègues (désormais je peux les appeler ainsi) écrivent sur un ton très personnel et de manière peu objective, ils rédigent leurs textes à leur façon, ça ressemble plus à des réflexions, des opinions, des critiques.

Bref, quand j'arrive au bout de ma lecture, je me sens rassurée et je me dis que je n'ai pas besoin de prendre pour modèles les journalistes célèbres des unes. Aussi, je me dépêche d'écrire le premier article de ma vie en donnant la part belle à mes impressions, et en y appliquant mon propre style, qui me semble assez amusant. Il y a une chose dont je suis sûre, les chroniques pessimistes ou les visions apocalyptiques ne sont pas ma conception du journalisme. Comme le disait un chanteur, moi, « je pense positif ». Je le cite presque mot à mot.

Une école normale : une exception aujourd'hui ?

Un article de Mia Maltagliati

Écoles projetées dans le futur grâce à des salles équipées de technologie, de nouvelles disciplines, des livres électroniques. Un monde de science-fiction : ce sont exactement les programmes que tant d'écoles nous proposent. La mienne, en revanche, est une école « normale ». Où existent encore des tableaux noirs, des bâtons de craie, des feuilles en papier, des bancs en bois. Une école à l'ancienne ? Je dirais que non. Depuis toujours, mon école est ouverte aux thèmes importants de notre société.

Avant tout, au thème de l'écologie, matière que nous essayons non seulement d'étudier une heure par semaine dans notre programme de sciences, mais que nous essayons aussi de mettre en pratique. Comment ? Avec le tri sélectif dans chaque salle, avec des ampoules à économie d'énergie et des minuteurs dans les couloirs et dans les salles les moins fréquentées, et des robinets à capteurs dans les salles de bains.

Ces changements sont assez récents. Il y a aussi le projet de mettre en place des panneaux solaires sur le toit du bâtiment, pour rendre notre école productrice d'énergie renouvelable. Pourquoi cette solution ? Et pourquoi utiliser les rares sommes disponibles de cette manière ? Notre proviseur a décidé d'investir dans l'environnement plutôt que dans d'autres voies sûrement plus à la mode, mais qui ne changent pas l'attitude des gens qui se ruent sur les produits de consommation. « Le monde change si nous changeons », nous a-t-il dit avec beaucoup de conviction. C'est sûr, les nouvelles technologies ne nous rendent pas plus attentifs à ne pas épuiser les ressources naturelles, mais elles peuvent nous aider à mieux les utiliser si nous prenons conscience que nous les utilisons mal, si nous connaissons mieux le monde dans lequel nous vivons et si nous nous organisons et si nous travaillons tous ensemble pour défendre et soutenir l'environnement. L'école, que beaucoup voient comme un endroit ennuyeux, est elle aussi un lieu où l'on gaspille les ressources, or elle devrait être un exemple concret.

Un célèbre chanteur disait de « penser positif ». Dans mon école « très normale », en plus de penser, on « fait positif ».

APPRENDRE UN MÉTIER OU L'INVENTER

Où tombe un verdict implacable

Trois jours ont passé et je ne sais toujours rien de mon article. Un silence de tombe. Pendant ce laps de temps (interminable pour moi !), mon moral décrit une courbe descendante qui passe de l'euphorie à la dépression en quatre phases :

1) Assurance soutenue par les encouragements de Jenny. Je ne dis rien à Sean, je reste vague. Je voudrais lui faire la surprise avec mon bel article publié.

2) Certitude qui commence à se fissurer, avec pour conséquence l'apparition d'horribles doutes d'avoir oublié quelque chose, peut-être des adjectifs. D'où relecture frénétique de l'article, avec la crainte qu'il ne soit pas aussi bon qu'il me semblait aux précédentes lectures (environ une dizaine, je le connais presque par cœur).

3) Lutte pour ne pas ouvrir mon cœur à Sean, ce qui le contraindrait à jeter un œil à mon article et me permettrait de profiter de son avis éclairant. D'où une certaine tension aussi dans les coups de fil que nous nous échangeons, où je cherche des prétextes à mon énervement (les corrections qui me « feraient » devenir folle par exemple).

4) Perte de toute illusion : il est évident que l'article ne lui a pas plu. L'utilisation de certains adverbes prouve que je suis dans une crise noire. Je suis absolument négative ! Avec Sean, je m'accroche à toutes sortes d'excuses, résultat on se dispute par téléphone, à cause de mes récriminations (injustifiées) l'accusant de ne pas m'estimer à ma juste valeur, comme si c'était lui le responsable de tout. Une accusation sournoise qui le laisse confus et vraiment navré, parce que s'il y a bien une chose qu'il déteste, c'est être attaqué injustement. Mais moi, j'ai la tête pleine d'idées noires, tu penses si je me rends compte de mon comportement antipathique !

La seule qui croit en moi et qui a une foi absolue en mes compétences, c'est Jenny. Elle me trouve toutes sortes d'explications qui ressemblent à ça : « nous avons presque tout vérifié, y compris les filles de Willow, nous sommes tous très occupés » (raison qui me convainc peu, étant donné que je l'ai utilisée moi-même pour me justifier auprès de Sean) ; « Le silence est d'or » (ce qui est très discutable, d'habitude c'est le contraire) ; « peut-être que la directrice Claudia s'est absentée du bureau pendant quelque temps » ; « mais si tu ne peux plus attendre pourquoi tu n'essaies pas d'appeler ? »

— Parce que j'ai peur, je réplique, épuisée par cette journée d'attente et par l'insistance de mon amie.

Nous sommes dans sa chambre, assises sur le bord de son lit, à fixer nos chaussures comme si d'un moment à l'autre le sol allait s'ouvrir.

Jenny annonce avec une certaine gravité :

— Oui, je comprends. Si tu veux, je l'appelle, moi.

Je sursaute.

— Tu es folle ?

Sur ce lit trop mou, mon saut la fait rebondir comme sur un trampoline.

— Reste calme ! hurle-t-elle.

Nous nous levons brusquement, tout énervées. Je me confonds en excuses :

— Non, pardon, la folle ici, c'est moi, touche mes mains gelées !

Jenny me serre les doigts.

— Mon Dieu ! Tu trembles !

Elle me regarde droit dans les yeux, inquiète, et décrète :

— Ne le prends pas comme ça ! Tu es beaucoup trop stressée. Laisse tomber !

Alors je m'agite : laisser tomber ? Jamais !

Je retire mes mains de celles, très chaudes, de Jenny, je saisis le téléphone, et je dis, l'esprit batailleur :

— Tu as raison ! C'est moi qui dois appeler. Comme ça, cette plouc aura honte de ne pas m'avoir donné de nouvelles. Non mais où elle se croit ?

— Super, commente Jenny, et elle me prend dans ses bras avec enthousiasme.

Puis, voyant que je m'apprête à taper en vitesse un message, elle râle.

— Mais tu n'avais pas dit que tu les appelais ? elle précise.

Je hausse les épaules.

— Peut-être qu'elle ne répondra pas, c'est mieux d'ailleurs de laisser un petit message.

Jenny acquiesce, même si je vois du coin de l'œil qu'elle n'est pas convaincue. Oui, je me comporte un peu comme une lâche, mais si j'appelais, ça serait sûrement pire, je pourrais tout d'un coup en perdre la voix !

J'envoie le message, plutôt bref, suivant : « Salut Claudia. Excuse-moi de te déranger mais je voudrais savoir si tu as lu mon article et si tu peux me dire ce que tu en penses. Mille mercis. Salut. Mia. »

Jenny lit et approuve.

Épuisée, je me laisse tomber sur le lit. J'ai l'impression d'avoir couru un marathon ! Les yeux fermés, je m'enfonce dans le matelas comme dans un énorme flocon de coton.

Jenny m'imite, désormais pleine d'empathie pour moi.

Le soulagement ne dure que le temps d'entendre mon portable sonner. Je me relève d'un coup, hagarde, et je fixe les mots « numéro privé » qui apparaissent sur l'écran. Sur le visage de Jenny passe une expression d'effarement, tandis qu'elle saisit un coussin et le serre contre sa poitrine.

— C'est ELLE ! je dis à voix basse.

L'affaire a pris la tournure absurde d'un film d'horreur. Jenny met le coussin sur son visage, comme si elle s'attendait à ce que le plafond s'écroule.

Je respire un grand coup, déglutis, puis je presse la touche « on ».

— Allô ? je croasse.

— Mia ? demande une voix de femme.

— Ouiiii ? cette fois une espèce de sifflement m'échappe.

— C'est Rumi, de Willow.

Qui ça ? Comme si elle lisait dans mes pensées, elle ajoute ensuite :

— La secrétaire de rédaction. Claudia s'excuse, mais elle est très occupée.

— Ce n'est pas grave, je balbutie, utilisant une de ces phrases que je déteste le plus au monde. J'ai régressé au même rang que mon grand frère.

— Bien. Je voulais t'informer que ton article a été refusé par notre rédaction. Je suis désolée, ce n'est pas ce que nous attendions.

Je suis comme foudroyée. Cette Rumi n'est pas du genre à arrondir les angles. Je laisse échapper un

« Ah » dans le téléphone, tandis qu'elle continue sur le même ton glacial :

— Claudia t'avait demandé un article, et non une réclame pour ton école. Qui s'intéresse à de telles banalités ? Le journalisme se fonde sur des informations, mais ça, tu devrais le savoir toi aussi, vu que tu t'es présentée comme une journaliste.

Cet ultime « matraquage », énoncé de plus sur un ton sarcastique, m'achève.

— Je suis désolée, je dis dans un éclat de voix.

La préposée à mon licenciement pourrait s'arrêter là, mais elle décide de s'acharner :

— On est encore plus désolées, nous, d'avoir perdu du temps. Mais pour éviter tout malentendu, comme c'est la directrice qui avait suggéré de faire appel à toi, nous lui avons soumis ton article, à elle aussi. Elle a été très déçue. Je vais être très franche, si tu permets. On dirait plutôt un petit devoir d'école primaire.

— *O. K.*, pas de problème, je réplique.

Je n'arrive qu'à sortir des banalités, car quand l'esprit se brouille, il ne vient que des phrases toutes faites, comme des débris qui flottent éparpillés un peu partout.

Où je pense tout lâcher

Je crois que nous, les filles, nous sommes d'accord, presque à l'unanimité, sur un point : avoir un petit copain, c'est magnifique, mais à certains moments, on a plutôt besoin de poser notre tête sur l'épaule de notre meilleure amie. Et c'est exactement ce qui s'est passé pour moi après le rejet de mon article.

Par chance, la mauvaise nouvelle est arrivée en la protectrice de Jenny ! Avant tout, mon amie, à la différence de Sean, évite de me prodiguer des phrases d'encouragement. Je ne suis pas du genre à encaisser avec distinction. J'ai besoin d'une explosion, directe et brutale, c'est plus sain, comme celle de ma meilleure amie qui lance des gros mots et ne cache pas ses accès de colère. Elle exprime tout haut exactement ce que je ressens.

D'ailleurs, à un certain moment je finis par dire :

— Allez, Jenny, n'exagérons pas. Peut-être que ce sont eux qui ont raison, je ne suis pas faite pour le journalisme.

— Tu parles ! Et elle se remet à jurer comme un charretier.

Amanda Signorino pourrait d'ailleurs en prendre des leçons ! Le contenu de son discours (en gros), traduit en des termes polis serait le suivant : « cette bande d'ignorants est incapable d'apprécier ton talent, tout ce qu'ils voulaient c'était t'exploiter, mais tu les as démasqués ! »

— Tu sais quoi ? conclut ainsi son violent discours ma Jenny : il faudrait poser une bombe dans cette école !

J'adore Jenny ! Sean ne serait jamais capable de poser une fichue bombe dans ce nid de vipères, pour lui, les métaphores et les actions improbables ne sont bonnes que pour ses romans. On pourrait presque passer tout de suite à l'acte.

Pourtant, j'ai encore les yeux pleins de larmes.

— Il vaut mieux que je laisse tomber. Je vais reprendre mon roman...

Jenny sursaute, comme montée sur un ressort.

— Pourquoi ? Tu as arrêté ? C'est magnifique !

— Ce n'est pas que j'ai arrêté... j'hésite. Mais je l'ai interrompu, parce que je voulais faire une expérience plus concrète...

— Tu as raison. Les écrivains sont souvent journalistes et vice-versa, observe-t-elle, convaincue. Sinon, d'où leur viendraient toutes ces idées ?

— Il faudrait demander à Amanda Signorino, je commente, affreusement triste.

À quoi bon parler d'elle à présent ? Va savoir... quand on plonge dans le pessimisme, on a tendance à forcer la dose, ajoutant de la douleur à la douleur.

— Tu veux dire, celle qui a été pistonnée ? me demande mon amie, elle qui n'a pas hésité à me recommander auprès de sa mère qui, à son tour, m'a donné un petit coup de pouce auprès de la directrice.

— Il paraît qu'elle n'a pas eu de piston, je soupire, en m'enfonçant dans le désespoir.

— C'est ça. Certaines personnes n'ont pas besoin d'une vraie recommandation. Le nom suffit. Tu penses que si Amanda s'appelait Poverino, par exemple, tu penses qu'elle serait devenue une signature du magazine web ?

— Va savoir ! je balbutie sur un ton lugubre.

— Non, allez ! Tu sais ce qu'on peut faire ? On va prendre des leçons avec papa Signorino ! Comme ça, nous aussi nous aurons le bon C.V. pour être journaliste.

Le « nous » utilisé par Jenny me semble assez étrange. Elle n'a aucune intention de devenir journaliste, elle rêve d'être astrophysicienne, comme Margherita Hack, pour laquelle elle nourrit une sorte d'adoration sans bornes. On dirait qu'elle lit dans mes pensées, parce qu'elle ajoute tout de suite après :

— Même Margherita écrit de temps en temps des articles, qui sont d'ailleurs excellents. Ça pourrait peut-être aussi m'être utile.

— C'est vrai, j'observe pour finir par m'illuminer d'enthousiasme. Ça serait génial, si toutes les deux nous écrivions pour le même journal. Imagine ! Toi comme scientifique, moi comme écrivain !

Nous nous jetons dans les bras l'une de l'autre dans un grand élan d'affection. Notre imagination est un soutien précieux.

— Pardon Jenny, je lui demande tout d'un coup, prise d'un doute. Et où est-ce qu'on peut trouver Signorino ? On ne peut pas aller à la télévision comme ça !

— Il manquerait plus que ça. Il a un blog et il répond aux questions, surtout à celles des étudiants.

— Mais comment tu sais tout ça ?

— Eh bien, tu vois, j'ai surfé sur le net.

Maintenant, je connais suffisamment Jenny pour savoir quand elle essaie d'éluder une question.

— Mais, excuse-moi, mais en quoi ça t'intéresse, le blog de Signorino ?

— En fait, il ne m'intéresse pas du tout. Mais quand tu m'as dit que Sean te trompait peut-être avec cette planche à pain d'Amanda - ce qui était en réalité impossible - moi, je me suis mise à rassembler des renseignements sur ce Signorino...

— Rassembler des renseignements ?

Je la regarde déconcertée. Jenny en version CIA, je n'aurais jamais imaginé ça.

Mais elle comprend tout de suite et me rassure.

— Une bonne scientifique commence toujours par une recherche.

« Un bon commissaire aussi », je pense, mais je me garde de le lui dire.

APPRENDRE UN MÉTIER OU L'INVENTER

Où j'assiste virtuellement à une leçon d'un journaliste célèbre

Nous sommes assises dans le bureau des parents de Jenny. À vrai dire, on ne comprend pas bien qui travaille dans ce bureau étant donné que Jenny est fille unique et qu'elle étudie dans sa chambre, que son père a un cabinet de notaire à l'extérieur et que sa mère, quand elle rentre, passe le plus clair de son temps dans le salon ou dans sa chambre à ranger dans son immense garde-robe. Quoi qu'il en soit, dans cette petite pièce décorée de tant de fauteuils et de bureaux, se trouve l'ordinateur portable de la mère de Jenny. Depuis des années maintenant Jenny a subtilisé le mot de passe (assez facilement d'ailleurs, puisque c'est l'adresse de la maison !), et s'il arrive que sa mère lui demande si elle a touché à son ordinateur, elle répond avec air angélique :

— Tu ne m'as jamais donné ton mot de passe.

Jenny est liée, elle aussi, par un pacte de vérité, et comme vous pouvez le voir, elle ne ment pas : le mot de passe ne lui a pas été donné, elle l'a pris !

Quoi qu'il en soit, à cette heure-ci, la voie est libre pour nous. La mère de Jenny est partie au centre commercial (où elle se rend au moins deux fois par semaine, pour des « excursions » qui durent au minimum trois heures) et son père ne rentre pas avant le dîner.

Aussi, Jenny se connecte tout de suite sur YouTube pour me montrer des vidéos où apparaît le journaliste Signorino. Je le vois dans un studio de télévision, interviewé par une jeune femme. Il y a un étrange contraste entre lui, affalé dans un fauteuil, et elle, perchée sur un tabouret de bar, sur son trente et un, avec des talons vertigineux et une sublime chevelure lisse qui tombe dans son dos comme dans les pubs pour shampooing.

On ne comprend pas bien de quel genre d'émission il s'agit. On s'attendrait à une conversation frivole, alors que l'intervieweuse de bar parle vraiment de techniques journalistiques !

Je tends l'oreille tandis que la « très lisse », l'œil tourné vers la caméra, demande quelles sont les règles pour écrire un article de une.

Signorino arbore un sourire en coin, pose les bras sur les accoudoirs du fauteuil qui ne semble pas confortable du tout, se redresse et déclare :

— Les règles pour rédiger une bonne une sont toujours les mêmes, les classiques...

Il lève la main droite et l'agite en l'air, en énumérant sur ses doigts :

— Sang. Argent. Sexe. Sport...

Son petit doigt reste baissé, tandis que sa main tourne sur elle-même, nerveusement, donnant presque l'impression de chercher le cinquième morceau tombé quelque part. Signorino grogne :

— Il y en a une autre, je ne m'en souviens pas, mais tout le monde la connaît !

— Société ? hasarde l'intervieweuse, en secouant discrètement sa chevelure parfaite et si lisse.

— Non. Mais quelle société ? il insiste, catégorique.

Jenny et moi nous échangeons un regard.

— Je pensais que les journalistes s'intéressaient surtout à ça, non ? je commente tandis que Chevelure lisse parfaite propose sur un ton provocateur :

— Stupidité ?

Signorino affiche un sourire exagéré, du genre théâtral :

— Ah ah ah ! Elle est mignonne, celle-là.

Puis il arrange la mèche tombée sur ses yeux et poursuit avec un air inspiré.

— Bien sûr, la stupidité aide, même dans notre travail. Vous pensez tous que journaliste est un métier de gens intelligents ? En fait non, si vous saviez combien on rencontre de crétins chez les journalistes... et il lance un regard à l'intervieweuse.

— Mais quel bonhomme grossier ! je proteste, tandis que Chevelure lisse parfaite ne paraît pas du tout dérangée par l'estocade qui lui était manifestement destinée.

Même le cameraman s'en est rendu compte et zoome sur elle.

Au contraire, Chevelure Lisse parfaite en profite, elle lui lance un sourire enjôleur et se redresse sur son perchoir.

Entre-temps, l'incontrôlable Signorino a retrouvé la mémoire et déclare, euphorique :

— Ça y est, ça m'est revenu maintenant ! Vous voyez, parler de stupidité m'a fait penser au cinquième élément... c'est le spectacle !

Rires. La vidéo s'arrête. Jenny et moi nous fixons pendant un instant, et nos deux bouches font la grimace. Avant moi, elle arrondit les lèvres comme un poisson et, dans un souffle, murmure sur un ton grave :

— Mais...

Et moi, je réponds :

— C'est pas vrai ???

— Tu crois qu'on doit tenir compte de tout ça ? demande Jenny sur un ton qui appelle un « non » tranchant.

Moi, par contre, je suis plutôt dubitative.

— Si on ne tient pas compte de ses mauvaises manières, ce sont peut-être des tuyaux importants, je réfléchis et j'adopte l'attitude optimiste de Sean. Observons et notons tous ces points, et puis nous les vérifierons par la suite.

— Si tu le dis, réplique Jenny, pas vraiment convaincue.

Mais au lieu de repasser la vidéo, elle clique par erreur sur une autre vidéo. Signorino apparaît en plein milieu d'une remise de prix, l'air rayonnant et satisfait. On lui remet le prix du « journaliste de l'année ».

— Eh bien ! je commente.

— Excuse-moi, mais où se passe cette remise de prix ? fait Jenny, scrutant la vidéo.

À côté de Signorino se trouve un homme avec une écharpe tricolore, et derrière eux, une table toute décorée et l'inscription « MAIRIE DE MONTEROTTO ». Jenny et moi éclatons de rire et nous ratons une partie du discours de Signorino sur ce prix qui, bien sûr, est d'une immense importance dans le domaine de la communication internationale ! Quand nous arrêtons de ricaner, j'écoute une partie de l'intervention. Le présentateur, qui se tient légèrement incliné devant Sa Majesté Signorino, rapporte la question d'une jeune fille assise au premier rang de la remise des prix. Ce pourrait être moi, car la question est : « Comment fait-on pour devenir un aussi bon journaliste que vous ? »

Et voici la réponse :

— Tu vois ma chère, le travail passe avant tout le reste. Il n'y a pas de temps pour le reste ! Aussi le premier conseil que je donne à tous est de se trouver une gentille femme qui pense à tout et qui a beaucoup de patience !

Le maire et le présentateur rient de bon cœur, mais Signorino se rend compte qu'il a fait une gaffe et se reprend :

— Une femme, ou dans ton cas, une bonne cuisinière ou une bonne gouvernante !

Ça, ça dépasse les bornes ! Je saute comme un diable monté sur ressort. Quoi ? Tu te rends compte ? UNE FEMME GENTILLE qui l'attend après avoir préparé le dîner tandis que lui va faire un tour et fait le FIER !

Jenny secoue la tête, montrant un calme olympien.

— Quel idiot ! Tu t'imagines dire un truc pareil à Margherita Hack ?

Où quelqu'un d'inattendu m'aide

Finalement, je décide de tout raconter à Sean.

Lequel s'est mis à faire la tête, parce qu'il a été vexé par mon attitude distante pendant les trois fameuses journées d'angoisse. Aussi, quand je le croise à l'école, il me salue à peine. Et contrairement à tous ses principes, il évite l'affrontement direct. Je lui envoie un message dans lequel je l'avertis que je l'attends à la sortie de l'école, mais il ne répond pas, et en plus, il disparaît, je ne sais pas comment. Il est sûrement sorti par une lucarne pour m'éviter !

Elle est bien bonne celle-là !

Je suis consternée. Tu vas voir que parce que j'ai fait la tête et suis restée silencieuse pendant deux jours, il a déjà trouvé de quoi se CONSOLER ? Je ne le croyais pas aussi superficiel, mais on ne sait jamais. Cette chère Andy a peut-être profité de la solitude dans laquelle il a été plongé pendant à peine deux jours, et maintenant ils rient tous les deux dans mon dos... Je ne veux pas y penser ! Quelle fin mon petit ami a-t-il donné ? Et s'il avait rompu avec moi sans me le dire ? À part Andy, en aurait-il rencontré UNE AUTRE ? Comment ai-je pu le négliger ainsi ? Et à quoi bon toutes ces questions inutiles, ici, devant l'école maintenant déserte ? Mon portable sonne. Est-ce que c'est LUI ? Mais la sonnerie tapageuse m'indique que c'est ma mère.

— J'arrive ! je crie exaspérée, anticipant déjà sa question qui est désormais incontournable :

— Où es-tu ?

C'est presque devenu notre mode de communication habituel.

— Eh bien, je suis en retard d'une demi-heure, mais je te l'avais écrit !

— Je te demande de baisser d'un ton, dit froidement ma mère. Je t'appelais pour te dire que je t'ai tout laissé prêt à la maison, je dois partir plus tôt aujourd'hui. Bonne journée !

— Aïe aïe.

Quand elle me dit au revoir de cette manière impersonnelle, c'est le signe d'une dispute, d'ailleurs je l'ai bien cherché. J'énerve tout le monde !

— Qu'est-ce que tu avais, à hurler ainsi ?

La voix familière me fait sursauter. Je rougis, tandis que je me retourne pour tomber sur l'air amusé de Sean. Je voudrais disparaître tellement j'ai honte, mais devant le garçon le plus mignon du monde, c'est impossible. Je dois vite rattraper la mauvaise impression que j'ai donnée, maintenant je suis devenue experte en la matière !

— Ma mère... je balbutie. Désolée... mais je ne t'attendais plus... et puis excuse-moi...

J'ai pris la petite voix de Titi, le canari. Sean éclate de rire, comment lui donner tort ? Moi aussi, je rirais à m'en décrocher la mâchoire si je me trouvais devant une folle qui braille au téléphone, puis devient rouge comme une tomate et s'évertue à gazouiller comme un petit oiseau. J'essaie de me ressaisir, je retrouve mon sérieux et reprends depuis le début :

— Salut Sean. Je suis vraiment désolée pour ce qui s'est passé et aussi pour mon comportement ridicule. Ça te va si on en parle ?

Tu m'étonnes que ça lui va ! Lui, c'est le champion du verbe « en parler ».

— Il y a juste un petit problème, il m'avertit, déjà radouci.

Je l'écoute, aux anges, mais aussitôt mon sourire se fige sur mon visage quand il m'annonce :

— J'ai rendez-vous avec Andy, mais je peux la rejoindre après t'avoir accompagnée au bus.

— Quel bus ? Je pensais manger un sandwich avec toi, mais si tu es déjà pris...

Il ne manque plus que je me mette à hurler, déjà que je grince des dents en prononçant cette phrase.

— Tu peux venir, toi aussi, tant que tu ne manges pas... Andy, il me fait, ironique.

— Que tu es drôle ! Merci pour l'invitation, mais...

Je suis sur le point de décliner, m'exposant peut-être à une autre petite scène, quand tout à coup je me ravise. Ah non ! Je ne vais certainement pas donner la satisfaction à Amanda de jeter mon petit copain dans les bras d'une autre !

— J'accepte volontiers, même si je n'ai pas bien compris quand nous pourrons parler seuls tous les deux.

— Eh bien, maintenant, répond-il, avant de m'embrasser sur la joue.

« Qu'est-ce que c'est ? Le baiser de Judas ? » je pense avec horreur. Depuis quand Sean me donne un baiser fraternel sur la joue ?

— Que tu es expansif ! je commente, un peu sombre, mais lui, agité, est prêt à me répondre :

— Écoutez-la, celle-là ! Elle a disparu pendant des jours ! Et gare à celui qui la dérange !

Eh bien maintenant, il montre combien il est en colère.

— Tu as raison, excuse-moi, je bats en retraite, avec la tête basse.

S'il me le demandait, je pourrais aussi me couvrir la tête de cendres, en signe de pénitence.

Sean m'adresse un regard accablé.

— Mais pourquoi ? Je voudrais en connaître la raison ! C'est à cause de quelque chose que j'ai dit ?

— Mais non ! Absolument pas !

Je crois qu'il comprend que je suis complètement déconcertée. Il sait lui aussi que quand j'utilise des adverbes, c'est que je m'enfonce dans le désarroi le plus total.

— Eh bien dis-moi, alors.

Il entoure mon épaule de son bras et nous nous approchons tous les deux, tête baissée, presque comme si nous luttions contre une bourrasque.

Je lui raconte ma misérable tentative, mon échec, et je lui avoue que je n'ai pas eu le courage de lui ouvrir mon cœur. Je ne voulais pas l'embêter avec mes angoisses.

— Eh bien moi, je me suis beaucoup inquiété pour toi ! il observe, mais le ton est levé.

— Tu t'es inquiété pour moi ? je demande. Je me rends compte que je joue un peu la comédie.

Mais qui n'aime pas s'entendre dire :

— J'étais inquiet, je croyais que tu avais des doutes sur moi et que tu ne voulais plus me voir...

— Des doutes ? Bien sûr que non ! Tu plaisantes ? Moi, je t'adore !

Oh là là... comme il me serre fort ! Et puis, il me donne un immense baiser, indifférent à ce qui se passe autour, et au fait qu'Amanda nous attend. Un baiser très passionné, qui me fait perdre la notion du temps et de l'espace parce que j'ai l'impression d'être suspendue en l'air et projetée dans une autre dimension d'où je pourrais ne pas revenir, tellement c'est doux. Peut-être que cette dimension, j'y reste un peu plus longtemps avec Sean, qui me tient par la main et m'entraîne jusqu'au bar où je finis par reprendre mes esprits, comme si j'atterrissais d'une galaxie perdue, pour me retrouver face à la mine irritée d'Amanda.

— Eh bien, il était temps ! elle nous accueille, très impoliment. Un peu plus et nous passions au goûter.

— Excuse-moi, Andy. Nous avions des choses à clarifier, dit Sean.

— Tu appelles ça clarifier quelque chose ? elle ricane. Moi, j'appellerais plutôt ça rouler une pelle, si vous me passez l'expression !

Et elle m'adresse un regard pénétrant. Elle peut dire ce qu'elle veut, maintenant j'ai fait la paix avec le monde entier, y compris avec Amanda, avec laquelle je suis une vraie sainte : je ne fais qu'acquiescer.

Et nous nous installons à une table du bar à moitié vide. En effet, il est un peu tard pour le déjeuner. Sean insiste pour l'histoire de l'éclaircissement, même s'il ne me semble pas nécessaire de mettre Andy, je veux dire Amanda, au courant de mes affaires.

— Willow a passé un savon à Mia...

Andy écarquille les yeux et émet un cri de mépris :

— Hi hi hi ! Quels fanatiques ! C'est un compliment d'être refusés par eux.

Je lève les mains en l'air et je hausse les épaules : l'attitude d'un pape plein de charité. Entre autres choses, je me suis rendu compte qu'Amanda n'avait pas encore sorti une seule vulgarité, si ce n'était le négligeable « rouler une pelle ».

— Ils voulaient un article qui critiquait notre école et Mia, bien sûr, a décrit le projet sur l'environnement, révèle Sean.

C'est sûr qu'il est un peu pipelette quand il s'y met.

— Tu as bien fait ! me complimente Andy. Pourquoi ne nous le fais-tu pas lire ? Tu l'as ici ?

Et moi, qui suis dans un état de parfaite béatitude, au lieu d'esquiver comme je devrais le faire, je sors de mon sac à bandoulière la petite page en question, que j'avais apportée pour la montrer à Sean.

Les deux se jettent comme des rapaces sur mon texte, tandis que moi, je retourne rêvasser dans ma vie idéale remplie de petits cœurs. De toute façon, Sean a déjà commandé trois pizzas margherita.

— C'est clair qu'il n'y a pas grand-chose à se mettre sous la dent pour ces vampires ! commente Amanda, à la fin.

— Oui, c'est insipide, je confirme, impitoyable. Mais qui s'en soucie ?

— Non, il n'est pas du tout insipide, dit Sean pour défendre mon article. Au contraire, moi, il me plaît beaucoup ! J'aime bien ton style quand tu écris : « une école à l'ancienne. Je ne dirais pas... »

— En effet, Mia sait écrire, décrète Andy, qui commence à m'être sympathique, même si juste après, elle me glace avec cette observation :

— Oh mon Dieu, cet article manque un peu de structure, tu vois ce que je veux dire, toutes ces répétitions : « école-école-école... »

— C'est vrai, je dis en faisant mine d'être d'accord, alors que sincèrement, je ne m'en étais vraiment pas rendu compte. Par contre, dans mes devoirs à l'école, je suis très attentive.

Heureusement, Amanda change de sujet.

— De toute façon, le problème n'est pas là, le style, ça se corrige. Ils s'attendaient à des ragots, tu comprends !

— Pourtant, je sais que j'ai des limites. Il manque quelque chose, cela ressemble trop à un devoir d'école.

— Bon, si je peux te donner un conseil, en voici un : il faut être plus tranchant quand on écrit un article pour un journal ou un magazine, me suggère Andy.

— Qu'entends-tu par « tranchant » ? Le fait que le sujet soit d'actualité ne suffit pas ?

— Cela dépend. Par exemple, cet article peut être intéressant pour nos parents ou pour ceux qui veulent connaître notre école, mais pas pour ceux qui veulent un article sur les habitudes et les cancans, dit-elle avec une certaine fougue.

Elle me rappelle un peu Signorino père et alors je le cite :

— Il faut toujours suivre les fameux cinq règles de la première page ?

— Mais non ! Ça, c'est du journalisme à l'ancienne ! elle éclate.

Mais elle sait qu'elle est en train de doubler son père ? Oh mon Dieu, elle le sait très bien ! Moi aussi, de temps en temps, je dis que mes parents sont complètement dépassés, bien qu'ils essaient de vivre avec leur temps avec leur tablette et leur téléphone portable. Ce n'est pas une question d'objets, mais d'état d'esprit !

— C'est quoi, ces cinq règles ? intervient Sean.

— Sexe, sport... commence Andy.

— Alors il n'y a pas l'ombre d'un doute ! dit-il, et je lui donne une petite tape sur l'épaule tout en ajoutant :

— Spectacle...

— ... Sang et argent, m'interrompt Andy. D'accord, mais aujourd'hui, désolée, il faut suivre d'autres règles. Tant qu'on y est, on peut aussi citer la simplicité. Pour les sujets un peu complexes, il vaut mieux ne pas utiliser de termes compliqués. Il n'y a pas que des prix Nobel qui lisent !

— Et la société, non ? demande Sean.

— C'est ce que je me demandais aussi. Les problèmes d'aujourd'hui comme l'immigration, les droits de l'homme, la formation, les droits civiques...

— En effet, approuve Andy, convaincue. Et puis c'est une chose que tu sais bien faire Sean : des histoires !

À ce moment, Sean réplique en me faisant un compliment :

— Mia aussi s'en sort bien avec les histoires.

Elle se tourne vers moi, et me dit sur le ton d'un expert :

— Peut-être qu'ici, c'est ce que tu as oublié : une belle histoire, qui nous intéresse, nous, les jeunes, une histoire qui fait réfléchir, qui amuse ou qui émeut. Une histoire vraie évidemment, parce que les journalistes se fondent sur la véracité des faits, sur les reportages et non sur l'imagination.

Une belle histoire VRAIE ? Mais moi, des histoires j'en ai à foison !

Ce que je dois faire, c'est réfréner ma tendance à embellir, à romancer. Les faits purs, le reportage ! Je jure de dire la vérité, seulement la vérité !

S

COMME « SHOPPING »

Où l'inspiration me lèche la main !

Parfois, il n'y a pas besoin d'aller chercher l'inspiration bien loin pour trouver une bonne histoire. C'est elle qui vient vers toi et même... qui te lèche la main ! C'est exactement ce qui se passe en ce moment. Je suis assise devant mon écran d'ordinateur, j'essaie d'écrire quelques idées convaincantes, qui me plaisent et qui pourraient donner lieu à un article, quand mon chien vient à mon secours. Il pose sa truffe humide sur ma jambe, ce qui me fait sursauter.

— Hé ho, Robbie, qu'est-ce qu'il y a ?

Il me regarde avec des petits yeux implorants.

— Ce n'est pas le moment de sortir, désolée, mais j'ai à faire ! je réponds brusquement.

Je tends la main pour lui donner une tape sur la tête, pour ne pas qu'il soit déçu, et lui, slurp ! Il me gratifie d'une léchouille bien sonore.

— Mais non ! qu'est-ce qui te prend de me lécher ? Tu ne vois pas que je dois écrire ?

Robbie penche la tête sur le côté et jette un coup d'œil à l'écran vierge. Même mon chien comprend que je suis devant une panne d'écriture : la fameuse page blanche de l'écrivain en pleine crise !

— Oui, je sais que je n'ai pas encore écrit un mot, mais c'est normal. Je suis en train de réfléchir !

Tout en parlant, je me suis tournée vers Robbie, parce que ce n'est pas montrer beaucoup d'intérêt à quelqu'un que de bavarder avec lui en lui tournant le dos. Encore moins avec un chien. D'ailleurs, mon chien a été élevé de manière à être très sociable. En tout cas, c'est ce que dit maman, qui s'est documentée avec toute une série de livres, surtout anglais (il paraît que les Anglais sont les meilleurs pour l'étude des chiens), sur comment vivre avec son chien. Il est normal que toutes ces études soient ensuite transmises à la famille entière. Il est hors de question que quelqu'un traite Robbie comme un hôte indésirable ou comme un « pantin », ou comme un être sans cervelle et sans sentiments !

Franchement, moi, toutes ces théories, je n'en avais pas besoin ! Quand Robbie est arrivé chez nous, j'avais cinq ans, et j'ai compris tout de suite que c'était l'unique être avec qui je m'entendais à la perfection !

C'est sûr que ça ne pouvait pas le faire avec mon frère, cet être insensible ! À l'époque, il était « a priori » comme dit toujours ma prof, Mme Trombetti, en plein milieu de sa période contestataire. Pourtant en y réfléchissant bien, Berni n'avait que onze ans, en fait, j'ai l'impression qu'il a toujours été contestataire, et ce depuis la naissance. D'ailleurs, il n'en est pas encore sorti, bien qu'il ait presque vingt ans, et pour son plus grand soulagement et le nôtre, il est parti étudier dans une autre ville. Et comme il est si fier de le dire, il vit « tout seul ». En réalité, il vit avec quatre autres jeunes, il a tout simplement changé de famille. Il a remplacé deux adultes, une jeune fille et un chien par quatre garçons, brutaux, négligés, grossiers, comme lui. Ainsi, il a su opérer une parfaite régression jusqu'à l'époque de l'homme de Néandertal, et nous a démontré que l'évolution n'était qu'une théorie relative.

Quoi qu'il en soit, Berni n'a jamais eu de sympathie particulière pour Robbie, qui a d'ailleurs toujours évité de le regarder dans les yeux. Oui, il le saluait poliment : il remuait la queue (ce qui est le résultat de son éducation – disons pour un chien bien éduqué) : il dressait les oreilles, et aboyait joyeusement. Mais comme Berni ne lui accordait que quelques tapes sur le flanc et quelques compliments plutôt austères du genre « mon chienchien », Robbie a cessé d'approfondir leur relation et a par la suite renoncé à le fixer les yeux pleins d'espoir. Voilà comment fait un chien : il arrête de te parler, comme à tout être humain qui ne retient son attention.

Moi par contre, je ne peux pas l'ignorer quand il vient me voir. On se connaît trop bien, tous les deux. Si Robbie vient me déranger alors que je suis absorbée dans la contemplation de mon écran vierge, il doit bien y avoir une raison. Il pose sa patte sur mon genou et soupire.

— Qu'est-ce qu'il y a mon Robbie chéri ? je demande, préoccupée.

Je soupire encore.

— Tu as besoin de sortir ?

À ces mots, Robbie dresse les oreilles et change d'expression. Pour lui, c'est toujours le bon moment pour sortir. Cela me fera peut-être du bien aussi, comme ça, je me distrais un peu ou je traque les bonnes idées. Sans savoir que c'est lui, justement, la bonne idée que je cherche. Celui qui est en train de me traîner dehors, attaché à une laisse.

S

COMME « SHOPPING »

Où je livre une bataille dans la rue

À peine dehors, je suis convaincue que Robbie va courir en direction des jardins, mais non. Il se dirige résolument dans la direction opposée, vers la route très fréquentée et qui ne semble pas l'endroit le plus agréable pour un chien. Il n'y a rien d'intéressant pour lui : seulement des voitures garées, beaucoup en double file, de la circulation, du bruit, quelques petits arbres fatigués et une enfilade de magasins. Le trottoir est surtout bondé et comme d'habitude, il y a des types qui regardent d'un mauvais œil un chien de cette taille. Il y en a même un qui se permet de m'avertir :

— Tu ne laisseras pas traîner les besoins du chien, n'est-ce pas ?

Je lui montre la pelle et le petit sac attachés à la laisse.

J'ai envie d'ajouter :

— Avant d'accuser, ouvre les yeux !

Mais je ne suis pas d'humeur à chercher des noises à quiconque.

Et puis il y a ceux qui essaient de m'intimider. Des dames d'un certain âge avec leurs petits-enfants qui les suivent et qui s'empressent de montrer Robbie comme une féroce menace.

— Regardez ! Quel chien énorme ! elles disent, avec le petit dernier, inquiet, prêt à grimper dans leurs bras. Ne t'approche pas ! conseille tout de suite la grand-mère qui cherche à lui faire peur. Il pourrait te MORDRE !

Elle s'attend sûrement à ce que je sourie et que je les rassure en disant :

— Ne vous inquiétez pas madame, c'est un chien très gentil !

Mais à ce moment-là me monte aux lèvres une réponse méchante à la Berni. Je réplique alors :

— Faites attention, il est TRÈS MÉCHANT.

Ainsi, l'intimidatrice est intimidée, elle saisit l'enfant et s'enfuit à toutes jambes, non sans m'avoir d'abord apostrophée :

— Et toi, tu le sors ? Tu n'as pas honte ?

Robbie me lance un regard interrogateur. Il ne saisit pas complètement les conversations humaines, un peu comme nous quand nous ne comprenons qu'en partie une langue étrangère. Quand un étranger parle trop vite ou lorsque nous ne saisissons pas le sens des mots à cause de son accent.

— Tout va bien, Robbie. L'enfant voulait te mordre.

Mais Robbie ne m'écoute déjà plus, il est distrait par l'odeur (que lui seul peut sentir grâce à sa truffe) de la boutique de glace et tire sur sa laisse vers le magasin bondé.

— Je ne peux pas, tu sais que ce n'est pas bon pour toi, j'essaie de le raisonner.

Mais lui est déjà en train de se tourner vers une dame avec un grand cône à la main. S'il y a une chose que Robbie sait très bien faire, c'est distinguer en un instant les humains bien disposés envers lui, voire complaisants, de ceux qui restent indifférents. Par exemple, cette femme enrobée qui, dès qu'elle le voit, s'illumine :

— Mais quel joli chien, qu'il est mignon ! Regardez-moi ces petits yeux ! Tu aimes la glace, hein ?

— Wouf ! répond Robbie.

Et il s'assoit bien droit devant elle, le charmeur ! Je tire un peu sur la laisse, j'essaie de faire preuve d'un peu d'autorité.

— Robbie, non !

— Mais un peu de glace, ça ne va pas lui faire de mal ! proteste la dame, déjà prête à enfoncer un petit biscuit dans la crème et à le tendre à mon chien. Lequel la bouche comme si c'était un gouffre et aspire tout en un clin d'œil.

— Quelle faim ! Le pauvre, quelle faim ! pépie la dame, en me lançant un regard accusateur.

— Ce n'est pas de la faim, c'est de la gourmandise, je me justifie, très vexée.

Puis je me retourne vers le traître qui lance des regards languissants à la potentielle distributrice de gourmandises.

— Allez, maintenant, ça suffit, Robbie. N'ennuie pas la dame.

— Non, il ne m'embête pas, mais alors pas du tout !

Je sais très bien que ce n'est pas lui le casse-pieds. J'espérais que la dame connaitrait l'expression italienne « Parler avec la belle-mère pour que la belle-fille comprenne ».

Voyez-vous, les chiens peuvent tomber sur deux catégories de personnes : les peureux et ceux qui agissent. D'habitude les seconds sont plus dangereux que les premiers, parce qu'ils sont arrogants mais de manière plus sournoise.

— Allez, tiens, encore un peu de crème, très cher ! gazouille la dame, tandis que moi, j'essaie de la stopper.

— Non, je vous en prie, ça lui...

— Scrunch, m'interrompt la gueule de Robbie.

Je me baisse pour être presque à sa hauteur et je lui dis :

— Tu arrêtes tout de suite, sinon je te jure que je ne te sors plus, c'est clair ?

La dame baisse les yeux, penaude, et laisse échapper un bref glapissement.

— Mais qu'est-ce que tu fais ? Tu le menaces ? demande la casse-pieds.

— La glace, ce n'est pas bon pour lui, je répète, mais cette fois, d'une voix plus forte et plus ferme.

— Mais qu'est-ce que tu dis ? intervient alors le glacier, se penchant du balcon en affichant un sourire crispé. MES GLACES ne font de mal à personne, tu penses ! Certainement pas à un beau chien comme celui-ci !

Robbie semble avoir compris qu'il a gagné un autre allié très puissant et il approuve ses paroles d'un léger jappement.

— Mais c'est incroyable ! Il ne lui manque que la parole ! commente le glacier.

Il a gagné l'approbation de tous ses clients et maintenant, nous sommes au centre de l'attention.

— Justement, je dis, secouant un peu Robbie pour fuir l'auditoire improvisé.

Que pourrais-je ajouter à une telle perle de sagesse ? D'autant plus que mes parents et moi savons très bien que la parole ne manque pas du tout à mon chien, nous vivons avec lui ! C'est aussi un bel effronté, il est d'ailleurs en train de le démontrer de manière flagrante, il se hâte de mordre dans une autre gaufre recouverte de chocolat lancée par son admirateur.

Je suis furieuse. Dès que je me trouve à distance suffisante du glacier, je prends Robbie entre quatre yeux.

— C'est ça que tu avais en tête ? Venir quémander des glaces ? Je le gronde.

Il détourne le regard, il ne m'écoute pas. Bon sang, on dirait mamie quand elle est avec maman et qu'elle fait semblant de ne rien entendre. Maintenant je comprends mieux combien c'est énervant !

Robbie jappe, s'ébroue et se dirige vers le stand du kebab.

— NON, hors de question, je cherche à le gronder, mais je sens la panique m'envahir.

Robbie n'écoute pas ! En plus, mon portable est en train de vibrer dans ma poche. Et je ne peux pas répondre, j'ai la laisse entre les mains.

Nous sommes encore assez loin du kiosque quand un des clients, touché par l'énergie de Robbie, se sent obligé de couper un morceau de pain et de le lui lancer.

— Désolée, mais vous ne devriez pas... je proteste.

Mais celui-ci hausse les épaules, tandis qu'un autre offre un petit bout de son plat. Le vendeur se penche hors de son kiosque et me demande :

— Je vous en prépare un, mademoiselle ?

— Non, merci... j'essaie de répondre gentiment... pour ensuite brailler de manière hystérique :

— Ça suffit, Robbie !

Quelle honte ! Je dois passer pour une espèce de Docteur Jeckyll et Mister Hyde en train de me métamorphoser soudainement.

— Les gens prennent des chiens pour donner des ordres, j'entends dire derrière mon dos.

Je continue à traîner le scélérat, qui d'ailleurs pense à tout sauf à moi. Il est déjà planté sous la table des gaufres, en train de lécher les miettes sur le trottoir plus vite qu'un aspirateur !

Mon Dieu c'est une obsession ! Depuis quand le pauvre Robbie est-il devenu BOULIMIQUE ?

Au même moment, mon portable se met de nouveau à vibrer, et enchaîne par une sonnerie.

— Allô ! je crie, nerveuse.

— Eh bien, je te dérange ? La voix de Jenny semble contrariée.

— Non, excuse-moi, mais je suis dans une situation critique ! Robbie est en train de me rendre folle.

— Tu parles du chien ? Mais c'est une bonne pâte ! Elle proteste, scandalisée.

— Oui, si tu savais, je suis dans la rue... il est en train de courir comme un fou... Il souffre de boulimie !

— De quoi ? elle fait, épouvantée.

— De bou-li-mie. Tu sais, le besoin de manger continuellement, j'explique avec une pointe d'exaspération dans la voix.

En même temps, Robbie s'est mis à fixer avec grand intérêt la fille qui prépare les crêpes.

— Tu ne viens pas de dire que tu étais dans la rue ? Comment fait-il pour manger en continu ?

— Mais est-ce que tu te rends compte de la quantité de nourriture qu'il y a un peu partout ? je hurle, puis je crie à Robbie :

— Ça suffit ! La crêpe, NON !

— Mia, tu es là ? demande Jenny, inquiète.

— Oui, oui, pardon. C'est juste que cet idiot est en train de s'empiffrer aussi une crêpe au citron, maintenant je dois la payer, pardon, il faut que je te laisse.

— Rappelle-moi tout de suite. Nous avons reçu une invitation exceptionnelle, il faut que je te raconte, elle m'annonce, toute heureuse.

C'est sûr, elle n'a pas réalisé quelle tragédie c'était d'avoir entre les mains un chien transformé en tourbillon aspi-nourriture. Mais pour dire la vérité, entre les deux, celle qui a la rage, c'est moi, je suis en train de brailler avec l'écume à la bouche et les yeux exorbités. Tandis que Robbie, enfin rassasié, me suit au pas en soupirant. Je jurerais qu'il lève les yeux au ciel de temps en temps.

S
COMME « SHOPPING »

Où je reçois une invitation très spéciale

Une fois rentrée à la maison, je trouve maman à moitié étendue sur le canapé. Elle a dû rentrer pendant j'étais sortie avec le boulimique. Étrange qu'elle ne m'ait pas appelée sur le portable pour me persécuter avec ses « Où es-tu ? ».

J'aurais dû comprendre tout de suite qu'elle était de mauvaise humeur. Tout d'abord, il règne un lourd silence dans l'appartement alors que d'habitude, dès que maman arrive, tout semble s'animer : la machine à laver fonctionne presque toute seule en voyant sa patronne ; la radio s'allume ; dans la cuisine, il y a toujours quelque chose qui vrombit, micro-onde, grille-pain, blender ou mixeur ; les pièces sont presque toutes allumées parce que maman passe de l'une à l'autre comme une abeille qui butine une fleur après l'autre.

Je vais vite découvrir le fin mot de l'histoire car maman est affalée sur le canapé dans une position assez théâtrale, et qu'en plus, elle soulève à peine la tête quand j'entre, pour souffler un :

— Tu étais où ?

— Dehors avec Robbie.

Pendant ce temps, le chien se lance dans une série de salutations et de démonstrations d'affection qui raniment maman, au point qu'elle se lève pour l'embrasser, tout émue.

Bien sûr, elle ne peut pas se douter qu'avec ses minauderies, le flatteur cherche à cacher, son vice : la coupable gourmandise !

— Robbie, mon Robbie, si tu n'étais pas là... elle répète, elle me provoque pour que je me mette en colère.

— Ah bon ? Tu aurais dû le voir il y a cinq minutes, ce monstre ! Il a fait plein de bêtises avec la nourriture, il a volé une crêpe...

Maman fronce les sourcils.

— Mais où est-ce que TU l'as emmené ?

— Tout près d'ici, sur le boulevard... je commence.

Mais elle m'interrompt sèchement :

— Et pourquoi ? Un chien doit aller dans les jardins, pas au milieu du bruit.

— Bien sûr ! je réplique, et de colère, je m'embrouille. Mais c'est lui qui a voulu... il n'y avait pas moyen de lui faire changer d'avis... bref, il m'a fait tourner en bourrique !

Toute protectrice, maman serre contre elle la petite tête de Robbie. Elle secoue la tête et marmonne :

— Tu ne sais même pas ce que ça veut dire, faire tourner en bourrique ! Pauvre Robbie.

Je jurerais qu'il me lance un regard rusé sous le bras de maman ! Il a en effet posé la tête sur ses genoux. Maman retourne ensuite s'allonger sur le canapé. Quel sacré comédien ! C'est vrai que qui se ressemble s'assemble !

Je sors de la salle à manger indignée, sans demander à ma mère ce qui lui est arrivé pour qu'elle réagisse ainsi. Au lieu de cela, j'appelle Jenny.

— Comment ça va avec le boulinique ? elle s'informe sans même me dire bonjour.

— Boulimique, je la corrige. Je suis épuisée.

— Depuis quand Robbie a ce problème ?

— Je suis incapable de le dire. Je ne m'en suis rendu compte qu'aujourd'hui.

— Je suis désolée de te dire ça, mais d'après moi, tu exagères. Tous les chiens sont gourmands et demandent de la nourriture. Béba, le chien de ma tante, est devenu une boule, et tata a dû le mettre au régime sec.

— Toi aussi tu t'y mets, à me dire que j'exagère ? Déjà que maman s'en est pris à moi parce que j'ai amené Robbie sur le boulevard... je commence à me plaindre, mais Jenny coupe court.

— Mais non, excuse-moi. Allez, laisse tomber Robbie, écoute ça : nous avons été invitées à une *PYJAMA PARTY* !

— Non ? je hurle de joie. Mais où ? Comment ? Avec qui ?

— Attends une minute que je t'explique. Toute la classe, chez Lucrezia, samedi soir, c'est vraiment fantastique ! C'est une avant-première, tu vas recevoir l'invitation d'un moment à l'autre.

À en juger par le bip du portable, l'invitation vient juste d'arriver en direct par SMS.

— Hallucinant ! je dis, utilisant ce mot qui ces dernières semaines est devenu à la mode pour indiquer que quelque chose est génial.

— Je pourrai le dire à Sean ? j'ajoute, exaltée à la seule idée de passer une soirée entière, mieux, UNE NUIT avec lui, en PYJAMA ! Ça oui, ça serait vraiment hallucinant !

Jenny reste silencieuse quelques secondes avant de dire :

— Mais... je crois que c'est juste pour notre classe... il faudrait peut-être que tu demandes à Luki.

Je soupçonne ces deux-là d'avoir beaucoup parlé et de s'être mises d'accord pour faire barrage aux amoureux. Ce qui correspond en fait à un petit nombre de personnes, puisque la plupart de mes amis sont célibataires.

— Je ne savais pas qu'elle se faisait appeler Luki, j'observe avec une pointe de jalousie.

— Elle a été vraiment sympa de tous nous inviter, tu ne trouves pas ? elle me coupe. Tu verras la maison hallucinante qu'elle a !

— Pourquoi ? Tu y es déjà allée ? je demande, l'humeur de plus en plus sombre.

— Bien sûr, tu ne te souviens pas ? Quand je lui ai amené les devoirs, il y a deux semaines, quand elle était malade...

Bref ! Beaucoup de choses m'échappent, en ce moment : d'abord le chien boulimique, puis l'amitié entre ma meilleure amie et Lucrezia, la meilleure de la classe, alors qu'on lui cassait tout le temps du sucre sur le dos, et maintenant, je découvre qu'elle se fait appeler Luki et qu'elle organise des *pyjama-parties* nocturnes, où il est presque sûr que les non-inscrits à la fête, comme la JALOUSIE, seront interdits d'accès.

S

COMME « SHOPPING »

Où est révélée une série de secrets

Je ne me souviens plus où j'ai lu que nous sommes plus faits de secrets que de vérité. En effet, le moment est arrivé pour moi de découvrir certains secrets, qui tombent sous mes yeux l'un après l'autre, comme les sept voiles de Salomé. Moi, à vrai dire, je n'en ai compté que quatre, mais ce sont des secrets bien lourds : ce ne sont pas des voiles mais carrément des bâches de cirque !

Premier secret

Qu'est-ce que je continue à répéter à tous les autres et à moi-même ? Que Sean est un type mesuré, relax, qui ne hausse jamais le ton, qui évite les conflits, qui cherche toujours le dialogue. Bref, un rare exemple de gentleman anglais, de ceux à l'ancienne. À moins que tout à coup, son fameux « flegme » ne disparaisse subitement quand je lui apprendrai que je vais participer à une *pyjama party* à la maison de Lucrezia Rinaldi. Et voilà ! C'est fait ! Mon Sean, qui jusque-là me tenait la main amoureusement, s'assombrit, et sous prétexte de se gratter une oreille, retire sa main.

— Qu'est-ce que c'est exactement, une *pyjama party* ? il me demande, en jouant les idiots.

— Eh bien, comme le nom l'indique, c'est une fête où nous portons tous un pyjama, j'explique, encore assez euphorique.

Mais là, je commence à comprendre pourquoi on dit « aplomb ». Il se peut que cela vienne du mot « plomb », parce que le visage de Sean, lui, vire à la couleur grise. Pour le moment, il reste imperturbable, le ton de sa voix est égal, et puis il s'informe :

— Et puis ? À quelle heure finit la fête ?

— Le matin suivant, non ? Nous dormons tous ensemble dans le salon, c'est ça qui est sympa !

— AH ! il s'exclame, et tout le plomb de son visage éclate. Vous dormez TOUS ENSEMBLE ! EN PYJAMA ! ET MOI, JE N'Y SERAI PAS !

— Eh oui, je suis désolée, je dis.

Je ne devrais même pas m'excuser, vu que ce n'est pas moi qui ai organisé la fête ni qui ai choisi les invités.

— J'ai déjà essayé de demander à Jenny, mais l'invitation est réservée à notre classe seulement, nous sommes déjà vingt-six...

Mais Sean, qui d'habitude écoute très calmement, m'interrompt, furieux :

— Mais bien sûr, moi je suis de TROP ! Je ne voudrais pas gâcher une fête aussi sympathique, il ne manquerait plus que ça !

— Mais Sean... j'écarquille les yeux, d'un air étonné. Mais qu'est-ce qui te prend ?

— Qu'est-ce qui me prend ? Tu te rends compte ? Et si je t'avais parlé, moi, d'une sympathique fête tous en pyjama, certaines en chemise de nuit, pour ne pas dire transparentes, bref, si moi j'allais à une soirée de ce genre chez une camarade de classe ? Hein ?

Il a lancé cette question d'un seul trait, tellement agité qu'il ne s'est pas rendu compte que sa grammaire n'était pas très compréhensible.

— Je te l'ai dit, ça ne dépend pas de moi. Et puis, qu'est-ce que tu racontes ? Quel est le rapport avec la chemise de nuit transparente ? J'ai dit « pyjama », nous serons tous en pyjama...

— Pyjama long et sombre, il dit, lui, transformé tout à coup en terrible censeur.

Je le fixe stupéfaite et je dis :

— Sean ? Tu es en train de m'ordonner d'y aller en BURQA ?

Il semble touché et rougit un peu.

— Bon sang, non, bien sûr que non... il balbutie, confus.

Bien décidée, je passe à la contre-attaque :

— Tu ne me fais pas confiance ?

— Tu plaisantes, Mia ? Bien sûr que je te fais confiance.

Il fronce les sourcils tout en grognant :

— Je ne fais pas confiance aux autres.

— Qui ? Mes camarades ?

— Oui. Je sais, tu vas me dire qu'il est inoffensif, mais ce Matteo Baldacci dont tu m'as parlé, celui qui fait des blagues, peut-être que lui, il en profitera... dit-il en pleine paranoïa.

— Donc, pour éviter tout malentendu, c'est mieux si j'y vais en burqa, ou peut-être si je n'y vais pas du tout, j'insiste assez fâchée.

— Je n'ai pas dit ça, il s'adoucit.

Je connais ce vieux truc rhétorique : on fait allusion à quelque chose pour ensuite clarifier en disant qu'on n'a pas dit exactement comme ça. Ça s'appelle la tactique du malentendu voulu.

Je le regarde : il est malheureux, préoccupé, et il se mord la lèvre inférieure. Pour tout vous dire, au lieu de me mettre en colère, je m'attendris. Comme il est mignon ! Et puis, il ne veut pas l'admettre, mais il est JALOUX ! Lui, lui qui déteste justement les exagérations, les réactions impulsives, il a réagi de manière impulsive. Alors moi, qui par contre ai trop tendance à m'abandonner à l'impulsion, je me jette à son cou et je m'exclame :

— Mon amour ! Tu es jaloux !

— C'est pas vrai, il proteste, restant figé un petit instant. Ce n'est pas par jalousie, dit-il, comme tous les jaloux.

Alors il se met à débiter :

— C'est par... sentiment d'exclusion... incompréhension... méconnaissance...

Pendant ce temps, je le couvre de baisers, comme ça toute cette série de paroles perd complètement son sens, en admettant, bien sûr, qu'il y en ait eu un... hormis de cacher la réaction d'un garçon très jaloux !

Deuxième secret

Bien que j'aie promis à Sean que je ne porterai rien de transparent ou de provocant (oui, c'est vrai qu'il se fait de drôles d'idées...), j'ai quand même décidé de m'acheter un nouveau pyjama. On ne sait jamais, je ne sais pas qui va participer à la fête dans la villa de Lucrezia. Je serais ridicule dans mon petit pyjama avec les oies jaunes ! Et puis, un joli pyjama, j'en aurais bien besoin, surtout quelque chose de spécial, avec un peu de dentelle, peut-être un peu décolleté, comme j'ai vu dans des magazines... Oui, je suis en train de me rendre compte que, moi aussi, j'ai un secret bien gardé : je suis vaniteuse !

Je ne pensais pas qu'une fête pouvait réveiller mon ambition au point de stresser maman. Ma mère accepte, ce qui est plutôt inattendu, et déclare même avec une pointe d'enthousiasme :

— Tu as raison, mon trésor. C'est une fête, et tu as besoin de quelque chose de mignon. Il ne faut pas que tu fasses mauvaise impression.

Moi, l'idée de faire mauvaise impression, je n'y avais même pas pensé, mais pour maman, par contre, c'est très clair dans sa tête :

— Tu verras, ils auront tous des chemises de nuit et des pyjamas à la mode, qu'est-ce que tu crois ? Tu comprends, c'est la famille Rinaldi ! On ne dirait pas, mais les gens se préparent à ce genre de fêtes !

Ça m'échappe ! Qui sont les « gens » et que signifie « se préparent » ? Mais pour une fois, j'essaie de ne pas contredire maman, qui a déjà planifié une sortie au centre commercial et a même sélectionné une série de magasins où nous pourrons trouver les meilleures marques de sous-vêtements.

— Il te faudra quelque chose de spécial, simple mais élégant, peut-être court, j'ai vu de petits ensembles vraiment adorables !

— Euh… vraiment court… ? j'essaie de la modérer, en pensant aux inquiétudes de Sean.

— Pourquoi pas ? Si toi tu ne portes pas de pyjama court, qui en porterait ? Ils sont tellement jolis, pour les filles. Tu te rappelles la publicité de Superintime ?

Mes cheveux se dressent sur ma tête. La pub dont elle parle est celle où on voit un top model avec un ensemble tout en dentelle et voile qui laisse imaginer beaucoup de choses ! Sean va tout simplement devenir fou si je lui dis ça. D'un autre côté… une fois la *pyjama party* passée… s'il y avait une occasion de le lui montrer, qui sait, un soir où je l'invite chez moi et que mes parents ne sont pas là… Je rougis devant mon imagination galopante. Mais maman a raison sur un point : je dois laisser libre cours à ma coquetterie. Le pyjama court et sexy, j'en ai absolument besoin. Qui le porterait, sinon ? Et me voilà transformée en Mia la VANITEUSE !

Troisième secret

Tout le monde sait que le shopping est une forme moderne de la chasse, si bien que maman et moi quittons la maison comme deux amazones d'aujourd'hui. Maman arbore un pantalon d'amazone, des bottes qui montent jusqu'aux genoux, un anorak, et un chapeau ; tandis que moi, je porte un jean et des bottes, avec par dessus un blouson et un sac à bandoulière. Nous voilà prêtes pour la quête du parfait pyjama dans la jungle des boutiques !

Il ne nous manque plus que le chien, qui se précipite tout joyeux devant la porte à peine nous a-t-il vu habillées pour notre grande expédition.

Généralement, les chiens se morfondent, attachés à un poteau à l'entrée du supermarché, ou affichent une expression accablée derrière le pare-brise de la voiture où ils sont restés enfermés pour attendre leur maître. D'autres encore se font traîner dans le couloir du centre commercial, la queue basse. Par contre, Robbie, lui, jappe de joie à la vue d'une boutique, et saute hors de la voiture avec les yeux qui brillent.

En fait, j'ai toujours su que mon chien était un peu bizarre. Un chien qui regarde des dessins animés et qui aboie, tout content, quand il reconnaît son héros, Scooby-Doo, ce n'est en effet pas très commun. Et puis, il fait du yoga avec sa maîtresse, ou plutôt il essaie, quand maman enchaîne différentes positions dans le séjour. Tout ça parce que maman a lu un livre sur la pratique du sport avec les animaux de compagnie : d'accord, aller courir, nager ou faire du vélo, ça semble adapté pour un chien, mais sincèrement, le yoga ne me semble pas être une discipline dans laquelle on peut entraîner son chien. Mais il est assez difficile de faire changer ma mère d'avis, surtout quand elle s'est mis en tête certaines théories « indiscutables » (c'est-à-dire indémontrables), fruit d'études « très avancées », effectuées non sans raison par des scientifiques américains qui, comme je le remarque savent tout mieux que tout le monde.

Bref, jusqu'à notre arrivée au centre commercial, Robbie montre des qualités particulières. Il faut dire que le lieu où nous devons aller n'est pas un simple centre commercial, mais une sorte de pays où des rangées et des rangées de mégastores remplacent les maisons normales, et où des sentiers avec plein de bancs, des plates bandes, des petits arbres et même une grande fontaine au centre d'une place entourée d'énormes vitrines remplacent les rues. C'est un endroit très fréquenté des familles, qui y promènent des enfants dans des poussettes ou tenus par la main, comme ils iraient au zoo. Il y a même un vendeur de barbe à papa et en lieu et place du parc de jeux, il y a une grande salle avec des télévisions qui passent des dessins animés en continu.

En somme, c'est comme si c'était un « pays des jouets », mais où tous les jouets seraient payants, c'est un comble ! On paie partout ! Même dans la salle où les enfants sont assis devant des écrans ou quand ils sautent sur des petits ânes en plastique ou entrent dans un train électrique et tournent en rond, étourdis par la musique, qui d'ailleurs est partout. Et puis tout le village est coiffé d'une espèce d'énorme coupole de verre, de manière à ce que l'air conditionné circule tout le temps et empêche les gens de se sentir fatigués, en sueur l'été et transis de froid l'hiver, ce qui arrive quand on marche dans des vraies rues.

Au bout de trois secondes passées à l'intérieur, tu as envie de manger, eh oui ! Il y a des bars et des restaurants partout, de tous les genres, avec des glaces, des pâtisseries à peine sorties du four, des pizzas, des sandwiches, et des brioches parfumées, des crêpes, des gaufres, une exubérance de plats salés et sucrés qui contenterait même les plus difficiles, alors vous pensez comme Robbie frétillait ! En plus, l'endroit regorge de bonnes âmes prêtes (comme on l'a vu) à lui jeter des petits morceaux de pizza et de hot dog. Lui, il avale tout en dépit de maman qui lui ordonne, d'abord avec calme, puis toujours plus impatiente, de ne pas accepter de nourriture de la part d'inconnus.

— Arrête de manger ! finit-elle par hurler, hystérique.

Puis, elle s'éloigne rapidement des regards pleins de reproches que lui lancent les gens et de leurs commentaires du type « Pauvre petit chien ! », en traînant Robbie presque à bout de bras.

Exaspérée, elle me demande :

— Mais qu'est-ce qui lui arrive ?

Je lui fais remarquer que c'est exactement ce qui m'est arrivé il y a quelques jours, mais j'ai un mouvement de compassion en la voyant bouleversée et tout en sueur. Sans compter que nous n'avons pas encore réussi à atteindre le magasin de sous-vêtements.

— Écoute bien, Robbie, elle le gronde de nouveau, en le fixant : Tu te calmes ou je t'enferme dans la voiture.

Il ferme la gueule, comme il le fait quand il est très concentré. Ma mère précise alors :

— Bien, maintenant je te laisse attaché ici, tandis que Mia et moi allons acheter quelque chose. Et toi, tu nous promets de rester sage. D'accord ?

— Ouah ! glapit Robbie, en signe d'approbation.

Mais à peine l'avons-nous attaché dans le petit endroit réservé aux chiens qu'il prend une expression affligée, là où les autres prisonniers comme lui attendent debout ou allongés, chacun attaché à un petit poteau. Je ne sais pas pourquoi, mais on dirait un petit Guantanamo. Même maman a pitié et me dit :

— Essayons de faire vite.

Mais on sait très bien comment ça se passe. À peine entrées dans le mégastore de sous-vêtements, nous perdons la notion du temps. Parce qu'en plus du pyjama, je découvre que j'ai absolument besoin de culottes, de soutiens-gorge, de tee-shirts en coton, de hauts colorés, tandis que maman, qui officiellement est venue me conseiller, s'est enfermée dans une cabine avec un ensemble à fleurs, un body léopard, une combinaison de soie, et au moins deux soutiens-gorge push-up qu'elle n'a pas osé me montrer, mais je me suis très bien rendu compte qu'elle essayait de les cacher quand elle s'est éclipsée dans la cabine à côté de la mienne.

Devant le miroir, je décide, contrairement aux promesses faites à Sean, de m'acheter le pyjama vert d'eau avec le pantalon court, les manches bouffantes transparentes et le col rond décoré avec des petites roses : il me va si bien ! Puis, au dernier moment, j'ajoute aussi un pantalon à l'ensemble qui permet deux versions, une courte et une longue. On voit que le styliste a pensé à toutes les saisons, ou peut-être aux petits copains jaloux.

Puis, quand nous retournons récupérer Robbie, nous le trouvons complètement abattu. À tel point que maman lui dit pour le consoler :

— Allez, faisons un petit tour dans le magasin pour animaux. Et voilà notre labrador ressuscité !

Dès que Robbie franchit le seuil de l'animalerie, il explose de joie. Il se dirige vers les jeux, essaie l'os en caoutchouc, attrape la balle, se roule dans la vasque avec de la terre pour chiens d'appartement, se faufile dans une niche chauffée, et veut à tout prix essayer le sauna pour chien. Il n'y a rien à faire : il ne décolle pas du rayon parfumerie tant que nous ne lui prenons pas un spray, qu'une vendeuse s'empresse de lui appliquer, le peignant avec soin pour ensuite utiliser la brosse « qui stimule les chakras ».

Maman et moi sommes épuisées et Robbie semble apaisé, mais profitant de notre fatigue, il se lance comme une fusée vers des petits tapis de couleurs. Une affiche indique qu'ils sont antipuces, antistress, doux, iodés, chauffants et au bout de l'un d'eux, il y a même une partie qui masse les pattes ! Ça n'aurait aucun sens de s'en aller sans en acheter un, ça fait de la peine d'abandonner Robbie allongé dessus sous l'œil sévère du vendeur qui nous culpabilise avec un tonitruant :

— Le pauvre, il a raison ! Il MÉRITE bien ce tapis antistress !

Reste à savoir si maman et moi, nous méritons bien un chien de ce genre, un sacré dépensier. Et ça, c'est le troisième secret révélé : Robbie est MALADE !

Quatrième secret

Sur le chemin du retour à la maison, dans la voiture, maman admet :

— Je te dois des excuses, mon trésor. Je t'ai grondée pour Robbie, l'autre jour, et aujourd'hui, j'ai bien vu ce qu'il en était. Ce chien est complètement fou.

— On dirait bien, j'observe, inquiète.

Pendant ce temps, Robbie est tout au fond du coffre, près de la porte, derrière la grille à travers laquelle il pointe d'habitude sa petite tête. Peut-être se sent-il un peu coupable. Ou peut-être est-il simplement exténué par cette journée. Le shopping a en effet la caractéristique de fatiguer autant qu'un semi-marathon.

— Oui, j'ai sous-estimé le problème, elle continue et son regard se durcit. En plus, j'ai eu une journée horrible.

Je me tais, parce que des journées horribles maman en a pratiquement une sur deux : son chef la stresse, ils ont coupé les fonds dans son service, sa collègue est malade, et elle doit la remplacer, la machine à café est en panne, un patient a porté plainte, en somme, de plus en plus souvent, maman se plaint qu'il est temps pour elle de prendre sa retraite. Sauf que la retraite est encore lointaine, elle n'est qu'une sorte de mirage pour l'instant, et l'idée de changer de travail n'effleure jamais ma mère, qui d'ailleurs se console toujours en disant qu'elle a de la chance d'avoir un travail et un salaire, et même quelques avantages comme des collègues sympathiques ou des projets qui rencontrent le succès.

En somme, son expression « journée horrible » me fait plutôt penser à un refrain, qu'elle répète pour montrer que le travail est dur, comme quand moi je me plains de l'école et de ma prof, Mme Trombetti, qui est super et très sympa, ça c'est sûr, mais aussi très exigeante.

Tandis que je garde le silence, maman me demande :

— Tu veux savoir la nouvelle ??

— C'est une bonne ou une mauvaise nouvelle ?? je demande, prudente.

— Je ne saurais dire, commente-t-elle, la menteuse. Si c'était une bonne nouvelle, le ton serait complètement différent et surtout, elle me l'aurait déjà dit franchement, sans détour.

— À toi de juger. C'est au sujet de mamie.

« Aïe » j'ai pensé. Je prends mon temps, même si je sais déjà de quoi il s'agit.

— Laquelle ?

— Mamie Marie.

C'est-à-dire la maman de papa.

— Qu'est-ce qui lui arrive, à mamie Marie ?

— Tu ne vas pas le croire. Elle veut aller en Inde, finit-elle par me révéler, sur un ton lugubre.

Moi, par contre, je sursaute pleine d'enthousiasme :

— Non ? C'est pas vrai ? En Inde ? Trop fort !

— Écoute, il n'y a pas de quoi être enthousiaste. Mamie a presque quatre-vingts ans...

— Mais non, elle en a soixante-quinze ! Je proteste, parce que maman a toujours la manie d'exagérer les choses à son avantage.

— Bref, elle est âgée ! risposte-t-elle, vexée. Et puis, ce n'est pas un voyage d'agrément qu'elle veut faire, tu sais.

— Et qu'est-ce qu'elle irait faire en Inde, alors ?

— C'est ça, la folie, réplique-t-elle à mi-voix. Elle veut suivre un sage indien, le yogi Palugi !

J'éclate de rire, parce qu'on dirait une blague. Qui est le yogi Palugi ? Un parent de l'ours Yogi ? De tous les secrets dévoilés jusqu'ici, celui-ci me semble relever de la plus pure imagination, une extravagance de mamie exagérée par maman, bel et bien un malentendu. Mais ma mère ne rit pas du tout. Bien au contraire, elle gromelle et continue de fixer le pare-brise tout en conduisant nerveusement. La griserie que l'on ressent d'habitude en faisant du shopping s'est complètement évaporé à cause d'un chien fou et d'une grand-mère ahurie.

S
COMME « SHOPPING »

Où je découvre une nouvelle maladie

Il faut admettre que maman avait raison sur le fait qu'à une *pyjama party*, les « gens » arrivent « préparés », même si c'est une fête entre jeunes et en pyjama. Mes camarades arrivent en effet chez Luki en exhibant des tenues qui, dans certains cas ressemblent à de vrais habits de soirée ! Les garçons ne se sont pas donné beaucoup de peine pour paraître à leur avantage : certains ont mis leur survêtement de gym, d'autres portent des choses empruntées à leur grand-père, et d'autres encore qui pensaient sans doute aller en prison ont pris soin d'enfiler un uniforme gris de détenu.

Or, la maison de Luki est tout sauf une prison. C'est une villa plongée dans la verdure bien qu'elle soit en pleine ville, avec une immense salle qui débouche sur une terrasse au rez-de-chaussée, des chambres et des bureaux (j'en ai compté au moins deux) au deuxième étage, une petite salle au sous-sol, et même un délicieux grenier. Le moins que l'on puisse dire de cette maison, c'est qu'elle est hallucinante !

Comme j'aimerais passer la nuit dans ce magnifique grenier avec mon Sean adoré ! Je me vois déjà sur le canapé à fleurs, serrée contre lui, tandis que nous regardons la lune nous sourire par la fenêtre du toit. Je me dis que ce serait si romantique que nous ayons, pour nous deux, une maison de ce genre quand nous serons grands. Dommage que cet amour de mansarde soit le *home theater* des parents, déclaré en plus *off-limits* pour nous, les invités, à qui sont réservés la petite salle en sous-sol pour le dîner, de la musique (un peu pénible à certains moments, à cause de ce têtu de Luca Garimberti, qui est obsédé par la « house ») et le visionnage d'un film.

J'éprouve une pointe de regret de ne pas avoir mon copain, même si je dois admettre qu'avec la présence de Jenny et de mes amies dans une situation de ce genre, je risquerais en effet de le négliger un peu. Car nous bavardons et nous cancanons sans arrêt, nous nous racontons beaucoup de bêtises, nous nous tordons de rire et nous nous défions dans une compétition de noms : qui est le plus beau chanteur ? Quel est le spectacle le plus amusant ? le plus *trash* ? le personnage le plus minable ? le look le plus horrible ? la silhouette la plus ridicule ? Et ainsi de suite.

Aucun garçon au monde ne supporterait une telle assemblée. Quelques-uns de mes camarades sont en train de jouer aux cartes, d'autres se sont mis à regarder un match de basket, et deux d'entre eux seulement nous ont rejointes, nous, les filles, assises en cercle sur les matelas déjà préparés pour la nuit. Il s'agit de Stephan et de Pierre-Georges : le premier parce qu'il est amoureux de Serena, même les cailloux le savent désormais, alors qu'elle nie en haussant les épaules à chaque fois que quelqu'un lui fait remarquer les regards d'adoration que lui lance pauvre Stephan. Par contre, Pierre-Georges est le seul qui réussit à rivaliser avec nous, les filles, dans la course aux ragots, et à la fin, c'est lui qui trouve le personnage le plus *trash* de l'année : celle qui nous fait mourir de rire dans l'émission de Vera, celle qui porte une perruque, la *drag queen* de MTV.

Et puis, on ne sait jamais comment tournent les choses, il en faut peu pour parler de mode. Entre autres anecdotes, nous finissons par avouer avoir consulté les magazines de mode pour renouveler notre garde-robe. La seule qui semble ne pas avoir eu de scrupule, c'est justement notre hôte, Luki : elle porte un pyjama bleu tout simple (mais qui me paraît être en soie).

Géraldine, dont tout le monde envie la manie d'afficher des vêtements de marques et qui a le chic pour identifier à coup sûr les vêtements de chacun, nous dit :

— Luki a un style classique, commence-t-elle, diplomate.

Jusqu'ici, moi aussi, j'aurais pu dire la même chose.

— Tu vois, toi, Mariastella, tu es *gypsy* ! décrète-t-elle ensuite sur un ton expert.

— *Gypsy* ? s'enflamme celle qui est interpellée, regardant comme pour la première fois son pyjama à motif cachemire à fleurs, au pantalon très large.

Nous rions toutes, mais personne n'a vraiment compris ce que signifie cette étiquette. Et la pauvre Mariastella ouvre tout grand la bouche, stupéfaite :

— C'est-à-dire ?

— Un peu... gitane, un mix entre *folk* et romantique, traduit rapidement Pierre-Georges, ou plutôt Pierre, comme il nous a demandé à toutes de l'appeler à présent.

— Et moi ? demande chacune à son tour les autres, curieuses.

Personne ne sait si les définitions sont vraies ou inventées, mais Gery attribue un look *preppy* à certaines, à d'autres un look *new colonial*, ou encore *dark*, au milieu des applaudissements, rires, cris de joie ou de désillusion.

À la fin un peu fatiguées, nous nous allongeons sur les matelas, mais l'heure d'aller dormir ne semble pas encore être arrivée, même si les lumières ont été tamisées et que quelques-uns sommeillent déjà dans leur sac de couchage.

Jenny bredouille :

— Tu l'aurais dit, toi, que je suis *preppy* ?

— Eh bien... et moi, alors ? *New ecologist*, tu y comprends quelque chose ?

— Mais toi, tu as choisi toi-même, alors que moi, quelqu'un est venu s'en mêler, quelqu'un qui sait très bien ce que veut dire *preppy* ! elle s'assombrit.

— De qui es-tu en train de parler ?

— Tu le sais. Ma mère. Elle a une obsession pour la mode, celle-là. Elle a insisté lourdement pour que je porte ce pyjama.

Elle pince du bout des doigts son polo blanc gansé de bleu, que personnellement je trouve chiquissime.

— Tu as entendu ce que ça veut dire, *preppy* ? Style *college*, ça vient de *preparatory school*.

— Pour moi, c'est un très joli pyjama, j'essaie de la rassurer.

Mais elle ne veut pas être consolée, au contraire elle insiste :

— N'essaie pas de minimiser le problème, tu la connais toi aussi, ma mère, c'est une *shopping addict*. Tu te souviens de sa garde-robe.

Bien sûr que oui : c'est presque un magasin. Mais j'ai tout à coup un doute.

— Excuse-moi une seconde, Jenny. Ça veut dire quoi, *shopping addict* ?

— Tu n'as jamais entendu parler de cette nouvelle maladie ? *Fashion victim, shopaholism* ?

— C'est quoi ? Un virus importé ? Il n'y a pas de terme français ? je m'emporte, parce que parfois, Jenny s'amuse à faire sa snob.

— Je ne sais pas mais c'est une maladie GRAVE ! Ceux qui en souffrent ont des pulsions d'achat continues et ils sont obsédés par les vêtements, les grandes marques...

— Oh mon Dieu ! je m'exclame, impressionnée. Et comment on soigne cette maladie ?

— C'est très difficile ! Surtout que nous sommes bombardés par la pub qui nous pousse à acheter, mais comment te rends-tu compte que tu es une malade du shopping ?

— Eh oui, comment on fait ? Pour ta mère par exemple ?

— C'est un sacré fléau, tu sais. D'autant plus qu'elle ne s'en rend pas totalement compte, et qu'elle se justifie en disant qu'elle a besoin de se faire plaisir et de se dorloter.

— Se dorloter ?

— Elle dit comme ça.

Pauvre Jenny. Je la prends dans mes bras dans un élan de compassion et je suggère :

— Ton père et toi, vous ne pouvez pas l'aider ?

— Je ne sais pas, elle secoue la tête. C'est comme si elle était boulimique, voire obèse, dans un monde rempli de gâteaux, tu comprends ?

Je fais « oui » de la tête, mais je sens un frisson me traverser. La comparaison faite par Jenny et le profil sur la *shopping addiction* m'ont fait penser à quelqu'un d'autre, quelqu'un de très proche de moi, qui souffre probablement de la même terrible maladie : mon chien !

Aussi, pendant les quelques heures de la nuit où nous sommes allongés sur les matelas et les sacs de couchage, je n'arrive pas à dormir, et j'ai tout à coup une vision de l'article que j'écrirai, mon INFORMATION, basée sur une histoire VRAIE mais avec un développement incertain. C'est pour ça que pour le moment, seul le début est clair.

Même les chiens sont accros au shopping

De Mia Maltagliati

Combien de fois avez-vous dit de votre chien : il ne lui manque que la parole ? Eh bien, c'est le moment d'y croire. La parole, vos chiens l'ont déjà ! Il suffit de s'y connaître, comme pour n'importe quelle langue étrangère. De plus en plus de chercheurs affirment que les chiens ont une vie émotive très riche et assez proche de la nôtre.

Donc il ne faut pas s'étonner si nos chiens sont victimes des mêmes problèmes que nous ! Le cas de Robbie, un labrador de dix ans atteint de shopping addiction, *le démontre.*

S
COMME « SHOPPING »

Où je découvre ce qu'est un yogi

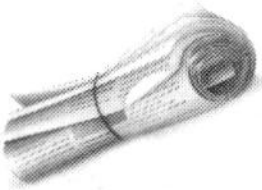

La matinée après la *pyjama party*, je suis quasiment dans le coma. Du salon émergent des espèces de zombis qui se réunissent pour prendre le petit déjeuner dans la petite salle, où les parents de Luki, très dynamiques, essaient de se joindre à la conversation autour de la table dressée comme pour un mariage. Mais aucun de nous n'est en état de donner la moindre satisfaction à la famille de Luki, ni aux deux chats tigrés. Si j'étais moins fatiguée, ils attireraient tout de suite mon attention.

J'ai hâte de rentrer à la maison, pour me retirer dans ma chambre, me jeter sur mon lit et dormir pendant cent ans comme la Belle au bois dormant.

Mais voilà, une surprise m'attend.

J'ai à peine franchi le seuil de mon appartement, que maman et papa viennent vers moi les bras grand ouverts comme si je revenais de la guerre.

— Voilà notre jeune fille ! Mon trésor ! Ma fille adorée ! s'exclament-ils, chacun son tour.

Je ne pensais pas qu'il suffisait d'une nuit dehors pour devenir aussi populaire, pour faire surgir de la nostalgie chez les miens. J'esquive leurs baisers, embarrassée par toutes ces manières. Maman m'entoure ensuite les épaules en me serrant fort comme le lierre s'accroche aux façades des maisons, et me demande en souriant :

— Comment ça s'est passé ? Tout s'est bien passé ? Tu t'es bien amusée ? C'était bien ?

Une rafale de questions qui ne semblent pas appeler de réponse.

— Je suis très fatiguée, je réplique dès qu'elle m'en laisse l'occasion, en essayant de me diriger vers ma chambre.

Mais maman-lierre me coince dans l'entrée en échangeant un regard intense avec papa.

— Bien sûr, trésor, je comprends. Tu as hâte d'aller faire dodo, c'est ça ?

Je suis légèrement irritée par le ton et les paroles infantilisants de ma mère, qui me parle comme à un bébé rentrant d'une excursion en minibus, mais je décide de laisser tomber, je suis trop épuisée. Aussi je fais « oui » de la tête et j'essaie de m'approcher de ma petite chambre tant désirée, mais le lierre s'agrippe à moi et me souffle à l'oreille :

— Écoute, mamie est là.

— Et alors ? je demande.

Maman jette un autre coup d'œil à papa, qui semble inquiet.

— Mamie Marie... tu te souviens ? Je t'en ai parlé l'autre jour, elle chuchote encore.

— Ah oui, oui, bien sûr. Pourquoi vous faites tant de mystère ?

On pourrait rester dans l'entrée et rouspéter je suppose, mais mamie en a assez d'attendre et elle apparaît sur le seuil du séjour avec les bras levés dans un geste qui ressemble à une bénédiction.

— Ma chéééérriiiie ! elle déclame en me voyant.

Je tombe des nues.

Heureusement que maman me soutient, parce que je pourrais tomber, foudroyée par la surprise.

Mamie Marie porte un vêtement qui descend jusqu'aux pieds, du genre bure de moine, avec un médaillon autour du cou. Ses cheveux, qui sont toujours tirés vers l'arrière avec deux vagues au-dessus des oreilles, tombent sur les côtés du visage, droits, presque jusqu'au col. Ses yeux sont maquillés de deux traits noirs, et au milieu du front, juste à la naissance du nez, est posé un petit point rouge. On ne la reconnaît même plus.

— Mamie ? je demande, abasourdie, tandis qu'elle s'approche avec ce geste papal.

Elle avait dans l'idée de me serrer dans ses bras, mais maman, qui me serre toujours contre elle, l'en empêche. Aussi, mamie lui lance un coup d'œil, mais très différent de celui, sévère, qu'elle adresse aussi de temps en temps à Berni et moi. On dirait un regard implorant et puis sur un ton humble, elle demande :

— Je peux te prendre dans mes bras ma petite fille, s'il te plaît ?

Maintenant, je commence à en avoir assez de toutes ces embrassades familiales, d'autant plus que mamie m'enlace avec force et se montre en même temps un peu hésitante. Je ne comprends pas cette mascarade, comment ça se fait qu'il y ait cette odeur d'encens et non de Chanel, mais je suppose qu'il s'agit d'un gros ennui. Le visage de mes parents le démontre.

Entre-temps, mamie m'a lâchée et a décidé de me fixer de ses yeux soulignés de deux traits de noir, qui franchement me font un peu peur.

— Alors, tu trouves que j'ai changé ? finit-elle par me demander.

Ça, d'après moi, c'est une question « rhétorique ». C'est sûr, si j'étais mon frère, je répondrais sans battre un cil « Non, tu n'as pas changé ». Mais moi, je ne sais pas faire semblant, alors je réplique :

— Oui mamie. Qu'est-ce qui t'est arrivé ?

— Quelle douceur ! commente mamie en s'adressant à mes parents, qui l'écoutent, tout raides. Mia a tout compris !

Franchement, je n'ai rien compris du tout, mais mamie insiste :

— Vous avez entendu ? Elle a dit : « Qu'est-ce qui t'est arrivé ? » Elle a compris mon profond changement, elle a deviné la vocation...

— Excuse-moi mamie, mais il faudrait être aveugle pour ne pas voir que tu as changé... je l'interromps.

Et elle de répondre, encore plus enthousiaste :

— La voix des jeunes ! Voici l'innocence dont parle tout le temps le yogi Palugi ! La simplicité des mots...

Mais à ce moment-là, papa se décide à l'interrompre d'un ton résolu :

— Maman, s'il te plaît. Ça te dérange si nous retournons nous asseoir dans le séjour ? Et si nous laissons Mia tranquille ?

— Ah, non ! N'est-ce pas que tu veux entendre, toi aussi ? me demande mamie en s'apprêtant à me prendre dans ses bras.

Comme je l'ai dit, je suis assez fatiguée. Mais comme on le sait aussi, je suis plutôt curieuse. Et puis, mes parents me font un peu de la peine avec leur drôle de tête face à ma mamie devenue folle.

Ici, on a besoin d'une petite dose de Mia, la plus douée. Ta grand-mère est en train de devenir une gourou ? Mais qu'est-ce que c'est, au juste ? Certainement pas la tragédie que mes parents voudraient théâtraliser, en particulier maman, qui a une certaine propension à dramatiser.

Aussi, je me laisse tomber sur le canapé, j'entame une petite pizza posée sur la table. Ma famille était certainement sur le point de prendre l'apéritif (il n'y a aucun signe visible que le déjeuner soit prêt, bien qu'il soit déjà une heure et demie).

— C'est bien, mange ces merveilleux petits-fours, m'incite mamie, toujours sur ce ton de voix persuasif qui est nouveau chez elle. Moi, je suis en phase de préparation au jeûne.

Et ça aussi, c'est une grande nouveauté : s'il y a bien une personne qui mange toujours comme si elle avait le ventre vide, c'est bien mamie, vaillante partisane des femmes à la taille forte.

— En phase de préparation au jeûne ? je demande, la bouche pleine.

Maman lève les yeux au ciel et papa soupire, tandis que mamie explique :

— Oui, ma petite fleur. Je me prépare à mon voyage spirituel.

J'ignore ce surnom, « petite fleur » et je demande :

— Quel voyage ?

— Je suis venue vous dire au revoir à tous, je vais rejoindre mon maître dans son ashram en Inde.

Et là, je meurs d'envie de demander ce qu'est un ashram et qui est ce maître et pourquoi en Inde, mais mamie n'a pas plutôt fait cette étrange annonce que les choses partent en vrille.

Papa se lève du canapé comme un ressort.

— Bon, ça suffit avec toutes ces idioties ! Je ne veux plus les entendre !

— Robert, s'il te plaît ! le supplie maman, en se levant à son tour pour le retenir dans la pièce.

En fait, papa ne semble pas avoir l'intention de sortir, bien au contraire. Il reste debout sur le tapis, comme si ses semelles étaient collées au sol. Il place ses mains jointes sur son torse, comme s'il s'agissait d'une prière adressée à mamie-gourou, mais ce qu'il lui dit est tout sauf gentil :

— Maman, tu te rends compte de ce que tu es en train de dire ? En Inde ! À ton âge !

— Je n'ai pas l'impression d'être décrépite, proteste mamie, d'un air angélique.

— C'est un caprice absurde, il secoue la tête en s'affalant sur le canapé.

Même maman se rassoit à côté de mamie, cherchant à jouer le rôle de médiateur :

— Marie, réfléchis bien, c'est un voyage très fatigant, on ne sait pas ce qui peut t'arriver ni l'endroit où tu vas aller, les gens que tu vas retrouver...

— Nous sommes tous frères et sœurs, et en plus Bice Marietti vient avec moi, révèle mamie.

Papa se ranime, s'exclamant :

— Bice Marietti ? Mais elle a quatre-vingts ans ! Elle a eu un pontage ! Et elle marche avec une canne !

À chaque ennui de santé énoncé, le volume de la voix grimpe, alors mamie le gronde :

— Ne te mets pas à crier avec moi, Robert. Bice en a parlé au gériatre, et il n'a pas émis d'objection. Il a dit : « Si vous vous sentez de le faire ». Tu penses que nous sommes complètement naïves ? Comment oses-tu ?

— Eh oui ! Le docteur s'en est lavé les mains. Je le comprends, rouspète papa.

— Mais comment ce monsieur Palugi a-t-il pu penser que des personnes âgées pourraient affronter tant de désagréments ? attaque maman.

— Carla, s'il te plaît, laisser tomber, l'interrompt papa, réconforté, avant de décréter :

— Cet homme est un manipulateur.

— Mais qu'est-ce que tu dis, Robert ? mamie écarquille les yeux, très calme. Palugi a des milliers d'adeptes, d'après toi, ils sont tous stupides ?

— Quel est le rapport ? Les manipulations peuvent être de masse comme dans les dictatures !

— Quelle comparaison absurde ! s'exclame mamie d'un air angélique. Monsieur Palugi est un homme de paix, il prêche l'amour et la fraternité, certainement pas la haine. Tu devrais l'écouter, toi aussi, au moins une fois, pour te rendre compte. Et puis c'est facile : l'émission de Palugi est transmise deux fois par semaine, plus une rediffusion le dimanche.

— Bon sang ! éclate papa, tandis que maman essaie de calmer un peu le jeu.

— Eh bien, Robert, si ta mère écoute ce monsieur qui parle de paix et d'amour, il n'y a rien de mal à ça...

— Ce n'est pas un monsieur, c'est un yogi, la corrige mamie.

— Oui, j'ai compris... fait maman, mais avant qu'elle ne poursuive, je m'incruste :

— Mais qu'est-ce que c'est, précisément, un yogi ?

— C'est celui qui pratique le yoga, mais aussi celui qui possède la connaissance supérieure, déclame mamie Marie, tout en fermant les yeux. Dans l'hindouisme... elle attaque ensuite...

Mais papa l'interrompt avec une certaine véhémence :

— Mais ton yogi n'est pas du tout indien ! Il est de Grosseto !

— Et alors ?

À ce moment-là, mamie perd son calme olympien et fronce les sourcils, prête à en découdre.

— Pour être hindouiste, on n'a pas forcément besoin d'être indien, tout comme pour être catholique, on n'a pas besoin d'être romain.

— Mais bien sûr ! rétorque papa, sarcastique. Et il peut aussi très bien prêcher le détachement des biens matériels et posséder un jet privé, une villa à Miami, un hôtel de luxe, une chaîne de télé privée...

— Quels propos d'adolescent ! Robert, tu ne grandiras jamais, s'énerve mamie.

Alors moi qui suis vraiment une adolescente, je me sens mise en cause et je demande :

— Mais que vas-tu faire en Inde, mamie ? Tu peux aussi suivre ton yogi de chez toi, à la télé.

Papa écarte les bras d'un air accablé. Maman est sur le point d'ouvrir la bouche, mais mamie répond la première :

— Arrêtez. C'est normal que Mia soit au courant, il faut que les jeunes apprennent les vraies valeurs de la vie. Je vais en Inde parce que j'ai décidé de faire don de tous mes biens à la fondation du yogi Palugi et de passer le reste de ma vie dans son ashram !

Papa s'enfonce dans le fauteuil, prend une grande inspiration, et dit :

— Une chose que l'on devrait dénoncer !

Maman murmure :

— Marie, réfléchis encore un peu.

Mais mamie lance un regard perçant de ses yeux aux deux traits noirs et menace :

— Gare à vous si vous cherchez à m'en empêcher ! Il ne vous manque rien, vous vivez dans un esprit de consommation des plus sinistres. Mon appartement, je l'offrirai à une juste cause !

Au moment où mamie évoque la consommation sinistre, je lance un coup d'œil pénétrant à Robbie qui pendant tout ce temps est resté à sommeiller sur le tapis. Tout à coup, je repense à l'article que je dois encore écrire et je me lève. Tant pis si papa et maman échangent un regard éloquent, ils pensent manifestement que moi aussi, j'en ai assez de la déclaration agressive de mamie et que j'abandonne le camp. En fait, je me précipite sur l'ordinateur pour faire une recherche rapide sur la *shopping addiction*, et pour finir mon article, j'ajoute cette partie :

Qu'est-ce que la shopping addiction *? Une maladie assurément toujours très répandue, qui pousse les personnes à acheter en continu.*

Même des objets inutiles. Même des choses qui finiront tout de suite à la poubelle. Est-ce possible qu'un chien souffre des mêmse pulsions ? Il semblerait que oui. Cette maladie est probablement très similaire à la gloutonnerie, une maladie contre laquelle il est très difficile de rester immunisé. Spécialement pour un chien soumis à des tentations qui proviennent de tous côtés et qui a de la nourriture à disposition en continu.

En plus de cette obsession pour la nourriture, Robbie a aussi développé une certaine dépendance aux achats. Comme les vrais maniaques du shopping, Robbie ne part pas d'un centre commercial sans avoir exigé qu'on lui achète une série d'objets, aussi bien des petits jouets que des outils compliqués et coûteux, comme des brosses multifonctions ou des petits tapis antistress. Bien sûr, le marché des objets destinés aux chiens a tellement évolué qu'aujourd'hui nos amis à quatre pattes ne manquent de rien, mais à quel prix ? Et quel souci pour leurs maîtres ! Et surtout, que de risques pour la santé de tous !

S

COMME « SHOPPING »

Où je m'adresse à une spécialiste

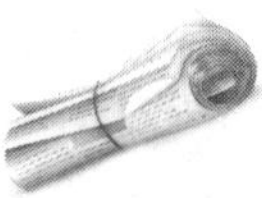

Bien sûr, devenir journaliste est difficile ! Les informations que l'on trouve sur Internet ne suffisent pas, on ne peut pas plagier les articles des autres si l'on veut donner une VRAIE INFORMATION. Il ne reste qu'à retrousser ses manches et aller demander des explications à ceux qui ont des compétences et de la pratique. C'est pourquoi je décide de passer chez le vétérinaire de Robbie, qui le connaît depuis qu'il est petit, et avec qui j'ai moi aussi une certaine familiarité, après toutes ces années.

— Tu plaisantes ? il me demande sans détour, quand je lui explique ma théorie sur la maladie nerveuse de mon chien.

Il s'appelle Ilario, c'est un type très énervé. Tu parles que je me mettrais pas à plaisanter avec quelqu'un qui ne semble pas beaucoup apprécier les blagues.

— Pas du tout. C'est un comportement que j'ai observé ces derniers temps, je réplique, très calme.

— Observé ? il m'imite, reprenant mes mots, et aussitôt, il pointe un doigt vers moi en me demandant, avec curiosité :

— Qu'est-ce que ça signifie ? Que tu es en train de faire des expériences sur ton chien ?

— Il ne manquerait plus que ça. C'est juste que lorsqu'il vient avec moi dans la rue ou au centre commercial...

— Stop ! il m'interrompt, comme un agent de police. Emmener ton chien quand tu fais deux pas, c'est une chose, mais le traîner dans des lieux qui ne sont pas adaptés pour lui, c'en est une autre. Dans un centre commercial, n'importe qui perdrait le nord, tu penses bien qu'un un pauvre chien habitué aux grands espaces, au grand air... il me réprimande.

J'essaie de me défendre.

— C'est lui qui veut aller dans les magasins, qui se rue la tête la première dans le rayon pour les animaux...

— Ne dis pas de sottises ! il m'interrompt de nouveau.

C'est certainement un vétérinaire avec plein de diplômes et de très bonnes notes, mais c'est aussi un mal élevé. Il insiste, toujours sur le même ton :

— Peut-être que ça TE plaît d'aller faire les magasins, et lui, le pauvre, il s'adapte et fait semblant d'être content.

— Nous ne nous sommes pas compris, je réponds assez irritée. Ça LUI plaît d'aller faire les magasins. Je te l'ai dit, c'est un cas particulier.

— Vous dites tous pareil. Vos animaux sont tous des cas particuliers, et tu sais pourquoi ?

À présent, nous nous affrontons comme deux adversaires, tous les deux les bras croisés.

— Non, si tu me le dis, je t'en serai très reconnaissante.

— Parce que vous avez tous tendance à l'anthropomorphisation, voilà pourquoi. Mais les chiens ne sont pas des humains, ce ne sont pas vos projections, ce sont des animaux qui doivent être respectés !

— Merci beaucoup pour la leçon, Ilario, je dis, très froidement.

— De rien. D'ailleurs, je te donne aussi un conseil : arrête de te faire des idées sur Robbie.

— Tant que l'on y est, je t'en donne un aussi : arrête d'enguirlander les gens et écoute un peu ce qu'ils te disent.

Toujours plus brusque, Ilario lâche :

— Moi, je suis vétérinaire, pas psychologue, compris ?

— Message reçu, je dis, retenant ma colère.

Mais je ne peux m'empêcher d'ajouter :

— Mais un peu de psychologie sert toujours, surtout on travaille au milieu des gens et des animaux !

— Merci pour le conseil, j'en tiendrai compte, il répond, moqueur, avant de me congédier finalement avec un :

— Je ne veux pas te faire perdre plus de temps.

Cette impression fausse de courtoisie est vraiment la cerise sur le gâteau de notre stridente conversation, il voulait bien me faire comprendre que je lui ai fait perdre un temps précieux.

Mais je suis à peine sortie de son bureau que la secrétaire me prend à part.

— J'ai entendu, sans le vouloir, quelques bribes de votre conversation, elle babille. Ne dites rien au docteur, mais... voilà...

Elle me tend une carte avec un nom et un numéro de téléphone.

— Mon cocker spaniel avait des pellicules, c'était psychosomatique, elle me susurre à l'oreille. Cette doctoresse l'a guéri.

Sur la carte de visite est écrit : « DOCTORESSE PATRICIA MONTERO. ETHNOLOGUE ET PSYCHOTHÉRAPEUTE POUR ANIMAUX NON-HUMAINS ».

« Animaux non-humains » ? Hallucinant !

Je tape le numéro, déjà enthousiaste. Une voix mélodieuse me répond et me dit de laisser un message avec la « problématique » et mon numéro de téléphone, car je serai tout de suite recontactée.

Je balbutie quelque chose : un chien soupçonné d'être « *shopaholist* ». Et quand je raccroche, je me dis que je me suis trompée, que le triste Ilario a peut-être raison. Que j'ai tendance à rêvasser, c'est un fait bien connu. Contrairement à mes projections les plus pessimistes, deux heures plus tard, je reçois un appel d'un numéro privé, et à l'autre bout du fil, j'entends une voix aiguë, bien différente de celle du répondeur, qui m'annonce :

— Je suis la doctoresse Montero. Je vous attends demain avec votre chien.

Le jour suivant, je me présente au rendez-vous avec Robbie et la présence réconfortante de Sean qui, touché par ce que je lui ai rapporté, a décidé de nous soutenir, moi et mon pauvre chien. En plus, il a lu mon article (ce que j'ai écrit pour le moment) et il m'a complimentée pour ce qu'il a défini comme « du flair ».

— Tu as vraiment du flair pour les informations, a-t-il observé avec admiration.

— Je ne te l'ai jamais dit, mais mamie Marie était journaliste quand elle était jeune, j'ai révélé.

— Sérieux ? C'est une vocation de famille, alors ? il a commenté et il a répliqué.

— Espérons qu'elle m'ait transmis seulement ça.

— Pourquoi ? Elle est antipathique ?

— Non, non. C'est juste... qu'elle est un peu étrange... j'ai hasardé.

— Qui ne l'est pas ? il a philosophé, mais j'aimerais le voir, lui, avec une mamie sur le point d'entrer dans une espèce de secte indienne.

En plus, la maladie de Robbie a éclipsé la *pyjama party* qui ne semble plus particulièrement intéresser

Sean. Je veux dire, depuis qu'il a écouté mon compte-rendu entièrement centré sur la découverte de la maladie de mon chien.

Finalement, nous arrivons tous les trois face à une petite villa avec un jardinet devant. Robbie agite la queue, tout joyeux. L'endroit lui plaît et la doctoresse apparue devant la porte encore plus. Du reste, la psychothérapeute a une longue chevelure fauve très épaisse, avec une frange qui lui arrive jusqu'aux yeux et, sur les côtés, deux bandes qui ressemblent vraiment à de longues oreilles poilues de setter.

— Salut Robbie ! Comment vas-tu ? elle commence.

En même temps, elle secoue les épaules, puis paraît se lancer dans une espèce de ballet.

Il soulève alors les oreilles, curieux, et agite vigoureusement la queue. Elle penche ensuite un peu la tête et il glapit, simulant un bâillement, on dirait vraiment qu'il dit « salut » mais peut-être est-ce seulement « Ouah ». En somme, mon chien PARLE !

Mais la doctoresse, un peu comme l'a fait Ilario, est prête à me tirer par la manche avant que je ne me perde dans le petit nuage de la rêverie où je plane déjà et où je décris un chien doué de parole. Elle me ramène brutalement sur terre, me fixe droit dans les yeux et m'annonce :

— Je veux être claire avec vous deux, les jeunes, elle déclare sur un ton péremptoire.

— Les chiens ne parlent pas. Ils possèdent leur propre langage, aussi bien phonétique que postural, qu'il est important de comprendre et de reconnaître, mais ils n'ont pas la complexité linguistique des hommes.

— Bien sûr, je réponds, en voyant s'évanouir la fin de mon article dans laquelle j'annonçais la découverte du siècle : les chiens parlent !

— Cela dit, je voudrais que tu me décrives le comportement de Robbie sans l'interpréter, elle me demande. Mais il faudra sûrement me dire des choses intimes.

Alors je commence à raconter la scène au centre commercial, mais tout de suite, la psychothérapeute m'interrompt :

— Excuse-moi Mia. C'est très important que tu évites de dire des choses du genre « il était excité », « il est devenu fou »... Je veux une description objective, comme si tu regardais une scène par la fenêtre ou un film. Juste les faits.

J'essaie. Mais comme vous le savez, pour décrire un fait de manière concise, une observation neutre, c'est assez difficile. J'ai tendance à enjoliver les faits avec mes émotions, mes idées, mon imagination qui ouvre tout de suite ses ailes. Je dois laisser tomber les stylos et raconter comme le ferait une caméra de la télé :

— Nous entrons dans l'animalerie. Robbie agite la queue, il se dirige vers le rayon des jeux, tire la laisse, ne répond pas à nos appels...

Une fatigue inhumaine ! À la fin de la description, qui me semble tellement plate, si insignifiante, je me sens épuisée. Comme c'est dur d'être froid et objectif !

Pourtant, la doctoresse Montero paraît satisfaite. Elle a chaussé une paire de lunettes qui glissent sur le bout du nez et se met à contrôler on ne sait quoi sur l'ordinateur. Entre les cheveux et le nez en pointe, on dirait vraiment un setter avec des lunettes qui est en train de flairer une piste sur l'écran.

À la fin, elle retire ses lunettes et nous observe un instant tous les trois : Sean et moi un peu inquiets sur les sièges, et Robbie, paisiblement allongé sur le tapis à nos pieds.

— Robbie est un chien sain d'esprit, commence l'analyste, à mon grand soulagement. Il ne montre pas de signes de méfiance avec les étrangers, ni de peur, et c'est sûr, sa famille lui montre de l'attention, juste ce qu'il faut. Tous les chiens ne réagissent pas bien quand je les salue à leur manière, certains d'ailleurs se sentent menacés, et ce n'est pas le cas de Robbie.

Je me sens comme quand ma prof me donne une bonne note à un devoir. Ce qui est assez absurde étant donné que je ne suis pas venue pour me faire noter sur la manière dont je traite mon chien. Aussi, j'attends que le grand ponte se prononce, anxieuse, et en déglutissant difficilement.

— Le problème dont tu m'as parlé n'a rien d'inhabituel. La norme veut que ces attitudes soient prises par les propriétaires comme des caprices. Ils se contentent de punir leur chien pour leur désobéissance. Par contre, il faut savoir que nos amis les animaux nous observent sans arrêt : ils nous examinent, nous et l'environnement dans lequel nous vivons. Alors que nous planifions tout et cherchons à nous contrôler sans arrêt, eux sont un peu plus victimes des circonstances, ils peuvent seulement réagir.

— Ça signifie que Robbie imite notre comportement ? je demande, inquiète.

— Il essaie. Et cela signifie aussi qu'il est attentif, elle décrète.

« Je suis une *shopaholist* ? » je me demande avec terreur. « Ma mère aussi ? Et Robbie nous imite ? »

— Je sais ce que tu es en train de penser, me dit la doctoresse sur un ton gentil. Tu te demandes si par hasard tu ne serais pas une acheteuse compulsive ? Aujourd'hui, nous sommes tous des acheteurs et nous allons au supermarché, et nous marchons dans des rues qui regorgent de nourriture et de choses à acheter et à désirer. C'est notre environnement.

— Oui, mais certains le subissent plus que d'autres, observe Sean, qui ressent le besoin de me défendre quand elle m'accuse d'être une consommatrice.

— Exactement ! s'exclame madame Montero. Les animaux subissent sans pouvoir dominer l'environnement comme nous avons la possibilité de le faire.

— « Dominer » me semble exagéré, répond tout de suite Sean, que certains mots dérangent.

— Nous contrôlons nos impulsions, nous refusons certains messages, par exemple de manger continuellement, bien que notre odorat et notre vue soient sollicités. Nous nous restreignons, et à la fin nous accueillons toutes ces offres avec une certaine indifférence. On ne peut pas s'attendre à ce que notre chien fasse pareil.

Eh non ! On ne peut vraiment pas exiger qu'un chien se mette à disserter sur le consumérisme, ou comme ma mamie, qu'il décide d'abandonner ce monde matérialiste et superficiel pour déménager en Inde !

En somme, je crois avoir compris la leçon, et je me propose d'écrire dans mon article quelques idées concernant la santé des chiens et aussi de leurs propriétaires ! Aussi je prends congé, réconfortée par la psychothérapeute, et je sais maintenant ce que je dois faire.

En chemin, j'en parle à Sean qui, comme moi, a été très frappé par ce qu'il a vu et entendu.

— Tu sais, Mia, je crois que tu as vraiment l'étoffe d'une journaliste, il me confirme. Tu as déniché une information, quelque chose qui nous a ouvert les yeux sur un problème qui touche tout le monde.

Je voudrais lui avouer que l'information, je ne l'ai pas dénichée toute seule, mais elle m'est tombée dessus ; c'est Robbie qui me l'a apportée avec sa sensibilité de chien. Mais le regard adorateur que Sean porte sur moi me fait taire : je veux profiter de ce moment. Au fond, la nouvelle m'a léché la main, mais moi, je ne l'ai pas retirée !

Voici la partie finale de mon article, qui est prêt à être lu par la rédaction et, je l'espère, approuvé :

Les ethnologues et les chercheurs en comportement animal expliquent que les chiens subissent l'environnement, sans pouvoir agir sur lui, contrairement à nous. L'environnement dans lequel ils vivent est le même que le nôtre, mais tandis que nous pouvons chercher à limiter notre consommation, il est difficile pour un chien de se défendre quand il est constamment soumis aux tentations.

Il faut dire que désormais, c'est dur pour tout le monde. Combien de personnes sont victimes du besoin d'acheter pour « se dorloter », « se sentir mieux », « s'amuser » ? Peut-être que les chiens peuvent se rappeler que pour s'amuser et se dorloter, la meilleure chose à faire est de rester avec ses amis, de passer une journée à l'air libre, en pleine campagne, à la mer, ou à la montagne. Chiens et maîtres peuvent se tenir compagnie, mais il ne faut pas priver un chien du plaisir de rencontrer d'autres chiens. Robbie avait aussi besoin d'amis à quatre pattes, en plus de ses amis humains. Au lieu de l'emmener au centre commercial, je l'ai emmené au parc sur la colline, où il a passé un après-midi à jouer et à poursuivre les autres chiens. Un chien peut se souvenir que courir librement dans un pré et être bien avec les autres nous fait nous sentir mieux et beaucoup plus longtemps qu'acheter un tee-shirt ou un petit tapis antipuces dont nous n'avons pas du tout besoin.

Si un chien ne peut intervenir sur l'environnement, il peut nous aider à comprendre ce qui se passe, à changer nos habitudes. Peut-être aussi à être conscient de nos actes et à lire dans le cœur de nos meilleurs amis non-humains.

S

COMME « SPORT »

Où je me lisse les plumes et puis je les ébouriffe

Et voilà, c'est fait.

Je suis détendue, maintenant que mon article a été publié sur le site d'un journal national ! Mon Sean adoré a été impressionné par l'histoire du chien et des nouvelles frontières ethnologiques, et il m'a suggéré de le proposer à la page web du journal qui a une section réservée aux écoles et aux contributions des jeunes.

Je pensais qu'il serait inséré dans la rubrique « environnement », en fait, quelle surprise ! J'ai été publié dans la partie consacrée aux sciences.

Imaginez-vous quand Jenny l'a su !

Elle n'arrêtait pas de répéter :

— Super ! Super ! Le futur, c'est la recherche. Désormais c'est un fait établi.

— Pourtant pour moi, elle relève du pur hasard.

— Tu sais ce que dit mon grand-père ? « Le hasard est le pseudonyme de Dieu quand il ne veut pas signer en personne. »

— Hallucinant ! J'ai commenté, admirative.

Mais Jenny m'a tout de suite décomplexée.

— Tu sais, ça ne vient pas de lui. J'ai découvert que c'était un lecteur acharné de phrases célèbres, celles qui s'appellent « forismes ».

— Aphorisme, je l'ai corrigée, parce que Jenny est peu précise avec les mots.

— Tu es sûre ? Pourquoi a-phorisme ? Ça ne vient pas de *fori* ?

— Mais qu'est-ce que tu dis ? Si la prof de grec t'entendait !

— Ah, ça vient du grec ? Je pensais que c'était du latin, je ne sais pas... *forum...*

En somme, la discussion était en train de devenir philologique. Avec Jenny, c'est toujours comme ça, on part d'un point et on divague, on pourrait même aller de l'avant jusqu'à l'infini, mais heureusement à un certain point elle a demandé :

— Comment sommes-nous arrivées à parler de forums impériaux ?

— À cause de la phrase de ton grand-père sur le hasard.

— Ah oui. Comme par hasard !

Ça ne me semblait pas une bonne blague, mais j'ai eu envie de rire comme une folle. Et même Jenny était morte de rire. Rire et délirer, c'est ce qui arrive toujours avec elle. On se tord de rire pour un rien. C'est ça ce qui est beau dans l'amitié !

Bref, le succès de l'article sur Robbie a dépassé toutes mes attentes. Et je ne parle pas de mes parents, qui désormais me considèrent pratiquement comme la prochaine candidate au Pulitzer, même si je leur ai bien expliqué que c'est un prix journalistique nord-américain. Je ne voudrais pas qu'ils se fassent de drôles d'idées, ces deux-là. Aussi, pour avoir un avis mesuré et plus objectif, je téléphone à mon frère, qui est à l'université de Pise depuis un an.

— Qu'est-ce qui se passe ? La maison est en feu ? débute Berni, toujours aussi abrupt.

— Mais non, qu'est-ce que tu dis ? je réponds, irritée.

— Alors, pourquoi tu m'appelles ? D'habitude, tu m'envoies des messages.

— Oui, mais cette fois, je voulais te dire de vive voix que j'ai publié un article sur la page web d'un journal...

— Géant ! il s'exclame.

En ce qui concerne les expressions à la mode, il est un peu dépassé. Je n'ose pas le lui dire, parce que quand il m'est arrivé de lui faire remarquer que « trop fort » était une formule vieillotte qui remonte au déluge, il l'a très mal pris et il ne m'a pas parlé pendant une semaine.

— Quel article ? il se renseigne ensuite.

— Mon article sur le comportement des animaux, j'hésite un peu, et lui :

— Quel genre d'animal ?

— Les vers à soie ! Mon article parle de Robbie et des chiens.

— Ah ! il me répond sur un ton sec. Je vais le lire, donne-moi l'adresse. Allez, peu importe, je vais le trouver. Quoi qu'il en soit, ne te monte pas la tête, ça doit être le hasard.

Alors je lance :

— Le hasard est le pseudonyme de Dieu quand il ne veut pas signer.

— Qu'est-ce qui te prends ? Tu cites Anatole France, maintenant ?

— Et c'est qui Anatole France ?

— J'ai compris. Tu as lu ça dans *Semaine et jeux d'esprit*. Je dois partir. Salue Oriana.

— C'est qui Oriana ?

— Oriana Fallaci, cherche-la dans *Semaine et jeux d'esprit*, il me lance de façon très antipathique.

Je regrette aussitôt de l'avoir appelé. Question jugement raisonnable, je ne dois pas attendre beaucoup de lui.

Mon amie Andy, qui n'est pas une personne dotée de beaucoup de tact ni de scrupules, me dit :

— Mignon, ton article.

Au ton de sa voix et au silence qui suit, je comprends qu'il y a un « mais ».

— Merci, je réplique, effrayée.

Nous sommes dans le couloir de l'école, à l'heure de la récréation, et j'ai vraiment l'impression qu'elle est descendue des étages au-dessus pour me parler. Au second étage se trouvent sa classe (et celle de Sean) et la rédaction du magazine web, qui est située dans une petite salle de la bibliothèque.

Moi, je me trouve au rez-de-chaussée, dans une aile latérale qui était d'ailleurs un cagibi rempli de balais et que la directrice a décidé de ranger en moins de deux après le boum des inscriptions de l'année dernière. Certains jours, je jurerais qu'il y a encore l'odeur de l'eau de Javel. Pour certaines choses, j'ai un odorat similaire à celui de Robbie, et pour l'eau de Javel, j'ai développé une sorte de sensibilité particulière depuis que Robbie était petit et que mamie la répandait à pleines mains dans la cuisine quand j'allais la voir avec le chien. Je parle de mamie Olympe, évidemment, l'obsédée du ménage. Mamie Marie, celle qui est sur le point d'aller en Inde, n'a jamais fait grand cas de toutes ces choses-là, et puis elle a toujours adoré Robbie. Je sens le couperet du « mais » qui est sur le point de s'abattre sur ma tête, qui a un peu trop grossi ces derniers temps, à cause de tous les compliments que j'ai reçus.

Je dois déjà avoir une tête de martyre, car Andy décide d'arrondir les angles :

— Non sérieusement, c'est mignon. Et aussi utile : j'ai appris quelque chose que je ne savais pas. Et ça, c'est du journalisme. Aussi.

Elle cherche ses mots, ça se sent très bien.

— Mais...

Nous y voilà ! Je sens mon cœur battre jusque dans mes tempes.

— Voilà, je ne voudrais pas être dure, mais dans un certain sens, c'est toi qui m'as demandé des conseils.

Elle semble embarrassée, mais elle se reprend tout de suite et décrète, avec plus de fermeté :

— Bref, ton article est mignon, mais ça ne va pas.

— Dans quel sens ? je halète, m'attachant à la réaction bien caractéristique de Berni.

Pour lui, c'était toujours « dans quel sens ? », même quand maman lui demandait de lui passer le pain. Ça s'appelle la stratégie de la fuite (de la réalité ou, dans mon cas, de la compréhension).

— Dans le sens où il est trop sentimental. C'est-à-dire... poser des questions, c'est bien, lire ton histoire, ça passe, s'informer sur un problème, *O. K.*, mais ensuite, tu t'enfonces dans le sentimental. Au contraire, le journaliste doit faire en sorte que le lecteur tire lui-même ses conclusions.

— Ah ! je dis, avec le cœur qui fait un bruit assourdissant tant il bat contre ma cage thoracique, comme un percussionniste afro-cubain.

— Ne te vexe pas, je te donne juste un avis professionnel.

— Non, bien sûr, au contraire, je bredouille.

En même temps, je pense : « Quelle odieuse personne. Non mais, pour qui elle se prend, celle-là ? Orianna Fallaci ? » À propos, j'ai vérifié sur Google qui c'est, et j'ai découvert que mon frère voulait me flatter. C'était une très célèbre femme écrivain et journaliste, une espèce de monument du siècle dernier ! Laquelle, entre autres, se permettait – et comment ! – de faire des commentaires très personnels et donnait beaucoup dans le sentimental, surtout le larmoyant. Elle était journaliste et romancière, comme je voudrais l'être, moi !

— Je parle en tant qu'amie, insiste Andy.

Je me demande comment elle se permet de me considérer comme son amie ! Ce n'est pas la mienne en tout cas. Quelle amie vient te décourager sciemment et se montre si froide ? Une amie te veut toujours du bien, elle est toujours de ton côté et elle te donne raison... je bous, je n'arrive pas à répondre et à montrer l'agacement que j'éprouve. Au fond, Andy est une amie, mais de Sean et je ne voudrais pas qu'elle aille se plaindre de moi et de ma susceptibilité.

— Oui, je comprends. Merci, en fait.

J'ai l'impression que mon sourire est de travers, je sens que mon visage est tordu d'un côté.

Alors Andy baisse un peu la voix et s'approche de moi.

— Écoute, Mia. Si je ne croyais pas que tu en vaux la peine, je ne ferais pas l'effort de te parler, c'est clair ?

Toc. Le cœur a arrêté de battre. Alors, j'ose un geste que jusqu'à présent, j'aurais considéré inconcevable. Je prends Andy sous le bras, qui commence par se raidir.

— Allez ! Je t'offre quelque chose ! je propose. Ça te va, la machine à café de l'école ?

Le ton est juste cette fois, calme et jovial.

— Dans quel sens ? elle me fait, et alors, je la sens très proche.

S

COMME « SPORT »

Où je découvre de nouvelles règles pour l'amitié

Je suis revenue à zéro.

Des lauriers de la publication *on-line* à la critique de la directrice du magazine web. Et fille d'un méga journaliste (même si c'est la partie à laquelle elle tient le moins). Et récompensée déjà l'année dernière comme journaliste en herbe à un concours national, de ceux qui sont sérieux, avec de nombreuses plaques signées du président de l'ordre des journalistes. Pour citer encore Berni : « un sacré truc ».

Comment est-ce que je sais toutes ces choses ?

Parce qu'Andy m'a invitée chez elle.

J'ai accepté parce que, même si j'ai reçu plein de compliments, il n'y a pas de doute, je suis une débutante et je veux apprendre.

Aussi, l'invitation d'une fille plus âgée ne peut pas se refuser : c'est déjà en soi une chose positive. Si en plus, c'est pour des raisons professionnelles !

J'arrive donc chez elle, je m'attendais à une villa ou à une petite villa avec jardin. En fait, il s'agit d'un appartement au quatrième étage d'un immeuble, un peu comme chez moi, hormis que son bâtiment est plus près du centre, et donc plus ancien. Je ne peux pas dire si c'est un avantage, parce qu'il n'y a pas d'ascenseur et que la lumière dans les escaliers a une minuterie sûrement réglée sur la rapidité d'un sprinter, aussi je monte les marches d'un coup, j'arrive dans le noir et à tâtons, je rejoins le palier suivant à la recherche du voyant de la lumière, tellement faible que l'on dirait une luciole malade. Je procède ainsi, d'étage en étage, à moitié éclairée, à moitié dans la pénombre (heureusement, il y a un peu de lumière qui filtre d'une lucarne, petit à petit, je monte). J'arrive au palier de nouveau dans le noir complet, et quand Andy ouvre en grand la porte, j'ai l'impression qu'un vaisseau spatial vient d'atterrir dans la nuit.

— Ah oui, pardon ! Cette maudite lumière ! commence-t-elle. J'oublie toujours qu'elle ne dure qu'une demi-seconde, tu sais.

Et puis elle hausse la voix :

— Dans cet immeuble, il y en a qui ne veulent pas dépenser un sou pour éclairer les escaliers parce que c'est du gaspillage !

J'arrive à bout de souffle.

— J'imagine que l'ascenseur, on n'en parle même pas.

Andy s'attarde sur le seuil de la porte, en criant toujours :

— L'ascenseur ? Qu'est-ce que c'est ? Ici, nous sommes encore au XVIIIe siècle... Gare à la modernité !

Puis elle frappe l'embrasure de la porte derrière elle et part dans un fou rire.

Je la regarde, interdite. D'habitude, Andy est tellement *cool* !

— Toute cette scène, c'est pour l'antiquaire qui vit en face. C'est un misérable radin, c'est lui qui a fait mettre cette minuterie et qui refuse l'ascenseur. Et puis si tu voyais comme il vit. Dans sa maison, on se gèle. Il dit ne pas avoir froid, mais il se promène chez lui avec une fourrure de lapin sur les épaules. Quelle horreur !

— Une fourrure de lapin ? Quelle horreur ! je commente.

— C'était à sa grand-mère, si tu crois qu'il achète quelque chose, celui-là. Et puis les lumières ! On dirait un cimetière ! Il n'a mis que des ampoules à basse consommation, au maximum 7 watts.

— Mais tu le connais bien, pourtant, j'observe, curieuse.

— Oui, je le connais bien, c'est mon oncle. Mais je ne l'appelle même pas tonton, elle conclut.

Peut-être que je ne devrais pas, mais j'éclate de rire. Même Andy rit, et il me semble que cela commence bien, entre nous.

Elle me montre le chemin dans un couloir étroit encombré de choses : des étagères de magazines et de livres courent tout le long du mur de gauche, tandis que sur celui de droite s'ouvrent deux petites fenêtres entre des chaises et des meubles. Le couloir termine sur une porte, mais plutôt que de l'ouvrir, Andy tourne tout de suite à droite, franchissant un seuil qui, du couloir, n'était pas visible. Nous traversons une petite pièce, qui est peut-être encore un couloir transformé en un microscopique studio, avec une toute petite table adossée au mur, sur laquelle est posé un ordinateur portable bien en évidence.

— Ici c'est le studio de maman, explique Andy.

— Ah, je me contente de commenter, tandis que nous entrons dans une pièce à peine plus grande, meublée d'un canapé, de deux fauteuils, d'une étagère débordante de livres, de vieux DVD, et d'une télévision posée à terre.

Nous traversons aussi le séjour et de nouveau, nous tournons à droite dans un couloir encore plus étroit que le premier : on a l'impression de tourner autour de quelque chose au centre de la maison, mais ce qui se trouve au centre, je n'ose pas le demander.

— Attention ! me recommande Andy, alors que nous montons deux marches pour passer dans ce qui est de toute évidence sa chambre.

Celle-ci non plus n'est pas très grande, mais les murs sont peints en jaune clair, avec deux posters encadrés et le lit coincé dans un coin, avec une couette gonflée comme un nuage, couleur vert pistache. Les deux murs à côté et en face sont occupés par des étagères blanches. Inutile de dire qu'elles sont pleines à craquer : livres, cadres, boîtes, câbles, pantins, sacs. Une table blanche avec un tas de livres, des feuilles et un ordinateur portable qui se trouve presque au centre de la pièce. Maintenant, parmi toutes les choses que je pourrais faire, je choisis la mauvaise, j'allonge la main vers le rideau pour l'écarter et jeter un petit coup d'œil dehors.

Andy m'arrête :

— On ne voit rien, seules les fenêtres d'en face, celles du couloir par lequel tu es entrée.

— Ah ! je dis, perplexe. Il y a une cour.

— Non, pas vraiment, c'est une espèce de puits, c'est de là que provient la lumière de la maison. Cette partie était celle des domestiques, avant. Par contre, la partie riche, devine qui y habite ?

— Ton oncle ?

— C'est clair !

Mais je ne demande pas comment ça se fait que l'oncle se soit accaparé la partie la plus luxueuse de l'étage, surtout pour y vivre dans le froid et l'obscurité. Dans toutes les familles, il y a des mystères, un peu comme chez moi, surtout après la déclaration de mamie Marie de tout léguer à une secte hindouiste. Si ça n'avait dépendu que de papa, elle aurait peut-être laissé tomber, mais maman et tata Rose, la cartomancienne, se sont mises en colère contre le yogi Palugi, « faux, menteur, et profiteur de pauvres personnes âgées ». Elles sont prêtes à se lancer dans une bataille judiciaire.

Sur ces étagères débordantes de choses pointent çà et là trois plaques qui ressemblent à des trophées sportifs. Mais quand je m'approche, je découvre que ce sont des prix journalistiques. Mon admiration pour Andy grandit.

— Quand as-tu commencé ? je lui demande.

Elle hausse les épaules, tout en racontant :

— Au collège, il y avait un cours de journalisme, puis un concours. Ça s'est bien passé. Mais j'écris depuis que je suis petite, tu sais, dans cette maison, tout le monde écrit, même le chat ou presque.

— Il y a un chat ? je m'informe.

— Bien sûr que oui. Très détesté de l'antiquaire, qui dit être allergique aux poils de chat...

— Mais pas à ceux de lapin !

— En effet, elle rit. Donc la pauvre Comtesse doit faire attention à ne pas être vue de ce sale bonhomme.

— Pourquoi ? Elle sort ?

— Bien sûr. Elle va sur le toit. Maman lui a fait une petite échelle pour monter depuis la salle de bains. Le seul problème, c'est que du toit, elle pourrait accéder à la cuisine de l'antiquaire, bien qu'il n'y ait même pas un bout de pain sec dedans, tu comprends.

— Elle écrit vraiment Comtesse ? je demande ironique. Mais elle semble me prendre au sérieux :

— Tu es en train de préparer ton prochain article sur les chats écrivains ?

— Ça serait une idée, si ça existait.

— Qui sait ? Disons qu'elle nous inspire tous. C'est comme ça que dit maman.

Elle ne mentionne jamais de papa, et pourtant il semblerait que ce soit lui la star de l'écriture.

— Ta mère aussi est journaliste ?

— Non, elle écrit des histoires pour enfants.

— Ah ! Voilà pourquoi le chat l'inspire tant ! je m'exclame.

Mais tout de suite, je réalise que ma réflexion est choquante, le cliché des enfants et des fables. Avant qu'Andy ne réplique, j'ajoute :

— Je m'excuse, c'est une vraie idiotie, ce que je viens de dire.

— Idiotie ? Un peu sévère. Je t'ai dit que Comtesse inspire tout le monde.

Je dois dire qu'il y a une chose que j'apprécie de plus en plus chez Andy, c'est sa franchise.

Je suis venue chez elle pour ça, pour avoir des conseils sincères.

Je commence à comprendre que l'amitié, ce n'est pas seulement l'approbation et le soutien absolu. Ça peut aussi être la critique et la stimulation. La remise en question.

— Espérons qu'elle m'inspire, moi aussi. J'en ai bien besoin. Je dis ça en feignant la modestie.

— Mais, non, tu es déjà inspirée, même trop, elle répond sèchement. Pourquoi est-ce que tu ne travailles pas sur une interview ? C'est un bon entraînement pour travailler sur les faits.

— Une interview ? Mais de qui ? Et avec quelles questions ?

— Ça, ce n'est pas à moi de le décider. Sean dit que tu as du flair et je suis d'accord. L'article sur Robbie est excellent à ce niveau-là.

Elle fronce les sourcils.

— Trouve un personnage qui t'intéresse, organise un entretien pour révéler quelque chose… tu connais des gens importants ?

— Ben, toi, tu fais souvent des interviews de chanteurs et d'acteurs.

Andy ignore mon allusion un peu flatteuse et poursuit :

— Quand tu rapporteras leurs réponses, tu devras extraire le jus, les gens parlent trop et nous n'avons pas beaucoup d'espace.

— Nous qui ? Tu publierais mon interview ? je m'illumine d'espoir.

— Ton problème n'est pas de publier. Tu ne crois pas ? elle me coupe, un peu acerbe.

De temps en temps, Andy la brusque se renfrogne.

— Si tu le dis. Il me semble que tout est dicté par d'heureux hasards.

Je ne veux plus citer le hasard, on ne sait jamais.

— Oui, on a besoin de ça aussi. En fait, on a vraiment besoin d'un coup de pied aux fesses.

Je vois bien qu'elle a utilisé une expression moins vulgaire par respect pour moi. Eh bien, j'apprécie. Même elle, elle essaie de faire des efforts.

Elle me fait écouter un chanteur belge qu'elle trouve très bon. Je reste évasive, il ne me paraît pas si exaltant que cela, peut-être que je ne comprends rien à ce genre de musique qu'Andy semble adorer. Nous regardons aussi la vidéo d'une jeune femme talentueuse et une interview en anglais qu'Andy me traduit. Au bout du compte, entre la musique, le bavardage, le goûter à base de yaourt et de fruits, le temps passe vite.

Avant de m'en aller, je me hasarde à poser une question.

— Mais ton oncle, c'est le frère de ton père ?

Nous sommes en train de revenir par le couloir, elle devant et moi derrière, comme à l'aller. Andy explique sans se retourner :

— Non, de maman. C'est pour ça qu'il a hérité de la maison, parce qu'il était un garçon et l'aîné. On se croirait au Moyen âge, tu ne trouves pas ?

— Un peu, je conclus, prudente.

— Papa vit à Rome de son côté, elle me dit quand nous sommes déjà arrivées devant la porte.

Et elle ajoute, avec méchanceté :

— Ce ne sont pas des salauds, mais ça ne lui plaît pas, à maman.

Sauf qu'elle le crie sur le seuil de la porte grand ouverte, en direction de l'autre appartement.

Je ris ou je ne ris pas ? Je ne ris pas. Je jurerais que l'autre porte a légèrement bougé, et j'imagine que l'antiquaire est juste derrière, avec sa fourrure de lapin sur les épaules, à écumer de colère contre son effrontée de nièce. Mais naturellement, tout est le fruit de mon imagination. En réalité, je descends en avançant à tâtons dans le noir.

S

COMME « SPORT »

Où Jenny me révèle une passion secrète

C'est facile à dire, préparer une interview ! Mais de qui ? Je pourrais l'inventer de toutes pièces, peut-être celle d'un personnage historique. Ah ça c'est une idée !

— Bonsoir, madame Fallaci.

— Bonsoir.

— Je dois avouer que je ne vous connaissais pas jusqu'à ce que mon frère me parle de vous.

— Comment oses-tu de me déranger ? Avant d'interviewer quelqu'un moi, je me documente scrupuleusement, tu sais. Vous, les jeunes aujourd'hui, vous êtes trop prétentieux.

Et voilà, même quand j'invente, les réprimandes font surface !

Ce serait mieux de revenir à mon époque et de jeter un œil autour de moi pour dégoter quelqu'un qui peut faire les gros titres de la presse. Tandis que je suis là, à me creuser la cervelle (je dis ça mais en fait, je suis allongée sur le lit à regarder le poster de la famille Adams que m'a offert cette fripouille de Berni, en me disant que je dois « pondre » quelque chose d'ici mercredi), je reçois un appel de Jenny.

— Tu as des choses à faire ?

— Un peu... j'hésite.

Je sens que Jenny est prête à me tenir scotchée au téléphone pendant l'heure qui vient, et qu'elle est capable d'effacer toutes les pensées que j'évoque béatement.

— Ne t'inquiète pas, je n'en ai pas pour longtemps.

D'habitude, cette phrase est suivie d'interminables questions, familières ou personnelles, que Jenny me raconte, surtout au téléphone, parce que, lorsque nous nous voyons, nous avons autre chose à faire : cancaner, faire du shopping (mais depuis l'affaire de Robbie, nous avons juré de nous concentrer seulement sur l'essentiel), écouter de la musique, regarder un film ou une vidéo, patiner ou faire du vélo, essayer du maquillage, rire...

Je m'installe mieux sur le lit, à moitié adossée sur la tête du lit, prête à avoir l'oreille qui chauffe, ce qui en effet ne tarde pas à arriver, tandis que Jenny me révèle la nouvelle de la journée. Pas de dispute avec sa mère, cette fois-ci, ni avec sa cousine, pas de menace de la part de son père de parler avec ses professeurs, pas de vague à l'âme parce que ses parents refusent de prendre un chien, un chat, un canari ou même un poisson rouge.

Jenny est angoissée parce qu'elle est AMOUREUSE !

Il ne s'agit pas d'une nouveauté absolue. Jenny est constamment amoureuse de quelqu'un : en plus d'un tas d'acteurs et de chanteurs qui changent en moyenne tous les deux mois, il y a eu la période Manuel de 3e B, puis le frère d'une amie, puis l'ami du frère entrevu au volley. Sans parler du jeune serveur qui lui a souri, de Simon le cycliste « très doux » qui lui a arrangé son vélo, d'Ismaël le prof de step, et ainsi de suite, tous « mignons à mourir » mais « impossibles » parce qu'ils sont :

1) Trop grands ;

2) Inconnus (aperçus juste quelques minutes) et introuvables ;

3) Avec une copine ;

4) Gay ;

5) Pas intéressés.

Cette fois-ci, on dirait une affaire plus sérieuse. Avant tout, l'objet de ses attentions a notre âge et il est libre. C'est un ancien copain de l'école primaire, il est donc connu et identifiable. En plus, il a l'air très intéressé par Jenny, puisque c'est lui qui lui a demandé s'ils pouvaient se voir quand ils se sont rencontrés par hasard au Hard Rock Café. Il l'a reconnue et il a pressé tous les bons boutons.

Mais dans ce qu'elle me dit, il y a au moins deux éléments contradictoires : d'abord, personne ne va au Hard Rock Café par hasard, on y va pour rencontrer quelqu'un, pour « choper » comme on dit plutôt.

— Je te jure, j'y suis allée par hasard, j'accompagnais ma cousine, la *fashion victim.* Tu sais, si elle ne va pas tous les après-midi au Hard Rock Café, elle est en manque...

Pas la peine de faire des commentaires sur la famille de Jenny ! Ils semblent tous affectés par cette dépendance au *shopping* et à la mode. Ce doit être pour ça que Jenny a développé une sorte d'immunité et qu'elle refuse d'être *trendy* quel que soit son aspect. Elle porte tout le temps un jean et des ballerines ou des chaussures de sport et ne va pas chez le coiffeur, même si sa mère la supplie à genoux. Elle se fait arranger les cheveux par une amie qui est dans une école de coiffure. C'est pourquoi ça me semble assez étrange qu'elle entre, justement, dans le temple du consumérisme juvénile. Mais certains événements sont déterminés par le fameux hasard-divinité qui donne justement un petit coup de pouce pour aider Jenny. ça lui permettra ainsi d'arrêter de fantasmer sur des choses purement rêvées.

Le second élément qui coince est la description qu'elle fait de notre ancien copain d'école. Joseph dit Geppo, plutôt fort et pas très grand, avec une frange jaune paille sur les yeux, un appareil dentaire et de la moustache. Comme si ça ne suffisait pas, en plus, très, très timide. Eh bien selon les dires de Jenny, il semblerait que Geppo ait subi une véritable métamorphose et qu'il soit presque devenu une espèce de top model, grand, blond et frisé (il n'aurait tout de même pas fait une permanente ?), avec une dentition parfaite (et je veux bien le croire, après dix ans de « dentier »), et des muscles sculptés.

— Oui, c'est ça ! Un physique sculpté ! On dirait Superman, je réplique à la fin, agacée par la manie qu'a mon amie de tout idéaliser.

— Je te jure ! Il avait un tee-shirt près du corps, on voyait les pectoraux.

— Bien sûr, bien sûr, je cède.

Que pouvais-je faire ? Allez, c'est parti !

— Et puis, super doux !

Ces mots-là, je les ai déjà entendus, mais je laisse tomber. Par contre, je demande :

— Et il est intelligent, sympathique ?

— Oui, je te l'ai dit ! C'est lui qui a pris l'initiative, il s'est présenté justement comme Geppo ! Tu te souviens de moi, il m'a dit, je suis Geppo ! J'étais sur le point de m'évanouir, écoute, avec ce type fabuleux qui me parlait, très, très doux, mignon à mourir...

— Bref, vous en étiez où quand vous vous êtes quittés ? je coupe, plus pragmatique.

Soupir de Jenny. Je m'attends presque à ce qu'elle me dise : « Eh bien, Geppo est retourné sur sa soucoupe volante et il est reparti sur l'étoile Véga. »

Au lieu de cela, mon amie m'annonce :

— Nous allons nous voir en fin d'après-midi, mais... Mia, j'ai PEUR ! Tu dois m'aider ! Tu viendrais avec moi ?

— Tu plaisantes ? Moi, venir à ton PREMIER RENDEZ-VOUS avec Ge... je veux dire... avec un garçon ?

— Mais qu'est-ce que ça fera ? elle minimise. Jo ne m'a pas dit de venir seule.

— Mais c'est qui, Jo ?

— Mais Joseph ! Tout le monde l'appelle Jo maintenant, elle m'explique.

— Allons, Jenny ! je la gronde. Tu attendais quoi ? Une invitation formelle ?

— Je t'en prie ! Si j'y vais seule, je vais avoir super peur. Non, écoute, je n'y vais pas dans ce cas.

— Ne fais pas l'imbécile, je m'énerve.

— Écoute, ce n'est pas la peine de m'insulter, hein ! elle s'échauffe, elle aussi. Il suffit que tu me dises que tu ne veux pas m'accompagner, que tu ne veux pas me rendre ce tout petit service...

— Mais ce n'est pas un service pour toi ! Au contraire. Dès qu'il nous verra arriver toutes les deux, il va mettre les voiles, j'observe.

Je me sentais pourtant comme Cassandre espérant que tout ce que je prédisais ne se réalise pas.

Effectivement, Jenny reste sourde à mon appel et répète en boucle :

— Mais non, il ne fera pas ça, il est super doux.

— *O. K.*, mais dans ce cas je viens avec Sean, je négocie.

Mais elle s'enflamme :

— Ah, non ! Moi et vous deux ? Ça donnera l'impression que tout est déjà décidé, que nous serons deux couples ! Quelle honte !

— Mais c'est exactement ce que tu veux, non ? Devenir un couple... je réplique avec le maximum de patience.

— Oui, mais... ça ne doit pas paraître aussi évident, aussi téléphoné, ça doit venir spontanément, elle insiste.

En somme, elle me fatigue !

Je sors de la maison, assez énervée d'avoir accepté de tenir la chandelle à ces deux (presque, peut-être, qui sait, nous verrons) amoureux.

Mais étant donné que je suis de nature assez curieuse, sur la route, je reprends un peu espoir. Au fond, Jenny a raison : si entre amies, dans ces moments-là, on ne se donne pas un coup de main, quel genre d'amies sommes-nous ? Et puis je me promets que dès que je les vois commencer à roucouler, je coupe court et je m'en vais.

J'arrive donc en vélo sur la place Tasso, où mon amie est déjà en pleine ébullition. Pour l'occasion, elle s'est lavé les cheveux avec du shampooing à l'amande douce, et elle répand des effluves de parfum un peu partout autour d'elle. Elle est très agitée, elle sautille sur des ballerines flambant neuves. Pour le reste, c'est la même vieille Jenny, avec son jean et son sac en bandoulière, juste un peu de brillant à lèvres et de crayon autour des yeux (il ne manquerait plus que ça, qu'elle se soit faite toute belle !).

Mais le gars qui se dirige vers nous est vraiment extraordinaire.

— Le voilà, c'est LUI, murmure Jenny en tremblant et en s'agrippant à mon bras.

Je m'agrippe moi aussi à elle, de peur de défaillir. Parce qu'en effet, C'EST un garçon grand et élancé, blond et vaporeux, avec un sourire scintillant, beau comme un dieu grec.

Ça alors ! Il a drôlement changé ce vieux Geppo !

S

COMME « SPORT »

Où me vient l'idée pour l'interview

Alors maintenant, imaginez un camarade de classe franchement moche, avec un appareil dentaire qui le fait ressembler à un petit phoque, et la moitié du visage recouverte d'une grosse frange couleur paille. Ajoutons une voix pénible, qui grimpe dans les aigus dès qu'on lui adresse la parole. Et qui en plus est un zéro absolu dans tous les sports collectifs, y compris au « ballon prisonnier ».

Eh bien ça, c'était l'ancien Geppo.

De la chrysalide est sorti ce top model au pas élancé, aux cheveux ondulés couleur miel qui tombent jusqu'à ses épaules (solides), avec son jean serré et sa veste ouverte sur un tee-shirt noir si moulant que Geppo semble torse nu malgré cette journée grisâtre et humide, et froide.

— Mais vous n'avez pas changé, vous deux ! commence le dieu grec ex-Geppo, tout en ouvrant les bras vers nous.

Je dois dire que ça ne sonne pas comme un compliment étant donné que lui n'est pas du tout reconnaissable. Même si Jenny et moi étions mignonnes, nous ne sommes plus des petites filles de l'école primaire. Pour commencer, je ne sais pas si Jo a remarqué que toutes les deux nous portons des soutiens-gorge taille 85. Évidemment, nous n'allons pas nous promener avec les vestes ouvertes sur l'échancrure de notre décolleté, en fait, nous sommes un peu cachées sous nos écharpes. Puis Jenny continue de sautiller sur ses ballerines, comme dans une danse irlandaise. Jo, le tueur de Geppo, nous empoigne toutes les deux dans une embrassade très parfumée. Du torse « *caliente* » émane « une odeur sensuelle ». Je dois absolument me procurer un flacon de cette « Eau de Bono » pour l'offrir à Sean. Mais cette pensée m'a à peine traversé l'esprit que je me sens coupable : comment puis-je comparer ce poupon d'ex-Geppo avec mon magnifique copain ? Entre-temps, je me suis libérée de ses embrassades envahissantes avec un sourire que je voudrais suffisamment froid pour qu'il comprenne clairement que moi, je suis ici juste pour faire plaisir à mon amie. Elle, forcément étourdie par le parfum suggestif, s'attarde encore un peu dans les bras de Jo. Elle est accrochée à son torse comme une moule à son rocher.

— Je peux te dire que toi, par contre, tu as beaucoup changé ? J'imagine que tout le monde te le dit.

Je me rends compte aussitôt que j'ai utilisé le ton typique de mon Sean.

— En effet, je l'espère ! il répond, vivement. J'étais tellement empoté, enfant.

— Mais non, bêle Jenny, qui se détache de lui avec une certaine réticence.

Je le savais ! Ah là là ! Tous ces bavardages ! Je le savais, j'aurais mieux fait pour tout le monde de ne pas venir. Sans ma présence encombrante, ces deux-là se seraient déjà pris dans les bras sans avoir à poursuivre continuer cette conversation stupide, qui maintenant embête tout le monde.

Je suis sur le point de partir sur un classique « Il se fait tard, je dois y aller », quand Jo m'adresse un sourire de magazine (ça a dû lui coûter un œil en orthodontie !) et s'exclame :

— Tu as bien fait de venir, toi aussi. *Happy hour* tous ensemble ?

— Non, vraiment j'ai des choses à faire... j'attaque, mais ni le ton, ni l'expression ne semblent très convaincants, parce que Jo m'a repris dans ses bras puissants avec Jenny qui n'attendait que ça pour y retourner.

— Je connais un *lounge* tout près d'ici, il dit, sans tenir compte de mes faibles protestations.

« Qu'est-ce que ça veut dire, *"lounge"* », je me demande et je lance un coup d'œil interrogateur vers Jenny, mais elle est déjà partie.

Elle le regarde, ravie, et même s'il avait annoncé qu'il connaissait la maison des esprits, elle l'aurait quand même apprécié. Je prie seulement pour que personne ne me voie collée à ce type et le raconte illico. Ce serait la fin du monde. *O. K.*, j'exagère : Sean n'est pas du genre à provoquer en duel un rival ni à me faire une scène, mais on ne sait jamais. Je me dégage de nouveau de l'embrassade grâce à la foule sur le trottoir. Par contre, Jenny reste là, dans ses bras, et de nouveau, j'ai envie de m'arrêter et sous prétexte de regarder la vitrine, de les laisser s'éloigner, jusqu'à les perdre de vue... Tu parles, Jo se retourne et m'attend. Tu vas voir qu'il est bien éduqué, ça aussi c'est une grande différence avec le pauvre Geppo qui, timide comme il était, devenait tout de suite un goujat.

Il n'y a aucun moyen de s'échapper.

Finalement, en entrant dans l'établissement qui déverse sur nous des flots de musique à plein volume, je réalise que *lounge* signifie « salon », et surtout que ça veut dire aussi s'affaler bien confortablement, jugea en juger par les canapés éparpillés et les fauteuils bas répartis dans l'établissement, où tout le monde est plus ou moins vautré.

Il salue la barmaid, dont les yeux s'éclairent comme des ampoules à sa vue, le propriétaire lui lance un « Comment ça va, mon grand ? » (il doit avoir plus ou moins l'âge de mon frère, d'après sa manière de saluer), puis il nous emmène vers la salle voisine, une espèce de cave au plafond très haut, du peu que l'on peut en voir avec les rares lampes qui s'y trouvent. La musique est à peine moins forte et dans la pénombre, on distingue d'autres canapés et des petites tables au ras du sol.

— Voilà, là-bas, indique Jo avec assurance.

Il se dirige vers un angle où deux canapés libres sont disposés autour d'une table carrée et ce qui ressemble à un pouf. De nouveau, il nous attrape, Jenny et moi (qui d'ailleurs ne l'a jamais lâché), et nous jette sur le canapé. Résultat : nous tombons tous les uns sur les autres de manière assez embarrassante, et un fou rire me prend.

Juste au moment où j'éclate de rire, empêtrée entre les bras et les jambes, mon téléphone sonne. Ce n'est pas que je l'entends sonner, parce qu'avec ce fond sonore musical à fond les manettes, c'est quasi impossible, mais je le sens vibrer sous mes fesses, où a fini mon sac. Immédiatement, je me lève, je crois déjà savoir qui est à l'autre bout du fil. La voix me parvient tout juste, mais j'arrive à deviner les paroles comme un malentendant :

— Mais où es-tu ?

Sur l'écran apparaît le nom de Sean.

— Au bar ! Je t'expliquerai.

— Quel bar ? il fait, du moins, je crois.

— Comment s'appelle cet endroit ? je hurle vers Jo.

Il me dit le nom, et à l'autre bout du fil, il me semble entendre :

— Pardon, mais tu es avec qui ?

— Avec Jenny ! Et un copain de l'école primaire... je te dirai après, j'essaie de murmurer dans le téléphone.

— Allez, je te rejoins, il me semble comprendre, puis la conversation s'interrompt.

J'envoie vite un SMS, quasiment à l'aveuglette, parce qu'ici, on ne voit pas grand-chose : « C'était une urgence. Je suis avec Jenny et son quasi-amoureux. Je t'appelle dès que je peux. »

— Qui c'est ? demande Jo entre-temps.

En fin de compte, la musique n'est pas si forte que ça, maintenant que je me suis habituée, je me rends compte que l'on peut parler. Ou alors ils ont peut-être baissé d'un coup ? En fait, on dirait de la musique jazz, même si moi je n'y connais pas grand-chose en matière de musique.

— À mon copain, je dis un peu inquiète.

J'avais dit à Sean que j'allais étudier toute la journée, et me voilà à faire la fête avec un top model et mon amie, dont le cerveau a fondu.

— Ah ! Tu as un copain ! C'est qui ? il me dit, envahissant.

Comment ça se fait qu'il me demande qui c'est ? Il ne connaît tout de même pas tout le monde.

— Je ne crois pas que tu le connaisses. Il fréquente notre lycée, je réplique, un peu irritée.

— Et toi, tu es à quelle école ? intervient finalement Jenny, qui a retrouvé l'usage de la parole.

— Une école privée, il nous informe.

Et il ajoute tout de suite :

— Ce n'est pas parce que ce sont mes parents qui le voulaient, mais c'est une convention avec l'équipe.

— Mais quelle équipe ? fait Jenny.

— Mon équipe de foot. Je ne t'avais pas dit que je jouais ?

— Ah oui, il me semble. Mais je pensais que tu jouais pour le sport… s'embrouille tout de suite Jenny.

Nous rions tous les trois de cette sortie un peu farfelue, mais il nous explique ensuite qu'il joue dans l'équipe junior. En pratique, c'est comme s'il était un joueur pro.

— Et quand as-tu commencé ? Je ne me souviens pas qu'à l'école primaire tu faisais du foot, je dis.

— En effet, je n'y pensais pas du tout. J'ai commencé tard, par rapport aux autres. J'avais dix ans. Il y a des gens avec moi dans l'équipe qui ont commencé à cinq ans.

— Mon Dieu ! Ce sont déjà des vétérans, observe Jenny.

Elle est en train de se reprendre, heureusement. Peut-être que c'est mieux après tout que je l'aie accompagnée, sinon elle ne serait jamais sortie de cette catatonie.

— Ça veut dire que tu avais un certain talent.

— Probablement, il répond, modestement.

Ou alors avec une fausse modestie. Il ne me semble pas du genre modeste, lui qui se promène avec un tee-shirt moulant, et un jean et un blouson de marque.

— Et alors maintenant, c'est ton métier, footballeur ? je demande, avec une petite idée derrière la tête.

— J'ai ma licence d'inscription au club, si une équipe me choisit, elle doit m'acheter.

— C'est vrai ? Et combien tu coûtes ? demande Jenny, replongeant dans la niaiserie.

— Pas tant que ça, tu sais.

Il cligne de l'œil :

— Pour certaines personnes, je suis même gratuit !

J'ai toujours pensé que l'expression « fondre devant quelqu'un » était une métaphore exagérée. Mais maintenant que j'observe Jenny, je réalise que son attitude illustre très bien cette expression littérale. Aux paroles de Jo, mon amie fond sur le canapé : elle s'abandonne complètement, au risque de s'enfoncer dans le décor, et même les traits de son visage se liquéfient.

Pendant ce temps, la serveuse est arrivée et le regarde avec adoration, toute souriante.

— Salut Jo. Qu'est-ce que je t'apporte ?

Notez bien qu'elle ne s'adresse qu'à lui, comme si nous n'existions pas.

— Pour moi, un apéritif aux fruits. Les filles... qu'est-ce que vous voulez ? Un Cuba libre ?

— C'est quoi ? je demande.

— Un truc super bon, mais je ne peux pas en boire, je n'en ai pas le droit.

— C'est alcoolisé ? s'informe Jenny avec l'œil brillant. Quand elle fait ça, je sais où elle veut en venir, elle cherche à faire la crâneuse.

— Un peu, il fait. C'est un mélange de rhum et de Coca-Cola. Super bon.

— Alors un Cuba libre pour moi, commande Jenny sous mon regard impassible. Je ne veux pas jouer les nourrices, aussi je me tais.

— Moi, je prends un Coca normal, merci, je dis, tandis que la serveuse a tourné les talons.

Puis, je reprends mes questions sur le foot.

— Donc, ton équipe t'a acheté.

— Non, j'ai commencé au printemps et je suis resté ici. D'autres équipes pourraient m'acheter, mais mon coach n'a aucune intention de me lâcher. Et puis nous avons un nouveau président.

— Vraiment ? je dis, moi qui ne comprends rien au jargon footballistique.

— C'est un entrepreneur richissime, il a promis des grandes choses, aussi bien pour l'équipe titulaire que pour nous, les juniors.

— Ça doit être super fatigant ! intervient Jenny, inspirée. Je veux dire, l'entraînement. Tous les jours, tu dois t'entraîner, plus l'école...

— Oui, assez.

Cette fois-ci, il ne feint pas la modestie.

— Sortir avec toi est un peu une entorse au règlement.

Jenny minaude de plus belle, mais moi, je soupçonne Jo de faire pas mal d'entorses à la règle, à voir comme il est connu ici. La serveuse revient avec le même sourire, qui ne s'adresse bien sûr qu'à Jo.

Jenny l'effrontée se jette sur le Cuba libre, boit une gorgée et crie tout de suite après :

— Que c'est bon ! C'est super fort !

Jo rit, il lui demande d'y aller doucement ; moi, je suis là, en train de boire, quand je sens que l'on me touche l'épaule.

— Salut ! Je dérange ?

Mais comment ça se fait que l'on se comporte comme dans les séries télévisées ? En fait, j'avale de travers et je toussote, embarrassée, comme dans une série B.

Eh bien même Sean ! Pourquoi s'est-il mis en tête de faire une entrée aussi dramatique ? Il me tombe dessus, il lance un regard acéré, d'abord à Jo, puis à moi. Moi, je suis hors-jeu, je risque de m'étouffer. En outre, Jenny semble terrorisée à la vue de Sean : elle le fixe comme si c'était un voleur !

C'est au tour de Jo, il vient à la rescousse :

— Tu es le copain de Mia ? On t'attendait !

À ce moment-là, Sean semble étonné :

— Vraiment ?

Et comme il a de bonnes manières, renforcées par son éducation *british*, il tend la main. Ils restent tous un peu étonnés quand Sean offre sa main : comment se fait-il qu'il salue comme les adultes ? Par contre, Jo a déjà bondi sur ses pieds (ça se voit que c'est un athlète) et lui serre la main, en se présentant :

— Je suis Jo.

J'interviens, avec la voix étranglée :

— Tu sais, Jo est footballeur.

— Super. Je m'appelle Sean.

— Oui, il me semble que Mia me l'a dit, sourit l'autre.

C'est faux, je n'ai jamais dit le nom de mon copain, mais laissons tomber. Par contre, je m'éclaircis la voix, car si je dois compter sur l'aide de Jenny, je peux attendre en vain. Elle s'est complètement pétrifiée, allez savoir pourquoi.

— Il nous parlait de son travail.

— Travail ? demande Sean, perplexe avant de me lancer un regard comme un appel au secours.

Je me détends et je lui renvoie un sourire complice.

— Qu'est-ce que tu en dis ? J'ai une idée d'interview !

S

COMME « SPORT »

Où j'apprends quelque chose sur le football

Il semble étrange que dans un pays où le football est le principal sport national, moi, je n'y connaisse rien ou presque. Et pourtant c'est le cas. Je peux vous garantir que ce n'est pas par snobisme, mais disons que je ne ressens pas tout cet attrait pour le championnat.

C'était différent pendant la Coupe du monde, même Robbie manifestait un grand intérêt pour les matches, il attendait chaque match avec impatience, et Berni était encore à la maison avec nous. Après la victoire de France/Italie, il est sorti avec le chien et son drapeau et a rejoint ses amis pour courir çà et là dans le centre-ville au milieu des chants, des cris et des aboiements.

Mais la Coupe du monde a lieu tous les quatre ans. Papa, lui, s'intéresse surtout au tennis, car il y jouait quand il était jeune ; maman, depuis toujours, est une passionnée de théâtre et avec le sport, elle n'a comme on dit aucun « feeling ».

C'est peut-être parce que je suis une fille mais j'ai l'impression que les filles se passionnent moins pour les schémas compliqués et les stratégies auxquels s'adonnent les hommes avec le football. On dit tout le temps que les femmes bavardent beaucoup alors que les hommes sont plus taciturnes. Or il suffit d'écouter une discussion sur le foot pour changer d'avis. On découvrira que beaucoup d'hommes dits de « taiseux » jacassent et cancanent aussi, y compris une grande partie de mes camarades de classe. Quand il s'agit de poésie, ils perdent la parole, mais dès qu'il faut parler de foot, ils sont capables de débiter toutes sortes d'informations possibles sur les équipes, même sur celles les plus obscures.

Donc l'interview d'un footballeur me semble parfaite pour capturer l'attention d'un peu tous les lecteurs : les garçons adorent ce sport, et les filles aiment l'aspect « idole des jeunes », comme c'est le cas avec Jo. C'est-à-dire des jeunes, beaux, athlètes, qui ont probablement du succès et sont plutôt riches.

Je me mets donc à travailler à une petite liste de questions à soumettre à l'ami Jo.

— *Comment as-tu découvert ton talent ?*

— *Est-ce que quelqu'un t'a encouragé ?*

— *Quel est ton poste ? Tu as toujours le même depuis le début ou tu as changé ?*

— *Comment est organisée ta journée ?*

— *Est-ce que tu arrives à concilier entraînements et études ?*

— *Que t'a apporté le fait de jouer en équipe ?*

— *Que fais-tu pendant ton temps libre ?*

— *Quel est ton objectif à court terme ?*

— *Et à long terme ?*

— *Qu'est-ce qui te plaît le plus dans ce milieu ?*

— *Qu'est-ce qui te gêne ?*

Je relis ma liste : je suis plutôt satisfaite. Si Jo donne des réponses intéressantes, il peut en sortir un beau portrait et peut-être des scoops juteux sur l'ambiance footballistique. Qui sait ? En bavardant, on doit apprendre plein de petits secrets, et c'est ça qui intéresse le plus tout le monde, en tout cas moi, oui.

Je ne veux donc pas m'étendre outre mesure sur toutes ces questions, peut-être que quelque chose en sortira le moment venu. Donc quand j'appelle Jo sur son portable pour lui parler de l'interview, je lui demande si je peux aller sur le terrain où il s'entraîne, comme ça je pourrai prendre aussi quelques photos. Mais lui semble très réticent quand je lui parle d'interview.

— Tu veux m'interviewer, mais dans quel sens ? il croise les bras.

Je suis prête à répliquer :

— L'interview serait pour le magazine en ligne de mon école. J'aimerais beaucoup que mes camarades connaissent mieux la vie d'un garçon de notre âge qui est footballeur. Personne ne connaît ça, ou on en a une vague idée, peut-être fausse...

— Dans quel sens ? il répète comme une petite machine. Là par contre, il exagère.

J'essaie d'être le plus convaincante possible :

— Dans le sens où l'on pense que les footballeurs ne font rien à part s'amuser. Tu sais comment c'est. On dit d'eux qu'ils jouent tout le temps, qu'ils ne se consacrent à rien, qu'ils n'étudient jamais, qu'ils ne font pas de sacrifices.

— En effet, il finit par approuver. Ça, ça me plaît, je pense que ça peut aller. Mais cette revue, quelle est sa diffusion ?

— Je te l'ai dit. C'est *on-line*, tout le monde peut la lire, nous avons un millier de visiteurs, je me pavane, en parlant à la première personne du pluriel comme si je travaillais pour une revue.

PEUT-ÊTRE que je publierai quelque chose, mais ce n'est pas dit que ça se fera. À part ça, le nombre semble intimider Jo.

— Des milliers ? Dans la ville ou aussi en dehors ? Quel genre de personnes ?

— Pardon, mais comment je peux savoir ? Ça doit être des élèves comme nous, des parents, des enseignants... pourquoi tu t'inquiètes ?

— Je m'excuse, Mia, mais ce n'est pas facile pour moi. Je dois faire attention à mon image.

Là, c'est moi qui marque une pause :

— Dans quel sens ?

— Dans le sens où je suis un joueur de foot... je suis dans le viseur... mon employeur ne veut pas de journalistes, il ne veut pas des gens qui racontent des histoires, qui mentent...

— Mais moi, je ne raconte pas de mensonges ! je me défends, un peu agacée. Quelles histoires ? Au contraire, je voulais parler de manière positive d'un garçon talentueux.

— Écoute Mia, je ne veux pas briser une amitié. Pour moi, c'est mieux si nous laissons tomber, il me répond, de plus en plus convaincu d'avoir affaire à un escroc.

Alors moi, je propose :

— Écoute, on fait comme ça, si ça te va : je t'interviewe, puis je te fais lire ce que j'ai écrit, et si tu n'es pas d'accord, je ne le publie pas. Qu'est-ce que tu en penses ?

Silence. Puis il lâche, tourmenté :

— Je ne sais pas.

— Pourtant tu m'avais dit que tu aimais l'idée que les jeunes comme toi et moi comprennent la vie dure que tu mènes, tous tes sacrifices, ton engagement... j'insiste, parce que quand je m'y mets, je peux être un vrai marteau-piqueur. En plus de te faire lire ce que j'ai écrit et d'attendre ton avis, je ne vois pas ce que je peux faire de plus pour te convaincre ?

Encore quelques instants de silence, puis il finit par dire :

— D'accord.

Je réfrène un mouvement de triomphe et j'en profite pour glisser ma seconde question :

— Je viens te retrouver sur le terrain ? On fait l'interview au siège de ton équipe ?

— Non, non, pitié !

Cette fois, son refus est catégorique.

— On se verra à l'extérieur, je te dirai où.

— J'aurais aimé prendre quelques photos, je dis sur un ton de regrets, mais lui réplique fermement :

— Si c'est pour ça, la photo je peux te la fournir moi, j'en ai tant que tu en veux, des photos officielles.

Je reste sans voix. Qu'est-ce qu'il veut dire ? Des photos officielles ?

Je finis par comprendre quand nous nous retrouvons dans ce bar très luxueux du centre. Cette fois-ci, pas de *lounge* avec des canapés, mais un établissement avec des tables normales et des chaises, même s'il est un peu trop chic à mon goût. D'abord, c'est tout un festival de stuc et de miroirs, avec plein de colonnes et des plantes dans les coins. D'un côté de la salle se trouvent de petites tables, et de l'autre, un comptoir et la caisse. Chaque table est non seulement recouverte d'une nappe de couleur crème, mais aussi d'un vase contenant de vraies orchidées. J'ai comme l'impression qu'un thé ici coûte autant qu'un déjeuner dans le petit bar où nous allons de temps en temps, Sean et moi.

Bien sûr, c'est étrange qu'un garçon ait choisi un endroit pareil, mais après tout, je ne sais rien de Jo. Il doit avoir des goûts classiques. Et pourtant, à le voir arriver avec ses lunettes de soleil de pilote d'avion, sa chemise blanche ouverte, son blouson en cuir et son jean taille basse, il ne me donne pas l'impression d'être un garçon traditionnel, il me semble plutôt du genre à la mode. Je ne peux pas nier que ça lui va très bien, mais même une bure lui irait très bien.

Il s'assoit, enlève son blouson et un parfum à faire s'évanouir une armée d'amazones flotte dans l'air. Il garde par contre ses lunettes, et il plonge sa main dans la poche de son blouson pour prendre une enveloppe, dont il extrait quelques photos. La première semble être une photo d'identité, avec Geppo pris en buste et portant le maillot de l'équipe. La deuxième et la troisième sont en revanche des photos prises sur le terrain, sur lesquelles on reconnaît Jo en action avec le ballon. On voit bien que les photos ont été prises par des professionnels, et qu'elles sont officielles : il porte la nouvelle tenue, il n'y a pas un grain de poussière ni un pli. Les deux dernières photos sont des photos de l'équipe au complet, ils sont tous figés devant l'objectif comme une file de soldats. Ça commence plutôt mal avec ces photos.

Je sors mon bloc-notes et il me regarde amusé.

— Tu écris là-dessus ? il me demande.

— Pourquoi ?

— Parce que la dernière fois que j'ai parlé avec un journaliste, il avait une tablette, c'est plus pratique, même pour les photos, je lui ai passé ma clé USB et zou !

— Mais moi, je ne suis pas une professionnelle de ce calibre, je me défends. Je te l'ai dit, c'est une revue pour les jeunes. Et puis, tu ne m'avais pas dit que ton équipe n'aime pas trop la presse ?

— Ça dépend. Celui-là, il était de *L'Équipe*, c'est un point très important pour nous, ça se traduit espèces sonnantes et trébuchantes.

J'ai horreur d'utiliser cette phrase, mais je ne peux pas faire autrement :

— Dans quel sens ?

— Les sponsors aiment la publicité indirecte, celle qui provient de la presse. Ils investissent plus. Comment tu fais pour ne pas savoir ce genre de chose, toi qui écris pour un journal ?

Je ne supporte plus qu'il me prenne de haut, surtout un ex-copain de l'école primaire qui est footballeur, ce n'est tout de même pas le P.-D. G d'une entreprise !

— C'est une revue pour les jeunes, nous n'avons pas de sponsors.

— Étrange. Peut-être qu'avec des sponsors, vous pourriez faire autre chose qu'un truc en ligne, peut-être que vous pourriez vous aussi avoir un salaire, il insinue.

— Pourquoi ? Toi tu as un salaire ?

Il éclate de rire.

— Mais où est-ce que tu vis ? Bien sûr !

Et goujat comme il est, il me dit combien il gagne.

Il s'amuse de me voir surprise lorsqu'il m'annonce le chiffre. Est-ce possible qu'il empoche plus que ma mère ? C'est la TRAITE DES ENFANTS ? Une chose à dénoncer, dirait papa !

Il continue de me fixer, amusé derrière ses lunettes sombres, et m'explique qu'il bénéficie d'une tutelle légale et que dans le sport, on commence très tôt et qu'on gagne très vite. À dix-huit ans, il est déjà une star, et il n'a que trois ans pour démontrer qu'il a de la valeur et que la société doit miser sur lui.

Bref, je m'attendais à une interview sur le sacrifice, le talent, la passion, et bien au contraire, la conversation a pris une autre direction. Jo est en train de parler de lui comme d'une espèce de produit, et il parle toujours de son équipe en utilisant le terme « société », comme si c'était une entreprise. J'ai l'impression de m'être complètement trompée. Je pensais parler de sport, en fait, je suis entrée dans le monde des affaires.

S

COMME « SPORT »

Où je risque de perdre une amie

Transcrire une interview est un vrai défi, pour moi. Je relis ce que j'ai écrit ainsi que mes impressions sur ma rencontre au bar avec Jo, et je me rends compte qu'il y a quelque chose qui ne fonctionne pas.

Jo a répondu à mes questions très succinctement et il en a fallu beaucoup pour lui soutirer quelque chose. Par exemple, à la première question, « Comment as-tu découvert ton talent ? », il s'est mis à rire.

— Ce n'est pas moi qui l'ai découvert ! Je ne suis tout de même pas Del Piero !

Puis, avec la deuxième question (qui l'avait encouragé), il s'est mis à ruminer :

— Mes parents, ça, c'est sûr, puis l'entraîneur, un oncle aussi qui joue au foot...

Tandis que pour son poste, il a été plus assuré :

— Milieu de terrain, mais au début je suis entré dans l'équipe comme défenseur, j'étais un vrai boulet, par contre je bloquais les adversaires. Ça me fait rire quand j'y repense.

Il est là, à rire et surtout, il se prend pour un acteur, il me regarde à la dérobée derrière ses lunettes noires, il sourit beaucoup, et il essaie d'orienter l'interview :

— Mais tu ne peux pas me poser d'autres questions, genre quel est mon footballeur préféré ? Ou peut-être, quelle musique j'écoute ? Tout ça, c'est pour une revue pour les jeunes, non ?

— Si tu veux, tu peux aussi me dire quel est ton footballeur préféré ou ton chanteur préféré. Mais moi, je préférerais parler de football, si ça ne te dérange pas. Les lecteurs te liront pour ça, non ?

Bref, j'essaie de mélanger toutes les informations, y compris celles de son profil sur Facebook, où il y a plus de photos que d'informations.

Alors je commence à écrire :

Peux-tu nous dire comment tu as découvert ton talent pour le football ?

À dix ans, le médecin a conseillé à mes parents de m'envoyer faire un sport d'endurance et d'équipe. Je ne sais pas si tu te souviens mais j'étais grassouillet et empoté. Il est évident qu'un garçon comme ça, on le met gardien de but, mais moi, j'aspirais à être attaquant, comme tous les enfants, alors je me suis remué.

Bref, j'ai joué des coudes. Entre-temps, j'ai maigri, j'ai grandi. À douze ans, je suis devenu une perche, grand et sec, que personne ne reconnaissait plus.

Le talent est sorti d'un seul coup, un acte de force en somme.

J'ai été encouragé par ma famille qui m'a toujours suivi, et par un entraîneur qui a cru en moi depuis le début, quand je ne montrais aucun talent. Mais avoir quelqu'un qui te fait confiance est la chose la plus importante, je pense que cela stimule, cela donne envie de réussir, et cela aiguise ton talent. Si tu ne reçois que des avis négatifs, tu as tendance à croire que tu ne vaux rien, que tu ne t'amélioreras jamais. Un bon coach sait te pousser, te faire grandir.

Comment est organisée ta journée ?

Je passe le plus clair de mon temps à m'entraîner. C'est étrange de penser que mes copains du même âge que moi passent le même temps sur leurs livres, alors que pour moi, l'enseignement est réduit. Mais ça ne signifie pas que je n'étudie pas. Je fréquente le lycée en section scientifique et je tiens à avoir de bonnes notes.
Il me reste très peu de temps pour sortir avec mes amis ou avec ma copine ou pour aller danser. Le samedi et le dimanche, je suis dehors, j'ai les matches. Mais dans ce cas, je tiens à avoir une vie sociale, je ne veux pas m'enfermer dans le football. C'est pour ça que j'ai une copine très normale, qui va au lycée, et qui ne voit pas en moi un footballeur mais un garçon comme un autre.

La fille « très normale », c'est Jenny. Quand Jo et moi nous sommes rencontrés, elle était déjà devenue sa copine officielle, mais ce qui était incroyable, c'est qu'elle ne le savait pas.

En effet, quand je l'ai appelée pour lui demander, elle est plutôt tombée des nues.

— Je devais vraiment l'apprendre de Jo que vous étiez ensemble ? je lui ai demandé sans préambule.

— Nous sommes ensemble ? elle a répondu, sur un ton penaud. Il m'a juste dit que je lui plaisais… Nous ne nous sommes même pas embrassés !

— Tu veux dire qu'il m'a donné un scoop sans en avertir la principale intéressée ?

— Écoute, Mia, mais pourquoi tu dois toujours dire des choses aussi compliquées ? Explique-toi mieux, zut, quoi !

— Je veux dire que c'est étrange qu'il m'ait dit que vous êtes ensemble sans t'avoir demandé.

— Oh mon Dieu, peut-être que c'est moi qui n'ai pas compris. Avant de nous dire au revoir, tu sais, l'autre jour, il m'a dit que je lui plaisais beaucoup, que je n'ai pas changé, que je suis une fille vraie, naturelle... Je ne pensais pas que c'était un compliment, tu comprends !

— Et puis ? je cherchais à en savoir plus parce que parfois, Jenny semble être sur une autre planète. Les garçons qui se mettent à genoux et se déclarent, ça n'existe pas de nos jours, tu sais !

— Excuse-moi, Miuccia, mais je suis au courant. Il ne manquerait plus que ça, j'ai eu mes propres expériences ! elle a répliqué, fâchée.

J'avais négligé ses histoires platoniques ou de vacances, celles qui n'avaient duré que dix jours maximum, avec un échange d'effusions réduit au minimum, quelques petits bisous et des câlins. J'ai même mis de côté le surnom péjoratif Miuccia pour me concentrer sur la question qui nous occupe.

— Il t'aura bien dit quelque chose.

Elle a soufflé :

— Oui, les phrases vagues que disent les garçons d'habitude. « Ça te va de sortir ensemble ? » « Je t'appelle »...

— Mais c'est comme ça que ça commence. Si tu lui as dit que ça t'allait de sortir avec lui, c'est presque un engagement ! je me suis échauffée. C'est sûr, Jenny est parfois vraiment très dure.

— Si tous ceux qui m'ont dit qu'ils allaient m'appeler l'avaient fait, mon téléphone aurait explosé !

Je me suis rendu compte que nous avions perdu le fil de la conversation. Alors je suis revenue au sujet principal :

— Écoute, Jo m'a dit que tu étais sa copine et que d'ailleurs tu étais la fille qu'il cherchait depuis un bon moment...

— Vraiment ? Je ne te crois pas ! elle a lâché, toujours plus étonnée.

— Mais je te jure !

À ce moment-là, elle m'a interrompue, assez brusquement :

— Et comment ça se fait qu'il t'ait dit ça à toi ? Pourquoi tu ne m'as pas appelée ?

— Va savoir. Peut-être qu'il lui reste encore un peu de timidité de l'ancien Geppo.

— Tu crois ? le ton était plein de reproches. En fait, j'ai l'impression qu'il m'a servi un sacré bobard, à voir ta réaction !

— Quelle réaction ? je suis tombée des nues. Que s'était mis en tête mon amie ?

— Excuse-moi, Mia, mais tu avais vraiment besoin de rencontrer Jo toute seule ?

Sa voix trahissait une franche irritation.

— Et puis avec le prétexte de l'interviewer ! Tout ça pour te pavaner en jouant les journalistes.

— Ce n'est pas vrai ! j'ai protesté.

— Je parie que Sean ne le sait même pas, elle m'a accusée, un peu lâchement.

— Bien sûr qu'il le sait, j'ai rugi à ce moment-là.

Mais elle, désormais déchaînée, m'a hurlé :

— Ça se voit que ça lui fait plaisir que tu le trompes !

— Tu es stupide ! je l'ai alors insultée, et nous avons toutes les deux raccroché, furieuses.

Mais qu'est-ce qui s'est passé ? J'avais presque envie de pleurer, à la fois de colère et de tristesse. Je sentais mon cœur battre à cent à l'heure, mais une voix intérieure me disait de me calmer. Quelle scène ! Il ne nous était jamais arrivé une chose pareille à Jenny et moi. Et en plus, à cause d'un garçon ! J'avais envie de la rappeler tout de suite pour lui dire que nous avions dépassé toutes les deux les limites (en supposant qu'elle comprenne le terme), que ça ne valait pas la peine de se disputer pour un garçon. Et puis, je ne l'ai pas fait.

Il valait mieux attendre que Jenny se calme et se rende compte qu'elle m'avait dit plein de méchancetés par jalousie. Et que moi, je voulais seulement lui faire plaisir en l'informant qu'elle était dans le cœur d'un garçon. Garçon qui lui plaît tellement qu'il lui fait perdre la raison !

Je me suis mise à travailler sur l'interview. Écrire, étudier, c'est ma manière de temporiser, de raisonner, de m'éclaircir les pensées. Et me voilà à tricoter les mots, pour qu'ils décrivent bien Jo le footballeur.

Qu'as-tu trouvé dans ton club ?

Une ambiance professionnelle, sérieuse, où on ne néglige rien, où il y a des personnes compétentes qui connaissent leur métier. Tu ne peux rien prendre à la légère, tu dois faire le maximum et ça, ça me plaît. Ce n'est pas un jeu, nous sommes tous des professionnels. Il y a même de la compétition entre nous. Il y a du respect. Ce n'est pas comme à l'école où les professeurs te traitent comme un gamin, un ignorant ou un crétin. Ils nous traitent comme des personnes responsables.

Tu as une idée un peu négative de l'école. Ce n'est pas partout comme ça.

Peut-être. Mais quand je parle avec mes frères ou avec mes amis, je me sens plus mûr et plus solide qu'eux. On dirait qu'ils vivent dans une bulle pour enfants, où ils ne font qu'apprendre. Les résultats proviennent de la répétition de ce qu'on leur inculque. Au contraire, moi, je dois inventer, mes actions ne sont pas répétitives. Et puis moi, je suis responsable de moi-même, je ne peux pas aller pleurer sur l'épaule de papa.

Y a-t-il quelque chose qui te dérange dans ton milieu ?

Peut-être l'impression d'entrer dans une grosse machine, dans un monde important, sous les projecteurs, où circulent tant de richesses, où tu peux devenir très célèbre. Le succès peut t'empoisonner la vie mais dans le football, l'humilité et la discipline sont nécessaires. Notre coach ne se lasse pas de le répéter. On ne doit pas perdre de vue le fait que nous sommes des athlètes et que tout le reste est secondaire. Mais dès le début, tu sens que tu es dans l'engrenage d'une grande machine à sous. Le football est un gros business. Tu le sens jusque dans les structures où tu évolues, les choses que tu as à disposition, les sous que tu gagnes, tout ce qui semble très facile, à portée de main. Tu dois le savoir, tu dois chercher à te défendre, avoir quelqu'un qui te conseille et te gère, sinon tu risques de finir broyé par le mécanisme.

Quels sont ta principale qualité et ton principal défaut ?

Ma qualité, je pense que c'est la passion, et moi, je mets tout mon cœur dans ce que je fais. Ce qui est aussi un défaut. Je mets trop de passion dans les choses, je fonce tout de suite, je ne pense pas assez aux conséquences.
Je devrais réfléchir plus. Mais je suis un athlète, pas un philosophe !

Et voilà, c'est fait. Ça a été dur, pourtant, j'ai réussi à rassembler tous les petits morceaux de cette heure de conversation où Jo a surtout fait le fanfaron. Comme tous les vaniteux, il ne voit pas qu'il a des défauts. Allez savoir si Jenny le ramènera un peu à une plus juste mesure...

S
COMME « SPORT »

Où je suis contactée par un personnage étrange

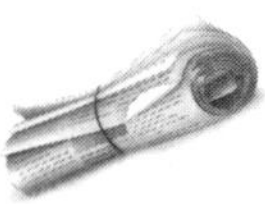

Deux jours ont passé. Aucune nouvelle de Jenny, mieux, elle m'ignore complètement à l'école et tout le monde a compris qu'il se passe quelque chose entre nous. Je décide de laisser passer un peu de temps, je ne suis pas suffisamment calmée pour lui demander de laisser tomber et d'admettre que nous nous sommes trompées toutes les deux.

En classe, elle se montre bras dessus, bras dessous avec Luki, tandis que je me rabats sur d'autres copines pour bavarder, et pendant la récréation, je m'échappe vers la cour pour retrouver Sean. Je lui ai déjà fait lire l'interview et nous nous sommes concertés sur le fait de la proposer à Andy pour le prochain numéro ou le suivant, justement consacré aux sports, mais qui sortira le mois suivant. Bref, j'ai encore l'interview et à la maison, je continue de la relire, en essayant d'imaginer la réaction d'Andy.

C'est le début de l'après-midi quand je vois apparaître sur l'écran de mon portable « numéro privé ». Je suis tentée de ne pas répondre. Si quelqu'un ne veut pas se faire connaître, il mérite au minimum d'être ignoré ! Mais je suis curieuse, vous le savez, et j'appuie sur le bouton « on ».

— C'est bien Mia Maltagliati ? s'enquiert une voix masculine.

— Oui, c'est moi, pardon, mais c'est qui ?

À l'autre bout du fil, un type se présente avec un nom compliqué que j'ai du mal à retenir, Pierre de Quelque chose, et avec le titre de « chargé des relations extérieures » de l'équipe de Jo. Rien moins que ça ! Je reste interdite tandis que l'homme me presse :

— Excusez-moi de vous déranger, mais Jo m'a parlé d'une interview qu'il vous a accordée.

Le fait qu'il s'adresse à moi d'une manière si formelle m'intimide. Je réussis juste à prononcer un « oui ».

— Eh bien voilà, à propos de cette interview, Jo ne vous a pas dit que dans son contrat, il est explicitement mentionné que tout type de communication externe doit passer par moi, par mon bureau ?

— Non.

— C'est une négligence de sa part, mais peut-être n'a-t-il pas prêté d'importance à la chose. Il m'a évoqué une revue scolaire, il me semble ?

— Exactement.

Je commence à me remettre de la surprise et j'essaie de gagner un peu de temps :

— Excusez-moi, mais que signifie relations extérieures ?

Je ne suis pas assez effrontée pour lui demander de me répéter son nom qui est long comme un train.

— Nous sommes responsables des relations avec le monde de la communication en général.

Comme explication, ça ne m'apporte pas grand-chose, mais je sais que, les gens ont souvent tendance à compliquer les choses simples pour se donner de l'importance, alors je demande :

— Une espèce de service de presse ?

— Ça aussi, bien sûr, il finit par concéder.

— Comme je te le disais... je peux te tutoyer, j'imagine... ?

— Bien sûr, je réponds, même si je préférerais répondre « Non, non, continuez à me vouvoyer, je vous prie ».

Pendant ce temps, il continue, imperturbable :

— Nous sommes intéressés par l'interview de Jo, mais si la revue a une diffusion limitée et est destinée aux très jeunes, l'interview ne peut être diffusée sans l'accord de notre bureau.

Ça doit être le ton discrètement menaçant des phrases qui me fait répondre avec assurance :

— Pardon, mais nous n'avons pas la liberté de la presse dans ce pays ?

— Bien sûr, il ne manquerait plus que ça ! il répond avant de démarrer comme une petite machine à endoctriner :

— Mais il y a aussi des règles qui établissent des rapports professionnels, pour la bonne marche de l'organisation...

Il continue comme ça pendant quelques minutes. Comme on peut facilement l'imaginer, je comprends peu, ou rien, si ce n'est le fait que Jo n'est pas libre de parler à quiconque ni de son équipe, ni de l'importance de l'organisation à laquelle il appartient, comme si c'était la CIA.

— Mais écoutez, il n'a révélé aucun secret ! j'essaie de nous défendre, Jo et moi. Il m'a raconté sa passion pour le foot, bref, aucun secret industriel.

J'essaie d'être ironique mais le type, lui, me répond très sérieusement :

— Tu vois, en plaisantant tu as cerné le problème ! Ce qui te semble insignifiant, normal, pourrait par contre être lu par d'autres dans un esprit plus critique. Tout d'abord, le fait qu'un joueur soit facile à atteindre et puisse parler librement avec une fille, risque d'exposer toute l'équipe à la curiosité et à des tentatives de la part de gens plus rusés, disons plutôt des gens sans scrupules.

Mais qu'est-ce que c'est, tout ça ? On ne semble pas parler de footballeurs, mais de lutte antimafia.

— Je comprends, je dis, même si je ne comprends vraiment pas de quoi nous parlons.

À vrai dire, c'est un peu ridicule que mon article soit traité comme une espèce de bombe nucléaire. D'autant plus que le type ne l'a même pas lu !

— J'étais sûr que l'on se comprendrait ; c'est pour le bien de Jo, naturellement.

Le ton semble soulagé, on devine le sourire complaisant qui l'accompagne. J'éclaircis tout de suite quelques points.

— S'il s'agit de lire l'interview en avant-première, j'étais déjà d'accord avec Jo pour la lui soumettre vous pouvez jeter un œil avec lui.

Silence pendant un instant. Puis, Pierre m'annonce :

— Oui, je sais. J'ai consulté les responsables de la société, et nous avons décidé que la meilleure solution serait de ne pas la publier dans la revue.

— Comment ça ? je me renfrogne.

Ce type m'a vraiment agacée avec son discours autoritaire.

— Je suis sûr que l'interview a été bien faite et qu'elle montre Jo sous son meilleur jour, mais l'organisation a accordé une exclusivité à *L'Équipe* et à la revue *Nous les champions*. Même une toute petite publication dans une revue marginale pourrait nous mettre dans l'embarras.

Cette fois-ci, je garde le silence quelques minutes. J'ai besoin de compter jusqu'à cinq pour ne pas répondre de manière trop brusque.

— Vous pouvez me répéter votre nom, s'il vous plaît ? je demande à la fin.

— Pierre Cadono Maglini de Valmorana.

Voilà pourquoi je ne m'en souviens pas, ce n'est pas un nom mais une étiquette.

— Écoutez, monsieur de Valmorana...

Heureusement, il m'interrompt, parce que rien que de prononcer un truc pareil, ça me donne envie de rire, on dirait qu'il s'agit d'une blague.

— Appelez-moi plutôt docteur Cadono, comme tout le monde, lâche-t-il, magnanime, comme si j'étais une de ses recrues.

— Docteur Cadono, je suis désolée, mais je ne vais pas vous passer l'interview. Comme je vous l'ai dit, la liberté de la presse, d'opinion et d'expression existe, peut-être pas dans votre organisme privé, mais dans ce pays, oui.

Pendant que je parle, je me sens incroyablement fière de moi. à tel point que, dans un accès de patriotisme, je me mettrais presque à chanter l'hymne national, ce que font justement les footballeurs et même les soldats.

Je m'attends à ce que le docteur de Valmorana me menace de ses foudres, mais en fait, il me donne raison :

— Sans aucun doute. Mais je me suis peut-être mal exprimé.

— Je pense que oui.

— Comme j'ai essayé de te le dire, notre organisation a donné une exclusivité à *L'Équipe* et à *Nous les champions*...

— Oui, ça j'ai compris.

— Eh bien, nous aimerions acheter ton article pour le publier dans un de ces deux médias. Ce serait très sympa d'y faire apparaître une voix féminine et fraîche. Le point de vue d'une fille sur un très jeune champion...

Je n'en croyais pas mes oreilles. Ça, pour moi, ce n'était pas la clarification d'un précédent malentendu, mais plutôt un sensationnel retournement de situation, voire une véritable volteface ! Je reste sans voix. Aussi le docteur de Valmorana insiste :

— Qu'est-ce que tu en penses, Mia ? Je peux t'appeler Mia ?

— Bien sûr, c'est un pseudonyme, je révèle, perfide.

Je ne pense pas que cette andouille de Jo lui ait rapporté que mon vrai nom est Marie-Véronique.

S
COMME « SPORT »

Où l'on parle d'ennuis amoureux

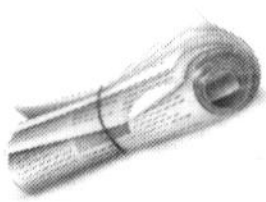

Et me voilà à me torturer pour savoir si je dois accepter une proposition aussi incroyablement flatteuse : la publication dans un journal national à la diffusion carrément stratosphérique ! Promise par un manager au nom princier, vous imaginez, je suis au septième ciel ! J'esquisse même quelques pas de danse dans ma chambre, comme Cendrillon rêvant du bal. Mais moi, je ne suis pas une pauvrette sans talent ni destin, je suis une VRAIE JOURNALISTE ! De celles justement qui parlent avec des personnages importants, les managers, les chefs… comme Oriana Fallaci !

Je dois tout de suite parler à Sean, mais avant que je ne puisse l'appeler, Jenny en personne arrive à la maison. On dirait qu'il s'agit d'un code rouge, c'est-à-dire l'alerte maximale.

— Salut, Mia, excuse-moi si je ne t'ai pas appelée, mais mon portable ne marche plus.

J'évite de lui dire qu'elle aurait pu ne pas me trouver à la maison, mais au contraire, je la rassure :

— Tu as très bien fait.

Évidemment, je me tiens sur mes gardes. Cela fait des jours que nous ne nous échangeons même pas un demi-bonjour.

— Je sais que ça peut paraître étrange. Me voilà, comme si de rien n'était.

— Oui, c'est un peu étrange, mais... je suis très contente ! j'explose et je la prends dans mes bras, sentant les larmes me monter aux yeux.

Comme elle m'a manqué, ma Jenny, ces derniers jours !

Nous restons collées l'une à l'autre, jusqu'à ce que cela devienne embarrassant pour nous deux. En nous détachant l'une de l'autre, je vois qu'elle aussi a les yeux humides et bat des cils, tout émue. Elle déclare, la voix enrouée d'émotion :

— Je savais que tu étais une vraie amie ! Excuse-moi de m'être comportée comme une pouilleuse.

— T'inquiète, c'est aussi ma faute.

Elle se laisse tomber sur mon lit comme un sac, tout en soupirant.

— Tu te rends compte ? Avec Jo, j'ai vraiment perdu la tête. Te faire ce coup-là...

Je m'assois à côté d'elle, conciliante.

— Ça va, ça arrive. Ne t'inquiète pas, regarde, moi, j'ai déjà oublié.

Je serais presque prête à lui raconter le coup de téléphone que je viens juste de recevoir, mais elle est dans l'urgence, ça se lit sur son visage.

— Tu es vraiment gentille. Écoute, j'ai bien fait de venir te voir tout de suite. Toi seule peux comprendre... vu que tu connais Jo.

— Et alors ? Quoi Jo ?

— Eh bien, cela a à voir avec lui... en deux jours, les choses ont changé. En fait, depuis que nous nous sommes fâchées, et que vous vous êtes vus... nous nous sommes revus, c'est lui qui m'a appelée... bref, je sors avec lui.

Voilà un parfait exemple de résumé synthétique. J'écarquille les yeux et reste bouche bée, comme un pantin foudroyé. Je n'arrive qu'à émettre :

— Non ? !

Maintenant que Jenny s'est confessée, elle s'affale sur mon lit, épuisée. Elle reste là, étendue et appuyée sur ses coudes pour pouvoir me regarder pendant que je me lance dans une série d'exclamations de joie :

— Hallucinant ! Quelle bonne nouvelle !

Elle me regarde comme quand Robbie ne comprend pas pourquoi je suis euphorique. Par exemple, quand je sautille sur el chemin de la maison parce que j'ai eu une bonne note. Passé le premier moment d'enthousiasme, je me calme :

— Jenny ? Qu'est-ce qu'il y a ? C'est l'émotion ? Tu restes là immobile comme une couleuvre ?

Elle soupire, se tourne sur le côté, et pose son visage sur sa main.

— Je ne sais pas si je dois être contente comme toi, voilà tout.

— Il vaut mieux que tu t'expliques, parce que je risque de me casser la tête à chercher l'explication. Jo ne te plaît plus ?

Elle quitte son appui et s'enfonce la moitié du visage dans l'édredon.

— Mais nooonnnn ! C'est bouleversant, très beau, très doux.

— Et alors ?

Oui, c'est sûr, Jenny peut être très lourde, parfois. La voilà de nouveau, elle émerge enfin de l'édredon pour demander :

— Je te dis tout de suite. Par exemple, Sean : comment est-ce qu'il embrasse ?

— Quel est le rapport avec Sean ? je me raidis.

— Tu vas le voir le rapport avec lui !! Tu vas le voir. En attendant, essaie de me répondre.

— Oh Jenny ! Comment il embrasse... bien, je réponds, évasive

— Quelle réponse !

Elle secoue la tête et insiste :

— Bien COMMENT ?

Je ris pour essayer d'éluder la question, mais Jenny insiste, un peu têtue.

— Bref, c'est passionné ou léger ?

— Je dirais passionné, mais je ne sais pas si nous entendons la même chose par passionné.

Jenny se lève, se penche en avant et bat des mains sur ses cuisses. Elle rit comme une folle.

— Ventouse serait plus juste. Pour vous détacher, il vous faut un couteau comme pour les moules !

— Mais non, ce n'est pas ça ! Je te l'ai dit, il embrasse comme j'aime.

Bref. Je coupe court, mais elle revient à la charge.

— Et combien de temps dure le baiser, environ ?

— Mais tu es devenue folle ? Tu crois que je chronomètre ?

— Je veux dire, c'est un petit baiser genre une piqûre d'abeille, ou une affaire interminable ? elle explique, de manière très technique.

— Mais non, je ne sais pas. À vrai dire, parfois le temps s'arrête, quand je rouvre les yeux, on dirait qu'il s'est passé un siècle en un instant.

O. K., là, j'ai un peu exagéré dans le romantisme, mais Jenny paraît vraiment émue. Elle change même d'expression, la voilà partie dans les nuages.

— Ah, que c'est beau ! Ça se voit, que tu es écrivain, elle soupire.

— Mais qu'est-ce que ça a à voir avec le fait d'être écrivain ? Ça ne t'arrive pas ?

Silence. Alors je lui ordonne :

— Allez, dis-moi, comment ça va avec Jo ?

Vu qu'elle hésite, je décide que c'est le moment d'intervenir avec des méthodes plus convaincantes :

— Ma chère, je suis agent de police ! Tu l'as bien cherché !

Je place mes doigts sur ses hanches, et je commence à lui faire des chatouilles :

— Parle ou je continue la torture !

Elle saute sur le lit en se débattant.

— Non, laisse-moi, laisse-moi !

Puis elle saisit mon coussin et commence à me frapper, alors je m'échappe en riant, je prends une des peluches de ma chambre et je reviens à la charge. Pendant un moment, nous luttons, coussin contre tortue en peluche, soulevant un petit nuage de poussière. ça fait peut-être un peu trop longtemps que je n'ai pas dépoussiéré les peluches.

— Je me rends, je me rends ! finit par crier Jenny en toussant.

Je me jette de nouveau sur le lit, haletante.

— Alors ?

Elle s'allonge de nouveau, le souffle court. Elle ferme même les yeux, en révélant :

— Écoute, Jo est beau à mourir mais quand il embrasse, c'est un vrai désastre.

En toute franchise, je m'y attendais, mais je me garde bien de le lui dire. Par contre, je m'informe en ricanant :

— Piqûre d'abeille ou ventouse ?

— La définition correcte serait plutôt une pompe à eau.

J'arrête de ricaner et j'écarquille les yeux.

— Pardon ?

— C'est même embarrassant. Je m'approche du garçon le plus beau et le plus doux du monde, et je me trouve engloutie par une fosse grande ouverte, qui ensuite n'arrête plus. C'est comme porter à la bouche une délicieuse pêche et se retrouver avec la pêche écrabouillée sur les lèvres et sur les joues, et peut-être collée sur ton tee-shirt tout propre.

— Quelle horreur ! Mais c'est une comparaison très bien trouvée. Ici, c'est toi l'écrivain.

— Mais qu'est-ce que tu racontes ? Tu parles d'un écrivain ! Tu vois dans quel galère je me suis fourrée ? Il me plaisait beaucoup jusqu'à ce qu'il m'embrasse, quelle tragédie !

Je hoche la tête avec compassion.

— Je comprends, ça doit être affreux.

— Je parie qu'avec Sean c'est le contraire, elle insinue.

— Bref... je ricane.

Je ne me sens pas de confesser qu'en effet, c'est exactement tout le contraire. Sean me plaît à mourir, et l'embrasser, encore plus, je n'arrêterais jamais. Et je ne voudrais pas le moins du monde éprouver la sensation si horrible qu'elle décrit. Tout à coup, je suis traversée par un doute atroce : et si cette répulsion, Sean l'éprouvait, lui aussi ? Non, mais je suis folle ? Sean n'est pas un hypocrite, il me le dirait, tu parles, ça deviendrait tout de suite un sujet de discussion. Même si... comment dire ce genre de choses à quelqu'un qui vous plaît ?

— Bref, oui, c'est le contraire. Tu le bécoterais tout le temps, réplique Jenny, énervée. Et tu as raison. Mais moi, tu te rends compte, qu'est-ce que je fais ?

— Une seule chose : tu dis à Jo qu'entre vous, ça ne fonctionne pas. Que tu es désolée, mais que ça arrive, que ce n'est la faute de personne.

D'un coup, Jenny se relève avec un air combattif.

— Pour moi, c'est plutôt sa faute. On ne peut pas embrasser comme ça, je pense que je devrais lui dire, comme ça, il se perfectionnera, je ne sais pas... il pourrait apprendre.

— Apprends-lui, toi. Je ne crois pas qu'il y ait des cours de baisers.

— Hé oui ! Ça, c'est une super idée. Un cours de baiser.

— Ce n'est pas possible, tu t'imagines ? Et qui serait l'enseignant ? Un embrasseur professionnel ?

— Disons que si c'est une sorte de Johnny Depp, moi, je m'inscris tout de suite.

Ça y est, elle repart à toute vitesse dans ses sempiternels fantasmes.

Je lève les yeux au ciel et je souffle :

— Encore Johnny Depp ? Mais il est vieux ! Ça serait comme embrasser mon grand-père.

— Si ton grand-père est comme Johnny Depp, tu me le présentes ?

— Jenny ! j'essaie de la retenir. Qu'est-ce que tu en sais ? Si ça se trouve Johnny Depp est très beau et embrasse très mal.

— Ah non ! Ça se voit que tu n'as jamais vu un de ses films. Il embrasse vraiment comme un garçon devrait le faire : tendre, sensuel, passionné, les filles en restent abasourdies.

— Mais ce sont des films, et celles qu'il embrasse, ce sont des actrices. Elles JOUENT !

— Oui, d'accord, mais elles l'embrassent. Et lui, il les embrasse.

À ce moment, il devient urgent de revenir à la réalité, et surtout, au problème de Jenny, alors je décrète d'un air sérieux :

— En attendant d'embrasser Johnny Depp, il faut que tu parles clairement avec Jo, tu ne peux pas être terrorisée à l'idée qu'il t'embrasse.

Jenny recommence à se plaindre :

— Comment je me débrouille ? C'est le garçon le plus mignon du monde et moi, je le repousse.

— Alors laisse-le faire la pompe à eau.

— Non, tu as raison. Mes cheveux se hérissent sur la tête rien que d'y penser. Tu as raison, je dois le quitter. Je lui envoie un SMS.

— Attends ! je la retiens, alors qu'elle est déjà en train de se pencher vers son sac pour attraper son portable. Qui t'a dit de le quitter ? Moi, je te dis d'être claire.

— Ce n'est pas la même chose ?

Elle ouvre tout grand devant moi deux petits yeux de chien affamé. Pauvre Jenny ! Quel drame ça doit être pour elle !

— Non, il ne me semble pas... Écoute, il m'est venu une idée. C'est un footballeur, essaie de lui dire qu'il doit te marquer d'une manière différente.

Elle éclate de rire.

— Bonne idée ! Je vais lui dire exactement comme ça. Mieux, je vais lui écrire, qu'est-ce que tu en penses ?

— Mais non, je t'en prie ! je m'indigne. On ne peut pas écrire un SMS comme ça ! Vous devez vous expliquer en face à face.

Elle s'énerve.

— Mais je n'y arrive pas, tu as vu à quoi j'en suis réduite devant lui ? Je deviens complètement débile. Je te jure que mon cerveau est réduit en purée.

— Et je sais comment ça fonctionne, je dis, intéressée. Et puis, il t'embrasse et les choses changent, non ?

— Allez, il vaut mieux que je lui écrive ! elle insiste, le portable déjà dans la main.

— Si tu veux vraiment lui écrire, écris-lui que tu veux lui parler, peut-être que vous pourriez vous voir plus tard.

— Tu parles ! elle commente, l'œil déjà rivé à l'écran de son portable. Ne crois pas qu'il soit libre quand je le veux, il a mille obligations. Tu vois, même ça, ce n'est pas sympa. Moi toujours disponible, et lui qui me donne des horaires comme un médecin : de sept à huit heures, de trois à quatre heures...

Pendant ce temps, elle effleure les touches comme une araignée qui tisse sa toile, à toute vitesse.

— C'est fait ! Lis.

Elle me passe le portable et je lis à haute voix :

— « Salut, petit rat... » PETIT RAT ? je m'exclame, incrédule.

— Pourquoi ? Tu n'appelles pas Sean par un surnom ? elle réplique, vexée.

— Pas ce genre de surnom. « Petit rat ! » je proteste, prise d'un irrésistible fou rire.

Je me demande si ces deux-là n'ont pas commis en réalité une bévue réciproque : elle avec « la fille sensible et simple » et lui avec le « doux petit rat ».

Dans tous les cas, le message ne laisse planer aucun doute.

« Tu me plais beaucoup, mais quand nous nous voyons tu m'étouffes. Tu es très doux, mais je ne suis pas la fille qu'il te faut. On reste amis ? Bisous bisous. Jenny. »

Bisous bisous, elle aurait pu éviter ça, la perfide Jenny.

S
COMME « SPORT »

Où je risque de perdre mon article !

Il y a des journées vides, où le soir arrive et tu as l'impression de n'avoir rien fait. Et il y a des journées où il se passe tant de choses que l'on pourrait se dire : mais pourquoi les événements ne sont-ils pas échelonnés, l'un après l'autre ? Pourquoi ils s'accumulent comme une nuée de mouettes sur un morceau de pain ? Eh bien, aujourd'hui, c'est exactement l'une de ces journées bien remplies où j'arrive à peine à souffler.

Après le fameux coup de téléphone, la visite de Jenny et un rapide coup d'œil à ma version de latin, j'ai rendez-vous avec Sean à la bibliothèque de l'école en fin d'après-midi. Je suis un peu anxieuse, car j'ai à peine ouvert mes livres, et je me promets d'étudier après le dîner, risquant de m'exposer au sarcasme de maman qui, quand elle me voit baissée sur mes livres à cette heure-là, m'affuble tout de suite du surnom de « poule noire », comme celles qui pondent leurs œufs le soir.

Contrairement à ses principes, qui n'autorisent pas les effusions en public, Sean m'embrasse dès que j'entre dans la bibliothèque.

— Vous n'allez pas commencer, les jeunes ! nous réprimande la bibliothécaire, émergeant de derrière une étagère, comme le lapin du chapeau du prestidigitateur.

Même si le ton n'est pas du tout sévère et l'expression satisfaite, je ne peux pas m'empêcher de piquer un fard.

Sean remonte ses lunettes sur son nez, embarrassé :

— Pardon, Gheti, tu as raison.

Elle acquiesce d'un signe de tête et nous scrute par-dessus ses lunettes de lecture avec un sourire railleur qui envahit son visage. Et elle déclare :

— Vous êtes venus pour un emprunt ?

— À vrai dire, nous avons une réunion…

— Oui, ça je le vois, elle réplique, de plus en plus amusée.

Je me cache derrière ma main pour dissimuler un début de rire nerveux. Sean, lui, n'attache pas d'importance aux paroles de la bibliothécaire et s'informe :

— Est-ce qu'Andy est déjà arrivée ?

— Je ne pense pas l'avoir vue. Pourquoi ? demande Gheti, curieuse.

— Nous avons rendez-vous dans la petite salle, pour la réunion. Est-ce que l'on peut y aller ?

— Bien sûr, elle est libre, elle appuie sur le dernier mot, toujours avec l'œil rempli d'allusions. Je vous en prie, soyez sages, elle insiste avec le même ton chargé d'insinuations, tandis que nous nous dirigeons main dans la main vers la petite salle meublée d'une grande table et une dizaine de chaises tout autour.

À peine franchi le seuil, et ce n'est pas pour donner corps aux pensées malicieuses de la bibliothécaire, Sean me serre de nouveau contre lui et m'embrasse fougueusement. Voilà quelque chose que je n'ai pas dit à Jenny : Sean est l'incarnation vivante de la « fougue ». Pas seulement dans le sens métaphorique de fougue amoureuse, mais vraiment dans le sens littéral : il te soulève de terre, te transporte vers une autre dimension où le temps se dissout et l'espace se réduit à nous...

J'ai l'impression d'entendre un battement très lointain, peut-être est-ce mon cœur que je sens à présent en dehors de moi ? Tu parles. Les coups sont accompagnés d'un commentaire irrité :

— Je dérange ? Vous auriez pu m'avertir que c'était un rendez-vous privé, et zut alors !

J'atterris sur le sol de la petite salle, et je me trouve devant le visage irrité d'Andy. Sean bredouille :

— Excuse-nous.

Stupidement, j'ai envie de rire. Ce rire nerveux m'agace mais je ne sais pas comment réagir autrement ! Comme j'aimerais posséder ce calme angélique qui me permettrait à cet instant précis de saluer Andy avec sérénité et de dire :

— Oh ma chère, tu n'as jamais été bouleversée par un baiser, toi ?

Mais ça, c'est le genre de choses que disent les vamps dans les séries télé. Dans la réalité, tu n'arrives jamais à te conduire comme ça, ni dans le ton ni dans l'attitude. Bref, je retiens mon rire de hyène.

Sean est en train de se recoiffer, car il a l'air d'avoir été renversé par un cyclone. J'ai comme l'impression d'être moi aussi toute débraillée et je me réfugie dans la salle de bains :

— Excuse-moi, je reviens tout de suite.

Je m'attends à voir un visage de Méduse dans le miroir, avec les cheveux hérissés et les yeux exorbités. En fait, tout va bien. Mieux, j'ai deux fantastiques pommettes rouges qu'avec le blush je n'arrive jamais à avoir ! Je me coiffe un peu, je me lave les mains et je retourne dans la salle où Andy et Sean sont en train de bavarder à voix basse. Ce qui, sur le moment, suscite chez moi une pointe de colère. Mais désormais, Andy est une amie, et j'essaie de chasser le moustique de la jalousie.

Pendant que j'étais dans la salle de bains, Sean lui a expliqué la proposition bien étrange que m'a faite au téléphone le dirigeant du club de foot de Jo. Il lui dit que c'est à moi de me renseigner plus en détail. Je suis prête maintenant à écouter ses conseils. Ils restent silencieux quelques minutes en échangeant des coups d'œil. Ce qui provoque en moi un nouveau tiraillement, bien que léger, au creux du ventre.

— Excuse-moi de te dire ça, Mia, mais pour moi, cette affaire sent le pourri, observe Andy.

Le tiraillement disparaît tout de suite. Andy est vraiment trop brusque pour plaire sérieusement à Sean ! Bien sûr, elle est très intelligente et même très jolie, mais elle parle comme un charretier.

— Oui, c'est vraiment étrange, parce que tu as compris que d'abord, le type a cherché à te convaincre d'abandonner l'article et ensuite, il t'a proposé de le publier. Il t'a parlé d'argent ? a ajouté Sean.

— Non, mais il a parlé d'acheter l'article.

— Eh voilà ! Une fois acheté, l'article est à eux, commente Andy, puis elle soupire :

— C'est le moment pour moi d'appeler Sa Sainteté pleine d'orgueil.

— Et c'est qui ? je demande.

Sean me décoche un coup d'œil pénétrant, comme pour dire « laisse tomber » mais Andy me répond, glaciale :

— Papa. Je le fais juste pour toi.

C'est vrai, mais à sa façon de le dire, on croirait qu'elle me taquine. En deux pas, elle s'éloigne avec son portable à l'oreille. Sean en profite pour entrelacer ses doigts avec les miens et me fixer avec des yeux pleins de tendresse. Même derrière ses lunettes, je vois ses pupilles s'attendrir, ruisseler d'amour vers moi. De nouveau, je suis transportée dans une autre dimension où disparaît l'appel d'Andy, probablement plus long que les quelques secondes qui s'écoulent, et pendant lesquelles je suis perdue dans les yeux de Sean. Il s'éloigne dès qu'il entend son amie revenir et reprend une expression décontractée.

— Mon Dieu quelle fatigue ! elle attaque, se laissant tomber sur une chaise en soupirant, comme si elle venait à peine de faire une séance d'haltérophilie.

— Je suis désolée, je me sens obligée de lui dire.

— Laisse tomber, ce n'est pas de ta faute. En fait, ton article m'a donné une excuse pour passer un coup de fil acceptable. D'habitude, c'est lui qui appelle et, bon sang, nous ne savons jamais quoi nous dire. Par contre, quand on va sur son terrain, alors là il part au quart de tour, ce fou, et qui peut l'arrêter ? Quelle barbe !

Bien qu'elle se plaigne, j'ai comme l'impression qu'Andy est satisfaite de sa conversation avec son père. C'est peut-être les yeux qui brillent, le ton un peu plus aigu de sa voix, mais j'ai le sentiment que bavarder avec son papa lui a fait du bien.

— Il a confirmé ce dont je me doutais, elle nous informe en baissant la voix avec des airs de conspiratrice. Le type a appelé pour bloquer la publication. Le président de l'équipe de Jo, c'est-à-dire pas seulement les jeunes, mais tout l'ensemble des gens...

— Le « club », je l'aide, désormais avertie.

— En effet, le club. Bref, le président est un constructeur milliardaire, quelqu'un qui a tout le monde dans sa poche et des amis partout...

— Un type louche, intervient Sean.

— C'est ce que j'ai dit moi aussi, mais papa est resté neutre, tu sais ce que c'est. Avant d'accuser quelqu'un, il faut être prudent, il est vraiment connu dans le milieu, elle explique, avec il me semble, une pointe de fierté filiale. Non mais tu te rends compte, un constructeur ? Et pas n'importe lequel ! C'est lui qui a bâti Citta Nova...

— Pas possible ! Toute la banlieue sud.

— Avec les terrains de golf où il y a les hérons cendrés ?

J'ajoute cette question, mais tous les deux me fixent.

— Mia, c'est hallucinant ! Comment tu sais ça ? demande Sean.

— Tout le monde le sait, je raille.

Mais c'est vrai que ce n'est pas tout à fait une information que tout le monde possède. C'est Berni qui m'a mise au courant. Il y a des années, il cassait les pieds de tout le monde avec l'écosystème de la banlieue qui était dévasté par les pelleteuses de Bandello, le fameux constructeur en question.

— Mais je ne comprends pas ce que mon interview a à voir avec le président et ses affaires, je remarque, perplexe, et Andy acquiesce d'un vigoureux signe de tête.

— Bon. Sur le club, rien ne doit sortir, rien qui ne soit validé auparavant. Même si c'est une broutille... J'ai lu l'interview. D'ailleurs, je ne te l'ai pas encore dit, mais je la trouve bonne, elle me lance ça, comme si ça semblait évident.

Mais pour moi, ce n'est pas du tout évident. Je sursaute sur ma chaise, très surprise :

— Vraiment ?

— Comment ça ? Sean ne te l'a pas dit ? elle réplique, en se tournant vers lui en fronçant les sourcils.

— Excuse-moi, Andy, c'était à toi de le lui dire directement. Moi, je ne fais pas le porte-parole, réplique Sean, un peu tranchant.

— Oh la la, comme tu es susceptible, elle s'enflamme.

Tu vas voir que maintenant, c'est à cause de moi qu'ils vont se disputer, ces deux-là. Il ne manquerait plus que je devienne une cause de friction !

Et me voilà donc à intervenir.

— Excusez-moi, mais ça n'a aucune importance. En fait, tu n'as pas fini de nous raconter ce que t'a dit ton père.

Mais elle est trop irritée pour abandonner et elle insiste, provocatrice :

— Justement, il n'y a pas besoin de jouer les snobs, déjà que j'en ai ras le bol de celui qui répand toute cette m...

— Peut-être qu'il t'a donné un tuyau important qui nous serait très utile, je l'interromps rapidement.

— Allez, Andy, je n'avais pas l'intention d'être blessant.

Sean a enfin ouvert la bouche. Heureusement qu'il n'est pas susceptible.

Elle se calme, et même sourit.

— Eh bien Signorino m'a avertie qu'acheter un article ou, mieux, un livre, et ensuite ne pas le publier est un système très répandue et pour contrôler l'information en douceur.

Je ne peux pas m'empêcher de noter que « papa » est devenu « Signorino », pour donner plus d'importance à l'interlocuteur.

— Et alors ? éclate Sean, bondissant sur ses pieds. Il n'y a pas de droits d'auteur ?

— Il m'a dit ça rapidement, il m'expliquera mieux plus tard, elle répète, irritée. Signorino doit avoir un peu plus d'expérience que toi, non ?

Oh la la, comme elle est susceptible cette Amanda ! On doit vraiment la prendre avec des pincettes. Elle ne s'en rend sûrement pas compte, mais son caractère ressemble beaucoup à celui de son père, qu'elle a appelé avec sarcasme « Sa Sainteté pleine d'orgueil ». Bref, les deux « Signorini », mieux vaut ne pas s'y frotter.

— Mais alors, l'idée serait d'acheter l'article et de le garder dans un coffre ? je demande, inquiète.

— Plus ou moins, répond Andy de manière elliptique.

— Il suffit juste que tu ne lui vendes pas, réplique Sean, le front plissé.

— Et voilà ! Zorro est arrivé ! commente l'autre, de plus en plus antipathique. De toute façon, pour publier, Mia a besoin de l'accord de Jo. À ton avis, qu'est-ce qu'il va faire ?

Comme seule réponse, Sean s'adresse à moi :

— *O. K.*, on y va.

Je me lève de la chaise, je voudrais protester :

— Pourquoi s'en aller tout d'un coup de cette manière ?

Très énervé, Sean s'adresse à son amie avant que je ne le fasse :

— Merci beaucoup, Andy.

Mais il le dit avec dureté. Je voudrais la saluer en l'embrassant sur la joue, mais ça ne me semble pas être le bon moment.

Son visage est très sombre et elle saute sur ses pieds, rejoignant la porte avant nous. Elle disparaît en un instant, comme si un coup de vent l'avait emportée.

J'ai le cœur gros à cause du tour qu'a pris notre conversation. Le coup de fil maléfique a eu pour résultat de nous diviser.

S

COMME « SPORT »

Où tout est bien qui finit mieux que les préambules

Il y a des personnes lucides et perspicaces, comme Amanda, qui savent plein de choses, et d'autres, nombreuses, qui arrivent à les prévoir, grâce à une série de déductions. Mais ensuite elles tombent sur le facteur « S ». Qui n'est ni du Sport, ni du Succès, ni quoi que ce soit d'autre commençant par un « S », et que je n'ai pas encore évoqué jusqu'à présent. C'est le « S » du sentiment. Qui rend non seulement les événements imprévisibles, mais révèle aussi le côté plus généreux et sympathique des gens.

Par exemple, Andy, avec toutes ses attitudes de fille cynique, de reporter de choc, me semble beaucoup plus proche depuis qu'elle a passé ce coup de fil à son père. C'est pour ça que j'ai insisté auprès de Sean pour qu'il l'appelle et qu'il ne laisse pas leur petite dispute devenir un gouffre d'incompréhension. Moi, je sais ce qui se passe quand je me dispute avec mes amis : on garde toujours un goût amer en bouche, et ce n'est pas une expression.

Mais Sean s'est montré inflexible :

— Écoute, elle a tout fait pour me mettre en colère. Je ne sais pas ce qui lui a pris.

— Le coup de fil avec son père, à mon avis. Je pense que c'est ça qui l'a remontée.

— Allez, Mia, ce n'est pas mon genre de faire le psy. Ça l'a rendue folle, je l'ai vu moi aussi, mais pourquoi se déchaîner contre moi ? Qu'est-ce que j'avais à voir avec ça, moi ?

— Peut-être que la parole de Signorino ne se discute pas, je réfléchis.

Mais Sean écarte mon observation du revers de la main, comme agacé.

— Tu parles ! La première à avoir commencé, c'est elle. Tu n'as pas entendu comment elle l'appelle ? « Sa Sainteté pleine d'orgueil » ! Tu parles d'un terme affectueux.

— Justement. Tant que c'est elle qui le critique, tout va bien, mais si c'est quelqu'un d'autre qui ose le contredire, attention. LE CÉLÈBRE JOURNALISTE.

— Oui, peut-être que tu as raison, il finit par commenter, tout soucieux. Puis il me regarde, enthousiaste :

— Tu sais ce que tu devrais te mettre à écrire ? Des romans psychologiques.

Cette fois-ci, je dis, vexée :

— Mais qu'est-ce que vous avez tous, à me dire ce que je dois écrire ?

— Tous ? De qui tu parles ? demande Sean, irrité.

Qui aurait cru que l'ambiance électrique nous contaminerait ? Nous voilà à nous chamailler pour une vraie bêtise, et le résultat est que nous continuons à marcher en boudant pendant un bon moment. Pendant ce temps, je broie des idées noires comme des corbeaux croassant : « Il va te quitter, te quitter, tu es casse-pieds, tu es antipathique ! »

Mais quand nous arrivons à ma bicyclette attachée dans le local à vélo, Sean me dit :

— Je fais tout de travers.

Je ne m'attendais pas à ça ! Je lui saute au cou :

— Non, *darling*, tu as tout fait très bien ! C'est juste qu'il y avait un peu trop d'électricité dans l'air, et c'est la faute de ce type à trois noms, qu'il aille au diable !

Heureusement nous nous embrassons tout de suite en emportant la bicyclette avec nous. On forme ainsi une espèce de centaure avec deux corps et deux roues.

Comme les baisers sont étranges ! Ils peuvent dissiper la mauvaise humeur et souder les gens. Ou creuser un fossé d'incompréhension, comme ça s'est passé entre Jenny et Jo.

Justement, contre toute attente ce dernier m'appelle le lendemain de mon après-midi d'enfer pour qu'on se voie. Je dors, parce que je me suis couchée très tard à cause de mes devoirs. Angoissée par mon article. Préoccupée par la masse de devoirs qui m'attend, car je suis assez en retard. Contrariée à l'idée que Jo refuse la publication de mon interview.

— Ça t'embête si nous nous voyons dix minutes ? il me propose, expéditif.

— Je ne sais pas si j'ai le temps, j'attaque, déjà en train de chercher l'excuse des devoirs.

Mais il coupe court :

— Dix minutes ! On se voit dans une demi-heure, je t'en prie, tu me les dois, et il raccroche.

Je n'ai même pas le temps de répliquer que je ne lui dois absolument rien. Il ne manquerait plus que ça ! Je suis tentée de lui poser un lapin, mais ensuite je repense à mon article, et au fait que, comme dit toujours mon père, un travail doit être défendu, surtout s'il est bien fait. Donc je m'arme de courage et je me dirige à vélo vers le lieu de rendez-vous, qui cette fois est un banal glacier pas très loin de la maison.

À cette heure-ci et avec le temps qui n'est pas encore suffisamment chaud, le lieu est vide. Jo est déjà assis à une table, il m'attend, un verre d'eau devant lui et une expression très triste sur le visage.

— Tu veux quelque chose ? il me demande, empressé.

Il est vraiment très mignon, c'est sûr. En plus, aujourd'hui, il est habillé plus simplement, avec un pull et un jean normaux, sans ses lunettes noires ostensibles, sans gel dans les cheveux, avec les mèches qui lui tombent sur le front. Très doux, comme dirait la cruelle Jenny.

— Qu'est-ce que tu as commandé ? je m'informe, parce que souvent la vodka ressemble à de l'eau.

— De l'eau. C'est tout.

— Alors pour moi aussi.

Il commande alors un autre verre d'eau, tandis que moi, je commente, ironique :

— Nous sommes vraiment des clients de luxe, hein ?

Jo ne rit pas, au contraire il entre tout de suite dans le vif du sujet :

— J'imagine que tu sais que Jenny m'a largué.

— Heu, je fais, prudente.

— Et de quelle manière ! Par SMS. Je ne m'attendais pas à ça de sa part, il bougonne, avec une colère retenue.

— C'est à elle que tu devrais le dire, pas à moi, je me défends avec froideur.

— Je le ferai. Quand elle me permettra de la rencontrer. Elle ne répond pas à mes appels, ni à mes messages, elle m'écrit des choses dingues : « Ce n'est pas le moment, petit r… » non, excuse-moi, laissons tomber.

Il secoue la tête. Mon Dieu, comme l'assurance de Jo s'est évanouie ! Où est passé le garçon si sûr de lui, et même un peu fanfaron ?

— Elle n'a pas envie de te voir parce que, même pour elle, ce n'est pas facile. Je peux te garantir que tu lui plaisais beaucoup.

— Et qu'est-ce qui n'a pas marché ? Je l'ai traitée comme une princesse, et je l'ai à peine embrassée !

« C'est *justement* ça », je voudrais lui avouer, mais je ne suis pas censée commettre des indiscrétions au détriment de mon amie.

— Ça arrive, je lui dis tout en philosophant. Les gens se rencontrent, se plaisent, et puis cette petite étincelle ne s'allume pas...

Jo m'écoute, sombre.

— Je pensais vraiment que c'était la fille de mes rêves.

— Oui, mais peut-être que tu n'es pas le garçon de ses rêves.

— Oui...

Il boit son eau.

— Pense pour te consoler que tu es le garçon de rêves de beaucoup d'autres filles.

Je continue à faire ma donneuse de leçons. Je ne sais pas comment sortir de cette situation avec le pauvre Jo tout abattu.

— Je sais où tu veux en venir, il me fixe.

Ses yeux brillent, pendant un moment j'ai peur.

Je me tais tandis que lui m'explique :

— À ton interview. Tu veux que je te permette de la publier, comme c'était convenu.

— Je n'y pensais même pas, je réplique sincèrement. Si tu penses que le chevalier de Valmorana m'a terrorisée, tu te trompes.

Il finit par éclater de rire.

— Tu es géniale, Mia ! Le docteur Cadono, mieux, le chevalier !

— Tu comprends, il est parti sabre au clair pour te défendre.

— Mais oui, il voit le mal partout, tu sais comment c'est. La presse malveillante, les potins, les enquêtes !

— Mais toi, tu l'as lue, mon interview, n'est-ce pas ? je demande, perplexe.

— Oui, bien sûr que oui. Je l'ai même lue à mes camarades. Ils m'ont demandé comment tu étais et si tu étais abordable.

Je fronce les sourcils :

— Beaux discours !

Tout à coup il change de registre :

— J'ai dit que tu étais très belle, mais que, malheureusement, tu étais prise. J'ai bien fait, non ?

— Non, tu t'es trompé. Je suis HEUREUSEMENT prise. Les compliments, c'est pour me dire que tu refuses la publication ? je demande sèchement.

— Non, au contraire, je voulais te dire que je suis d'accord. Fais comme tu veux. J'en ai marre d'être surveillé à la loupe. Et puis, qui sait, peut-être qu'en lisant ces mots, Jenny y repensera... et reviendra vers de moi.

Vous voyez, je m'attendais à ce qu'il m'annonce une mauvaise nouvelle, « je ne te permets pas de publier mon interview », mais en fait, j'ai obtenu de manière inattendue et involontaire, le résultat visé. Mon article sera publié !

Je l'ai dit : dans la vie, il y a toujours le facteur « S » des Sentiments pour nous donner un coup de main.

S
COMME « SCOLAIRE » ET « SUCCÈS »

Où je me mets en quête d'une histoire

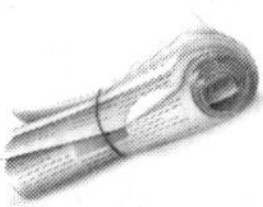

De temps en temps, certains se sentent obligés de me demander ce que je compte faire après le lycée.

Pour le moment, je ne suis qu'en dernière année de collège et il me semble que être devant une interminable côte à monter, tu penses si j'arrive à imaginer ce que je ferai dans quatre ans ! C'est comme demander à un montagnard qui s'apprête à gravir l'Everest quelle montagne il ira escalader après. Au mieux, il t'envoie balader.

Moi, par contre, je ne peux pas être aussi franche. Bien sûr, je pourrais prendre une expression pensive, et lancer : « Je pensais me consacrer à l'étude des bouleaux polaires » ou bien hausser les épaules et proférer d'une voix lugubre : « C'est un problème qui me déchire. »

En fait, à chaque fois, je réponds patiemment que je ne sais pas, que je n'ai pas encore décidé.

Je ne peux certainement pas crier aux quatre vents que mon rêve est de devenir journaliste et écrivain. D'abord, parce que ceux qui m'interrogent sont des adultes, ils me décochent un regard d'encouragement qui cache une certaine compassion : « Quelle belle idée ! » (comprendre : « mais quelle drôle d'idée, avec la quantité de jeunes chômeurs que nous avons ») suivi d'un doute : « Mais alors, tu es bonne en français ? »

Comme si le métier de journaliste était le prolongement naturel des beaux devoirs en classe, or c'est complètement faux ça je l'ai compris tout de suite. Ma prof, par exemple, corrigerait tout de suite cette phrase parce qu'elle est trop compliquée. Personne ne comprend qu'à l'école, on écrit d'une manière très différente du langage journalistique. Il faut toujours vérifier quel est le sujet de la phrase, utiliser des propositions subordonnées et coordonnées. Gare aux concordances des temps ! « La concordance, la concordance ! » répète comme un mantra la prof, madame Trombetti, agitant une main en l'air et battant presque la mesure comme un hymne lexical et syntaxique.

Par contre, dans le langage journalistique, du moins de ce que j'en sais, on va dans le vif, il n'y a pas les fameuses digressions si chères à ma prof, adoratrice de Virginia Woolf. Il ne peut pas y avoir d'observations personnelles, d'élucubrations, de sentimentalisme, bref, on doit raconter une histoire de manière incisive, en peu de lignes, une dizaine. Le langage est plus sommaire, bref, rapide : les subordonnées disparaissent, deviennent des phrases principales, on doit donner du rythme à la lecture. Et personnellement, je me sens obligée de donner au texte un certain style.

Maintenant je ne voudrais pas paraître prétentieuse, mais l'interview sur laquelle j'ai travaillé a été vraiment un gros coup. Mais aussi un gros morceau. Au début, j'avais écrit trois pages de charabia, puis j'ai effacé et coupé, ensuite j'ai décidé de résumer et d'y ajouter aussi ce que Jo m'avait dit en dehors des questions prévues. Bref, j'ai cherché à oublier l'écriture scolaire ou romanesque. J'ai cherché à extraire un langage plus concis. Au fond, une interview, c'est plus facile : il y a le langage parlé qui aide, qui donne un certain rythme, plus rapide, à l'écriture.

Mais je ne peux pas prétendre être une journaliste, même si mon article a été publié sur un magazine web et que mes camarades m'ont couverte de compliments. Un peu moins Jenny, qui sur Jo continue à avoir une attitude ambiguë : elle soutient qu'elle ne veut plus le voir, mais en même temps, elle le surveille, elle lui envoie des SMS (« Qu'est-ce que tu fais ? », « Comment ça va ? »), elle me demande si je l'ai revu depuis l'interview, s'il y a des nouveautés... bref, un double jeu exaspérant, qui j'espère va bientôt s'arrêter.

À propos, pour que l'interview avec Jo ne reste pas ma seule preuve du côté un peu obsessionnel de Jenny, je me suis mise à traquer la bonne histoire. Un vrai article, en somme, un truc percutant, peut-être avec une touche de psychologie aussi, comme Sean me l'a conseillé.

En y réfléchissant bien, toutes les conditions ne sont pas réunies pour que je m'occupe de faits divers : qui m'autoriserait à entrer dans un commissariat et à glaner des informations ? Et puis, ce n'est peut-être même pas dans mes cordes. Par contre, décrire certains événements sociétaux me plairait beaucoup, c'est certain ! Un grand mariage, une fête en grande pompe, avec des stars de cinéma ou de la musique, les MTV Awards, un festival littéraire international avec plein de prix Nobel... ah comme ça serait bien ! Mais avec mes modestes moyens, qu'est-ce que je peux raconter ?

Je suis assise à mon bureau et, assez nerveuse, je cherche une réponse, quand maman (elle choisit toujours les pires moments pour venir me parler !) fait irruption dans ma chambre.

— Trésor, elle claironne, comme les trompettes du Jugement dernier.

Comme je l'ai dit, je suis déjà plutôt nerveuse, aussi je réplique brusquement :

— Qu'est-ce que tu veux ? Tu ne vois pas que je suis en train d'étudier ?

Maman fronce les sourcils en un éclair. Je sais qu'à chaque fois qu'elle ouvre la porte de ma chambre, elle espère trouver une fille douce et bien disposée à l'accueillir, qui lui dirait « Salut maman adorée » comme dans les séries niaises qu'elle regarde à la télé.

En fait, elle se heurte à mon expression un peu hostile et elle le prend assez mal. En réaction, elle pose ses poings sur les hanches et me demande avec un air combattif :

— Depuis quand tu étudies les mots croisés ? Avec le portable qui clignote sous le nez ?

Il ne me reste qu'à m'entêter :

— Eh bien j'étudiais, en fait je pensais à mon nouveau devoir, à mon exposé de français... et d'ailleurs, c'est toi qui dis toujours que c'est mal élevé d'entrer dans une pièce sans frapper !

Maman s'enflamme :

— Dorénavant, je ferais mieux de ne pas frapper, vu que tu fais semblant d'étudier, mais ensuite, ne va pas prendre ton air de victime.

Et voilà, je le savais. Il aurait suffi de faire un joli sourire et de lui demander « Qu'est-ce qu'il y a, ma petite maman ? », et nous n'en serions pas là.

Je lève les yeux au ciel. Résultat, ma mère pique une crise et hurle :

— Change de comportement avec moi, Marie-Véronique !

Aïe, aïe, nous en sommes presque au vouvoiement. Il vaut mieux que je fasse marche arrière très vite.

— Excuse-moi maman. Tu m'as interrompue pendant que j'étais en train d'écrire un nouvel article, quelque chose de spécial...

Si ma mère a bien une qualité, c'est qu'elle s'éteint aussi vite qu'elle s'enflamme. Surtout quand on touche à la corde sensible de la CRÉATIVITÉ. Parce que désormais, c'est évident, je suis une artiste, statut auquel maman accorde un grand respect. Même si, sincèrement, je ne trouve pas que les journalistes soient des artistes, et les écrivains non plus, tout compte fait. Je ne saurais pas bien l'expliquer, mais c'est mon impression, et du reste, avec maman, ça ne vaut pas le coup d'essayer de lui expliquer.

Le résultat est immédiat : son visage sombre se détend dès que j'évoque le nouvel article :

— Vraiment ? Tu pensais à quoi ?

— Je ne sais pas, ça me plairait de raconter une grande fête.

— Ma chérie !

Ma mère me passe les bras autour du cou, euphorique.

— C'est pour ça que je suis là !

S
COMME « SCOLAIRE » ET « SUCCÈS »

Où maman m'annonce un G.E.

Au début de l'année, le professeur d'histoire nous a expliqué l'importance des cérémonies dans toutes les sociétés humaines. Chaque moment important, de la naissance à la mort, est marqué par un rite, aussi bien chez les peuples de l'Antiquité qu'aujourd'hui. Naturellement, au fil du temps les cérémonies se sont transformées et se sont adaptées aux changements sociaux : aussi, à la place des coutumes antiques liées aux cycles naturels et à l'agriculture, nous avons aujourd'hui de nouveaux rites, par exemple les matches de foot du dimanche.

Oui, peut-être que notre prof monsieur Sozzani y était allé un peu fort pour nous faire comprendre le concept de rite. Pourtant, la provocation avait fonctionné, car certains camarades s'étaient réveillés et avaient fait remarquer que le rite avait un rapport avec le divin et le sacré, alors que le foot était un sport. Ils avaient même dit : « Le foot ? Mais quelle sorte d'exemple est-ce donc ? » Il s'en était suivi un débat enflammé, et le professeur, satisfait, s'en était frotté les mains. Nous nous étions tous empêtrés dans le devoir à tenter de brosser à grands traits les cérémonies que nous connaissions.

Les plus faciles à expliquer étaient celles liées à la naissance et à la mort, au mariage, aux fêtes religieuses, aux fêtes du genre carnaval ou celles de saints patrons. Quelqu'un s'était risqué à citer les cérémonies d'État, mais là, il avait confondu avec les célébrations.

Aiguillés par le professeur, nous avons fini par nous rendre compte du nombre de cérémonies modernes que nous avions. Par exemple, la remise des prix Nobel ou des Oscar, mais aussi celles qui sont plus terre à terre, comme les récompenses scolaires ou sportives, les fêtes comme les noces d'or des grands-parents, l'élection d'un président ou d'un représentant de l'école, toutes les occasions pour lesquelles il faut faire un discours en public et se conformer à une série de gestes et d'actions, des plus formels (voire écrits) aux moins conventionnels, mais qui doivent toujours suivre un certain nombre de règles.

Toute cette affaire me semblait assez improvisée de la part du professeur Sozzani, lui qui aime élargir les frontières de sa matière, l'histoire. Pour lui, l'histoire se trouve partout, même dans les endroits les plus inattendus, comme la cuisine, ou l'ordinateur. Mais l'histoire exige toujours d'expliquer les causes et les conséquences, même pour un simple plat de pâtes à la sauce tomate.

Toute cette affaire de cérémonie comme expression des relations sociales et des valeurs que la société attribue à certaines fonctions, à des rôles, etc., tombe parfaitement à pic avec l'annonce retentissante de ma mère. L'œil un peu humide, elle me dit :

— Mon trésor, je suis venue t'annoncer une nouvelle magnifique : Martina a obtenu son diplôme !

« Super pour elle » j'avais envie de répondre et de clore ainsi en vitesse le débat. Mais j'ai ensuite pensé au professeur Sozzani et à sa liste de cérémonies modernes auxquelles il attribue une grande importance. Et l'obtention du diplôme en fait justement partie.

— Super ! je me suis vite exclamée, même si mon ton sonnait un peu faux.

— Mais c'est plus que super, mon trésor. C'est un GRAND ÉVÉNEMENT !

Il faut dire que maman a tendance à exagérer. C'est pour ça que depuis des années, elle fréquente un atelier de théâtre où elle peut donner libre cours à ses passions. Avec un petit inconvénient, pourtant... le drame fait maintenant partie de sa vie de tous les jours. Comment peut-on penser qu'un diplôme est un « grand événement » ? Au mieux, un événement qui conclut des années d'études, mais étant donné que pour Martina, ça a pris sept ans, peut-être que maman a raison : il s'agit vraiment d'un grand événement, par exemple la naissance de Jésus.

— Pour l'occasion, nous devons tous nous préparer.

— Tous ? Mais qui ? je demande, étourdiment.

— Mais nous, toi, moi, papa et Berni. Martina n'a que nous.

Et voilà ! Je vous l'avais dit que maman exagère. Mais maintenant elle a décidé d'en faire trop, elle se présente comme l'unique soutien de la pauvre Martina qui a été abandonnée, alors qu'en réalité, elle est en train de parler d'une jeune fille dont la famille est simplement en Argentine. D'ailleurs, j'imagine que pour l'occasion, elle sera entourée de toute sa famille qui, si je me souviens bien, est très nombreuse, entre les frères, les sœurs, les oncles, les tantes, les neveux et nièces, Martina étant l'une des cadettes, elle a déjà des neveux. J'avoue que je suis en train d'improviser sur la généalogie « martinesque » parce que je ne me suis jamais beaucoup intéressée à la vie de cette jeune fille qui est entrée dans notre maison il y a des années, grâce aux machinations de mamie Marie. À l'époque, elle ne s'était pas encore entichée de philosophie indienne, elle était amie avec la mère de Martina qu'elle avait rencontrée lors d'un voyage en Argentine. Elle la considérait comme sa sœur. Martina rêvait de venir en Italie et de s'inscrire à un cours, sans préférence particulière, alors mamie Marie l'a convaincue de venir s'inscrire à l'université ici, et elle l'a hébergée.

À cette époque-là, j'étais trop petite pour suivre toutes ces affaires familiales, mais je sais qu'à un certain moment, Martina est allée vivre avec des filles, et mamie Marie l'a aidée comme si Martina était sa propre petite-fille. Mais je me souviens très bien qu'à l'époque, maman n'était pas si amie avec Martina, bien au contraire ! Elle ne manquait jamais une occasion de souligner les défauts de cette « petite rusée » qui s'était « infiltrée » chez mamie, qui avait déjà changé trois fois d'université et qui en Italie, avait pour sûr trouvé l'Amérique et vivait comme un pacha.

Passons sur le fait que maman plaçait les pachas, évidemment turcs, en Amérique ! Le fait est qu'à l'époque, cette Martina ne jouissait pas d'une grande considération auprès de ma mère.

Jusqu'au jour où cette fille est allée voir un spectacle où jouait maman. Ça, c'était un vrai événement ! Car l'atelier ne donnait qu'un seul spectacle par an, dans un tout petit théâtre de banlieue utilisé surtout pour les représentations scolaires, les congrès et les fêtes de paroisse. Bref, c'est à partir de ce moment que l'étincelle s'est produite. Parce que Martina s'est montrée très touchée par le spectacle basé sur le texte d'un auteur argentin. Elle ne tarissait pas d'éloges sur la prestation de ma mère, qui avait interprété le rôle d'une morte (donc immobile la plupart du temps).

Depuis ce temps, Martina est devenue une fille « très intelligente » et « sensible », elle s'est mise à fréquenter notre maison à toutes les occasions. Mieux, elle passait ses week-ends et ses vacances à la mer dans l'appartement de mes grands-parents Olympe et Valerio, qui ne l'utilisent guère. En fait, ce sont mes parents qui s'en occupent. Même si Martina se rendait dans l'appartement avec une bande d'amis, maman était toujours prête à la comprendre :

— La pauvre, elle ne va pas y aller seule, non ?

Étrange, car elle refusait toujours de donner les clés à tata Rose, avec l'excuse bancale qu'une dame d'un certain âge ne serait pas très à l'aise dans une maison qui possède deux rampes d'escalier.

Bref, depuis trois ans, Martina, qui bien évidemment ne rate aucun spectacle de maman, est devenue une de ses amies, malgré la différence d'âge. Mais je l'ai entendue dire « l'âge entre artistes ne compte pas », et là, il faudrait comprendre de quel artiste elle parle, étant donné que Martina fréquente la faculté de droit et non le DAMS (le Département d'Art, de Musique, et du Spectacle des universités de Bologne, Turin et Cosenza).

Maintenant, je ne voudrais pas qu'avec tout mon bavardage on pense que je nourris de la rancœur à l'égard de Martina. Allons donc ! C'est une fille sympathique, surtout qu'avec moi, elle a toujours été très gentille. Elle m'a couverte de cadeaux et m'a appelée *chica*, ce qui me rappelait un magnifique danseur de mon enfance qui lui aussi venait d'un pays que je trouvais absolument hallucinant, et où j'irais certainement faire un tour un jour, quand ce serait possible (donc quand je serais plus grande, plus libre et plus riche que maintenant). C'est juste que c'est une amie de maman, point. Je ne comprends pas ce que j'ai à voir avec son diplôme. Sur le moment, pourtant, j'ai la présence d'esprit de ne pas répondre. Car je sais déjà qui protestera avec véhémence et me tirera ainsi de ce mauvais pas.

S
COMME « SCOLAIRE » ET « SUCCÈS »

Où je pars en mission

Et me voilà dans le train pour Pise, en mission diplomatique. Ainsi je retourne dans un endroit où je ne suis allée qu'une seule fois, c'est-à-dire l'année dernière, quand Berni, contre toute attente, s'est inscrit dans un école d'ingénieur.

En fait, mon frère a toujours été un mordu de musique, et il avait installé une espèce de studio de répétition dans sa chambre où il passait son temps à jouer de la guitare électrique. Il ne l'a pas pour autant accrochée à un clou, au contraire, il l'a emportée avec lui à Pise où il a décidé de commencer une formation universitaire difficile en ingénierie. Maman était déçue que Berni, dont elle avait toujours supporté le sale caractère (elle justifiait ça par son côté artiste), ne veuille pas devenir musicien. Par contre, papy Valério, qui est général à la retraite et diplômé en ingénierie militaire, a été heureux d'apprendre cette nouvelle, il était convaincu que son petit-fils allait finalement lui apporter un peu de satisfaction, chose que ne lui avaient pas donnée ses deux enfants (maman, diplômée en sciences sociales et mon oncle Loris, chorégraphe et danseur moderne).

Pour tout dire, je doute que Berni ait pensé à papy Valerio et à l'ingénierie militaire. Je sais. L'idée de mon frère est d'étudier l'ingénierie pour partir en Australie où il veut faire sa vie d'astronaute-surfeur-guitariste rock. Quand je pense qu'ils disent que j'ai beaucoup d'imagination !

Quoi qu'il en soit, c'est dimanche, et au lieu de passer la journée avec Sean, je dois me farcir deux bonnes heures de train pour aller parlementer avec mon fou de frère. Parce que, comme je l'imaginais, le dialogue entre maman et Berni au sujet du diplôme de Martina a été le suivant :

Maman (répétant le couplet déjà joué devant moi) :

— Martina a obtenu son diplôme, c'est un grand événement !

Berni (laconique) :

— C'est bien pour elle. Félicite-la de ma part.

Maman (offensée) :

— Tu le feras toi-même, j'espère. Toi aussi, tu viens à sa remise de diplôme, on y tient, aussi bien elle que moi.

Berni (nerveux) :

— Maman, excuse-moi, mais depuis quand tu me donnes des ordres ?

Maman (baissant le ton) :

— Il ne me semble pas t'avoir ordonné quoi que ce soit, je t'ai dit que j'y tenais. Et Martina aussi, tu sais qu'elle t'aime bien...

Berni (l'interrompant sèchement) :

— Eh oh, ne commence pas avec tes interprétations. Martina est ton amie, je ne vois pas ce que j'ai à faire avec sa remise de diplôme.

Maman (s'irritant) :

— Ce n'est pas possible, on ne peut jamais compter sur toi ?

Berni (choqué) :

— Pas la peine de le prendre de haut. Qu'est-ce que j'ai à voir là-dedans ? Que veux-tu que ça fasse à Martina que je sois présent à sa remise de diplôme ?

Maman (dramatique) :

— Tu ne te rends pas compte ? Nous sommes un peu comme sa famille ! Elle est étrangère, loin de chez elle, les siens ne pourront pas venir. Surtout parce qu'un nouveau petit-fils est sur le point de naître, bref, ils ont des obligations...

Berni (très ferme) :

— Alors tu as raison de lui donner un coup de main. Mais moi, désolé, j'ai des trucs à faire de mon côté.

Maman (contrariée) :

— Je me doutais bien que tu allais me sortir l'excuse des études.

Berni (en colère) :

— Pardon ? Je te rappelle que je suis à jour et que j'ai deux examens le mois prochain.

Maman (pleine d'espoir) :

— Et alors ? La remise des diplômes de Martina est dans deux mois !

Berni (coupant court) :

— Je m'excuse, mais il n'en est pas question. D'ici deux mois, je serai à Berlin.

Maman (bouleversée) :

— Berlin ? Mais qu'est-ce que tu dis ? D'où ça sort ?

Berni (malin) :

— Maman ? Je n'entends... Je ne t'entends plus... la ligne...

Et la fameuse ligne est devenue injoignable les jours suivants. Papa s'est alors dit qu'il aurait dû aller discuter avec Berni, pour se rabibocher avec maman, mais ensuite, mon père a été pris par l'affaire yogi

Palugi et toute une série d'ennuis. Justement ce dimanche-là, il a décidé avec tata Rose d'aller visiter l'ashram de Grosseto où le yogi donne ses leçons. Bref, j'étais la seule à qui confier l'intervention diplomatique de convaincre mon frère de :

1) Expliquer ce que c'était que cette histoire de Berlin ;

2) Participer à la remise de diplôme de Martina.

Sans révéler bien sûr que j'avais suivi toute la fameuse conversation téléphonique avec maman depuis le téléphone sans fil que l'on croyait perdu depuis y a des mois et que j'ai retrouvé dans la niche de Robbie, avec la crainte que maintenant mon chien ait une sorte de nouvelle fixation, nous imiter au téléphone.

— Ma petite sœur ! exulte Berni, que j'ai à peine reconnu à la gare.

Il s'est laissé pousser une barbichette. Avec ses cheveux courts, il a une allure militaire que certainement papy Valerio aimerait beaucoup. En admettant qu'il puisse reconnaître dans la tenue négligée de mon frère un uniforme, étant donné que c'est celui de l'étudiant universitaire. C'est-à-dire chemise hors du pantalon kaki avec des poches sur le côté, petit blouson en coton, sac en cuir à bandoulière.

Bien que son portable ne soit pas joignable, il a répondu à mes SMS dans lesquels j'annonçais que j'arrivais, et maintenant, le voilà, relax et disposé à m'accompagner faire un tour dans la ville, presque comme si j'étais venue faire une excursion.

— Tu sais que je suis envoyée en mission par la famille, je lui rappelle avec un air de conspiratrice.

— Excellent ! Tu es venue toute seule en train. Trop fort !

Mais comment il s'exprime, mon frère ? Je le gronde un peu :

— Je ne sais pas pourquoi tu es si ébahi. J'ai quatorze ans bien sonnés.

— Je sais, je sais. Tu n'es plus une petite chipie.

Avant le déjeuner, je dois absolument lui dire d'arrêter de parler comme un sale type.

Berni a décidé de ne pas m'amener dans ce qu'il définit comme sa « tanière ». Si je me souviens bien, il s'agit d'un petit appartement dans un immeuble moderne et qui ne me semble pas si mal, il était même bien. Il est situé au rez-de-chaussée, avec deux petites chambres et un séjour-cuisine qui donne sur une terrasse spacieuse. Cet endroit est évidemment plus grand que la chambre dans laquelle Berni s'enfermait pour éviter le reste de la maison. Quand je l'ai vu, il avait aussi l'avantage qu'il n'était pas meublé et que les jeunes pouvaient apporter leurs propres affaires, donc j'imaginais que ça pouvait devenir une splendeur. Voilà pourquoi je suis déçue.

Surtout qu'il ne fait pas très chaud, et rester comme ça à se balader dans la rue, ce n'est pas une perspective qui m'attire, même si nous sommes dans une très belle ville et que Berni me demande déjà si je veux aller voir la fameuse tour.

Je décide de lui faire plaisir, d'aller à la place des Miracles où nous flânons sur la pelouse au milieu d'une foule de touristes grouillant autour des monuments. Ils sautent aux yeux, tout blancs sur la pelouse comme les os d'un énorme dinosaure. Un tas de gens se font photographier dans des poses assez drôles, comme s'ils poussaient la tour penchée. Berni me conduit vers un bar où nous pouvons bavarder tranquillement, nous éloignant ainsi des petits restaurants déjà bondés de touristes à onze heures et demie.

— C'est vrai que tu vas à Berlin ? je demande finalement, une fois assise.

— J'ai fait une demande pour Erasmus, tout le monde le savait, il insiste, circonspect.

Entre-temps il intercepte un garçon et commande des pizzas et deux boissons. Même s'il n'est que midi et demi, j'ai très faim.

— Moi, non. Maman, non plus. Apparemment.

L'adverbe trahit un léger embarras à propos d'un sujet douloureux : celui des rapports familiaux. Mais Berni ne s'en rend même pas compte, au contraire, il m'explique, patient :

— Mais si, elle le savait, c'est juste que l'idée de départ était d'aller en Espagne, ensuite j'ai changé de pays, parce que ça ne m'intéresse pas d'apprendre l'espagnol et puis à Berlin les cours de physique aérospatiale sont plus intéressants.

Il est tellement calme que je ne comprends vraiment pas pourquoi maman et lui ne réussissent jamais à s'entendre normalement. Je crois aussi qu'avec moi, Berni fait un peu le malin. Il a parlé d'Erasmus mais je ne suis pas si naïve. Même le chat sait que les cours universitaires durent de six à huit mois et commencent en automne !

— Et cet Erasmus commence en juin ? je demande, prenant des airs d'ingénue.

— Pas vraiment... il hésite. Mais je pense y aller avant, pour prendre des contacts, me trouver un appart, ranger des choses, en plus je dois quitter mon appartement ici à Pise. Donc il vaut mieux que je le fasse en juin plutôt qu'en septembre.

— C'est vrai, j'approuve.

— Tu viendras me voir à Berlin ? il demande alors, tournant son visage tout souriant vers moi.

— Peut-être ! S'ils me permettent de venir... je réponds, en prenant un peu l'air d'une victime.

— Comment ça ! Je te le garantis, il s'exclame, plaçant sa main sur le cœur, comme s'il jurait de faire bouclier de son corps.

Ce n'est pas vraiment un *bodyguard*, mais moi, cela m'émeut : comme il est mignon, mon frère ! Et puis quelle belle occasion de visiter une ville que je n'ai jamais vue : Berlin ! Mes yeux piquent et Berni s'en rend compte :

— Écoute, je te jure que je viendrai te chercher et t'extirper de la maison. Tu vas voir comme on va s'amuser !

Je suis déjà en train de rêvasser de partir avec Berni pour une grande aventure, quand une petite voix intérieure me rappelle qu'avant tout je dois finir l'école, que j'ai un amoureux à qui j'ai promis d'aller camper une semaine avec lui (avec un groupe organisé, sinon j'entends déjà le sévère ONN'ENPARLEMÊMEPAS de mes parents...) et que je suis ici pour une MISSION DIPLOMATIQUE et que diable encore !

— Bref, tu ne pourras vraiment pas être là pour la remise des diplômes de Martina, je dis, prenant une expression implorante.

Berni hausse les épaules.

— Eh bien non. Mais vous vous en sortirez bien mieux sans moi. De toute façon, avec mon humeur noire, je gâcherais la fête.

Comme il est raisonnable, mon frère.

— Eh bien, moi par contre, je n'ai pas la possibilité de choisir comme toi, je suis obligée d'y être, je commente, lugubre.

— Ce sont les désavantages d'être jeune... excuse-moi, je voulais dire mineur.

— Tu pourrais au moins venir pour me tenir compagnie, j'essaie de le convaincre, mais lui, cette fois sort un argument irréfutable :

— Écoute, Mia. J'ai une copine qui m'attend à Berlin.

Je m'éclaire comme une ampoule.

— Vraiment ? Et c'est qui ? Où est-ce que tu l'as connue ? Ici ?

— Ben oui, je l'ai connue ici, même si elle étudie la philosophie.

— Une philosophe ! je l'interromps, euphorique. Entre-temps, les pizzas arrivent et je me suis jetée sur la mienne, affamée.

— Pas encore une philosophe. Elle étudie. Elle vit à Berlin et elle a fait un semestre en Italie.

— Et comment est-elle ? je demande, la bouche pleine.

Il me montre l'écran de son téléphone et moi j'écarquille les yeux. Sur son portable apparaît le portrait d'une jeune fille brune avec un grand sourire à la Julia Roberts. Même si on ne peut pas juger grand-chose à partir d'une toute petite photo, je dis :

— Belle !

— Très belle ! il fait lui, tout attendri, effleurant l'écran du doigt avant de ranger son portable.

— Excuse-moi Berni, mais pourquoi tu ne dis pas la vérité à maman ? je demande en engloutissant le reste de pizza.

— Pour l'amour du ciel ! Elle est tellement curieuse et envahissante qu'elle ne me laissera jamais en paix jusqu'à ce que je lui présente Andrea...

— Andrea ? Mais ce n'est pas un nom de garçon ? je l'interromps.

— En Allemagne, c'est un nom féminin, mais ici aussi certaines filles s'appellent comme ça. De toute façon, j'exclus d'en parler à maman trop tôt. Je t'en prie, ça reste un secret entre nous, il me dit et moi, je promets de ne rien raconter.

D'ailleurs, après mon passage dans son appartement, je crois que je vais devoir beaucoup faire travailler mon imagination pour faire à mes parents le compte-rendu de ma mission.

S

COMME « SCOLAIRE » ET « SUCCÈS »

Où je visite la tanière des étudiants

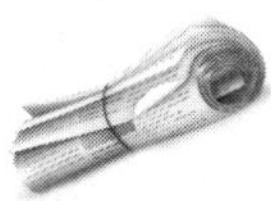

Le seul point commun entre l'appartement que j'avais visité avant que Berni ne s'installe et celui-ci est qu'il se trouvait au rez-de-chaussée d'un immeuble moderne, juste en dehors du centre historique. Pour le reste, la fameuse terrasse spacieuse est devenue une espèce de dépotoir, où sont empilés quatre ou cinq bicyclettes, des caisses, des chaises en plastique et plein de sacs-poubelle. En entrant, Berni ramasse une petite feuille et la froisse en une petite boule juste après y avoir jeté un rapide coup d'œil.

— Qu'est-ce que c'est ? je ne peux pas m'empêcher de demander.

— C'est rien, des insultes du voisin, il déteste voir nos affaires sur la terrasse.

— Peut-être que la poubelle le dérange... je commence, mais il m'interrompt.

— Quelle poubelle ? Ah, les sacs noirs ? Mais non, je garde plein de choses dedans, ce n'est pas une poubelle.

La poubelle doit en effet se trouver à l'intérieur de la maison, parce qu'en entrant, des effluves de déchets me parviennent. Bien qu'il ne soit que deux heures de l'après-midi, les lieux sont enveloppés de ténèbres comme en pleine nuit. Berni allume la lumière du séjour, me conseillant de faire attention où je mets les pieds. La pièce est en effet encombrée de boîtes et d'affaires en tout genre éparpillées un peu partout comme des sacs à dos, des chaussures, des paniers, des haltères, et des toiles froissées. Il n'y a aucun meuble hormis la table et les chaises, et tout le reste : des tas de livres, des sacs, d'autres câbles, des vêtements, un sèche-cheveux, un mixeur, des ampoules et autre bric-à-brac.

Un autre point commun avec l'ancien appartement vide est l'ampoule nue pendue au plafond. Ça devait être la lanterne vénitienne blanche remisée en hauteur, sur une boîte.

— Ça c'est censé être le lustre ? je demande, me mordant la langue tout de suite après, parce qu'après tout, ce ne sont pas mes affaires.

C'est seulement que je suis plutôt rigoureuse et tout ce fatras me déconcerte. J'ai l'impression d'entrer dans le magasin *La Mecque. Tout est à vendre*.

— Oui, je n'ai pas encore eu le temps de l'accrocher, Berni hausse les épaules.

— En effet, ça ne fait que huit mois que tu vis ici !

Et puis, maintenant qu'il a décidé de partir à Berlin, qui va lui dire de l'arranger ? Bref, même cette fois-ci, il a raison.

Entre-temps, de la porte a émergé une espèce de zombi. Un garçon avec les cheveux tout ébouriffés, des lunettes, un tee-shirt blanc, un bas de jogging et les pieds nus. Il nous salue tout en bâillant vigoureusement :

— Quelle heure est-il ?

— Deux heures et demie. C'est ma sœur. Lui, c'est Tiziano.

— Ça va ? fait le zombi tout en se grattant le coude d'un air hagard.

Je réponds poliment :

— Bien, merci et toi comment...

Mais il m'ignore et poursuit :

— Il y a du café ou j'en fais ?

Je jette un œil à l'évier rempli d'assiettes sales, et tout de suite après, à la cuisine, tout aussi envahie de casseroles sales. Seul un magicien serait en mesure de préparer un café dans ces conditions.

— Si tu veux, je vais t'en prendre un au bar, je propose, mais il m'arrête.

— Il ne manquerait plus que ça. Je le prépare en une seconde.

En effet, il ne lui faut réellement qu'une seconde pour retirer les casseroles, chercher une surface libre où les ranger provisoirement (c'est-à-dire une grosse boîte de l'autre côté de la pièce), puis voler à travers la pièce à la recherche de la machine à café qui se trouve sur une chaise, sortir le café en poudre de sous l'évier et enfin, sur l'unique fourneau libre, allumer le feu, s'asseoir sur une chaise et abandonner son visage sur ses mains, épuisé.

Avec un filet de voix, il se renseigne :

— Tu es la nouvelle locataire ?

Pendant ce temps, Berni a disparu dans sa chambre, il m'a demandé de l'attendre un moment. Je m'assiérais volontiers mais la chaise est occupée par un tas de vêtements. Me voyant hésitante, Tiziano comprend tout de suite et me dit :

— Vas-y, jette les vêtements par terre, de toute façon ils sont sales.

Je me résous à m'installer et je fais tomber le tas sur le sol d'un coup de fesses, parce que sincèrement, ça me dégoûte de toucher les vêtements sales des autres. Je suis un peu délicate, je l'admets.

— Je suis la sœur de Berni, je répète à cet étourdi.

— Qu'est-ce que tu fais ? Tu es au collège ?

Je fais oui de la tête et lui, qui tente de me faire la conversation, me demande :

— Toi aussi tu es à Pise ? Tu es à l'école expérimentale ?

— Qelle école expérimentale ? je demande.

— Si tu ne sais pas ce que c'est, ça veut dire que tu n'y es pas, déduit le zombi, déjà plus alerte.

— Toi, tu le sais, par contre ? je demande, vexée. Mais Berni n'avait pas dit qu'il devait revenir tout de suite ?

— Mais TOUT LE MONDE le sait ! il s'exclame, et il écarte les bras, faisant jaillir une horrible odeur d'aisselles pas lavées. Heureusement, la machine à café commence à gargouiller et dans la pièce se répand l'arôme du café.

— *O. K.*, tout le monde sauf moi. Si tu m'expliques, je ferai partie de la majorité.

— Eh ben, regardez-la celle-la ! commente Tiziano, cherchant autour de lui une petite tasse.

Je lui tends une petite coupe abandonnée sur un carton à côté de la table.

— Ah merci, bonne fée ! il s'exclame joyeux.

Il avale d'un trait une tasse de café bouillant.

— Tu sais, j'étudie les sciences de l'éducation et je viens juste de faire un stage dans cette école. Si tu veux, je te raconte tout.

— Pourquoi pas ?

Il ne sait pas à qui il est en train de parler, l'inconscient. À Mia la reporter !

S
COMME « SCOLAIRE » ET « SUCCÈS »

Où l'on parle d'une école nouvelle

— Selon toi, comment devrait être une bonne école ?

Bonne question. Tiziano me demande ça avec un sourire sournois, tout en supportant le café brûlant, amer et sans lait.

Il vaut mieux rester évasive, doit me souffler mon instinct, et je formule quelques réponses vagues :

— Qu'est-ce que j'en sais, une école qui t'enseigne des choses utiles, autres que certains contenus essentiels…

— Utiles comment ? Par exemple ? il me harcèle.

Mais ce n'est pas lui qui devait me raconter ?

— Ça devrait être moi qui pose les questions, non ? Je souffle, agacée. Utile comme des langues étrangères, bien enseignées, par exemple.

— C'est déjà un début, il acquiesce d'un signe de la tête. Et puis, qu'est-ce que tu penserais de quelques cours, qui sait, de journalisme ? Ou de sciences sociales ?

Je rougis parce que, sans le savoir, il a cerné mes centres d'intérêt. Mais je croise les bras :

— Cela dépend de la qualité de ces cours.

— Bien sûr, cela dépend. Et puis moi, je laisserais libre cours à la créativité des jeunes, je les ferais s'exprimer à partir de textes stimulants, je les amènerais surtout aux expositions d'art contemporain, je travaillerais sur la dimension artistique...

— Génial ! je m'écrie. Il est organisé comme ça, le lycée dont tu m'as parlé ?

— Absolument pas, il s'exclame, tout en riant.

Il avale une dernière gorgée de café et me fixe derrière les verres assez sales de ses lunettes à l'épaisse monture foncée. On aperçoit à peine deux petits yeux brillants.

— C'est plutôt le contraire.

— Tu ne m'as pas dit qu'il s'agissait d'une école expérimentale ? je demande, avec l'impression qu'il se moque de moi.

Pendant ce temps, Berni ne revient toujours pas de sa chambre, et moi, je suis là, otage d'un farceur. Lequel, poursuit, tout joyeux :

— Mais c'est justement ce que prétend être ce lycée. Sauf que expérimentation ne signifie pas innovation. Et le principal l'a traduite par un retour aux traditions et aux méthodes anciennes. Il veut une instruction ferme des principes moraux !

Tiziano déclame la dernière partie, en levant une main pour agiter l'index vers le plafond. Sa main retombe ensuite d'un coup sur la table, tandis que je prends mon temps pour dire :

— Dans quel sens ?

— Au sens littéral, Mietta.

— Non, écoute, moi, je m'appelle Mia et c'est tout, je réplique en fronçant les sourcils.

Alors il part sur les chapeaux de roue et se lance dans une espèce de tirade :

— Bref, Mia et c'est tout. Le lycée expérimental est de la vieille école, où les élèves sont enfermés quasiment toute la journée dans des petites salles de cours à peine éclairées, chacun sur un petit banc en bois, avec des profs assis sur des chaires imposantes, installées sur une estrade pour mieux dominer...

À ce moment-là, je l'interromps :

— Eh bien, il ne me semble pas qu'il y ait une grande différence avec l'école normale...

Il pointe le menton vers moi.

— Vous aussi, vous devez porter des tabliers noirs ?

— Quoi ?

— Des tabliers noirs, il scande et accompagne sa description avec des gestes de la main. Du cou jusqu'aux chevilles pour les filles. Du cou aux genoux pour les garçons. Manches longues. Chiffre brodé à la main, la classe et la section sur la poitrine et sur la manche droite.

J'ouvre la bouche et je m'exclame :

— Pas possible !

Il acquiesce avec vigueur d'un signe de la tête et cligne des yeux.

— Si, c'est possible. En plus, les professeurs sont armés de cravaches...

— De quoi, pardon ?

— D'une baguette flexible, genre cravache, tu vois ? Et si quelqu'un bavarde, fait du bruit, parle quand il n'est pas interrogé... Paf ! sur le bras, sur la main, sur les épaules.

Tiziano mime le coup de cravache et se lève.

Je suis horrifiée. Et pourtant, je me demande si Tiziano est en train de me raconter une histoire pour m'impressionner. Aussi, je prends une expression incrédule et je commente :

— Allez, c'est bon, j'ai compris. Tu te moques de moi. Une école comme ça ne peut pas exister. Elle serait interdite.

— Et par qui ? il me demande.

Il est resté debout. Il écarte les bras.

— Mais tu ne sais pas grand-chose, Mia et c'est tout.

— Qu'est-ce que je devrais savoir ? je me rembrunis.

Tu vas voir que maintenant, cet ahuri va se sentir le devoir de m'expliquer la vie !

— Qu'une nouvelle loi est passée : les écoles sont tenues de revoir les programmes et d'user d'une plus grande sévérité dans l'organisation des cours et l'évaluation des étudiants.

— D'accord, mais ça ne veut pas dire que les professeurs doivent frapper les élèves ou recaler les élèves, je proteste.

— Mais certaines écoles, comme celle-ci, peuvent exercer la plus grande rigueur sans problème, elles prétendent être le dernier bastion des études. Ce qui signifie sacrifice et souffrance, sans que personne ne proteste. C'est prévu par la nouvelle loi.

— Peut-être. Mais j'imagine que personne ne va dans cette école, je réponds, en me demandant toujours si Tiziano raconte des sornettes.

— Tu te trompes, dit-il, en se rasseyant. Il y a foule, au contraire, ils sont obligés de tenir une liste d'attente pour la masse d'inscrits qu'ils ont.

— Je n'y crois pas.

— Moi non plus, je n'y croyais pas, Mia et c'est tout.

À ce moment-là, je réplique avec un filet d'exaspération dans la voix :

— Tu me rendrais un grand service si tu arrêtais avec ce « et c'est tout » après mon prénom. Après, je déciderai peut-être de te croire.

Tiziano lève les paumes en l'air.

— D'accord, tu as raison.

— Bien. Je te crois. Comment tu as dit qu'elle s'appelle, cette école ?

Je vois très bien une lueur passer dans ses yeux, mais il se force à rester sérieux et me dit :

— Le lycée Godefroy de Bouillon.

— Godefroy de Bouillon ? Celui qui a dirigé la Première Croisade ?

Tiziano éclate de rire.

— Oui ! C'est lui ! Le croisé ! Tu as compris quel genre d'école c'est ?

— Ça me semble une galère plus qu'une école. C'est mon commentaire.

Tiziano arrête de rire d'un coup et réfléchit.

— Tu sais que tu as raison ?

J'ai même entendu certaines personnes, même à la télé, dire que les jeunes qui protestent pour une meilleure école devraient être mis en prison. Tu vas voir qu'ils ont réussi !

Mon retour en train passe très vite, occupée comme je suis à écrire le brouillon de ce qui, d'après moi, pourrait être un authentique scoop.

Que sait-on de ces écoles expérimentales ? Et de celle-ci, en particulier ? Pourtant, d'après ce que m'a rapporté Tiziano, les parents se battent pour y inscrire leurs enfants. Le lycée Godefroy de Bouillon est considéré comme prestigieux justement parce qu'il « s'inspire » de l'école traditionnelle, même si sincèrement, je ne sais pas de quelles traditions on parle. Papa m'a raconté plusieurs fois sa vie d'étudiant, quand il fréquentait l'institut pour géomètres. Il semble s'être surtout concentré sur ses amitiés avec ses camarades, sur les fêtes, sur les blagues qu'ils faisaient aux surveillants et sur toutes sortes d'occupations à l'école qui semblaient être très à la mode il y a trente ans, à tel point que tous les ans, il y en avait une. Je me suis toujours demandé si avec toutes ces obligations mondaines, il y avait encore de la place pour les livres ! Maman, par contre, a toujours été plus mystérieuse et m'a parlé de professeurs sévères, de matières difficiles. Mais c'est seulement après une minutieuse enquête auprès de mes grands-parents que j'ai appris qu'elle n'avait aucune envie d'étudier et qu'elle avait changé trois fois d'école.

La tradition pourrait être celle de l'époque de mes grands-parents. Eh bien ! Peut-être faudrait-il que je demande à papy Valério. Parce que mamie Marie, qui est maintenant en pleine crise spirituelle, était une espèce de révolutionnaire quand elle était jeune. Elle m'a montré des photos d'elle où elle était en train de camper à l'université pendant des jours et des jours, entre des banderoles pendues au mur et des gens assis par terre. Étant donné que toute cette affaire s'est produite il y a presque un demi-siècle, quelle tradition très sévère est-on censé récupérer ?

Mon Dieu, si on se met à déranger Godefroy de Bouillon, peut-être que l'on s'inspire du Moyen Âge. Mais on sait tous qu'à l'époque, personne n'étudiait, hormis quelques rois et quelques rarissimes moines. Il faut que je fasse des recherches sur Internet et que je vérifie ce que m'a rapporté Tiziano.

Alors pendant ce temps, je me mets à prendre des notes sur mon cahier dont je ne me sépare plus :

Nouvelle règle de l'école

Lycée Godefroy de Bouillon – approfondir l'époque et le personnage

Tradition (concept fondamental), discipline, ordres, punitions – enseignants sadiques

Uniforme, cheveux attachés pour les filles et très courts pour les garçons, maquillage et bijoux en tout genre interdits, une amende pour les élèves qui dérogent à la règle, exclusion de ceux qui ont des tatouages ou piercing.

Matières classiques, étude mnémonique, répétition des données, pas d'opinion personnelle

Étude individuelle, non aux groupes

L'amitié est découragée, exaltation de la rivalité, les plus compétitifs récompensés.

Mon téléphone portable m'extirpe de mes pensées inquiètes sur cette école. On dirait une vraie école de nazis ! Je bondis comme un ressort quand je lis le message que Sean m'a écrit :

« Je t'attends à la gare. »

Quelle joie ! Je ris toute seule, je presse le portable sur ma poitrine, et je ferme le cahier, parce qu'aujourd'hui, j'ai eu assez de choses ennuyeuses à régler. D'autant plus que ma mission a été un vrai fiasco, étant donné que Berni ne viendra pas à la remise des diplômes et que je lui ai juré de ne rien dire au sujet de sa copine allemande...

Maman va me manger toute crue ! Heureusement que j'ai au moins une petite heure avec Sean avant de retourner à la maison, où je suis sûre que mes parents vont me créer des problèmes, ou comme on dit parfois, « chercher le poil dans l'œuf ».

Dehors, derrière la petite fenêtre, il fait noir et je peux à peine voir mon visage se refléter. Après une journée passée dehors, je ne trouve pas franchement que j'ai une allure fantastique. J'essaie de remédier à ça avec une brosse à cheveux, ce qui donne l'occasion à l'homme assis à côté de moi de ronchonner.

— Vous pourriez vous coiffer dans les toilettes ? Vous répandez tous vos cheveux partout...

Eh heu... Les cheveux le dérangent tellement qu'il n'en a plus un seul sur la tête !

Je descends du train le cœur serré. Et là, Sean, au début du quai. Quelle vision hallucinante !

— J'ai un tas de choses à te raconter ! je lui annonce euphorique.

— J'ai un tas de bisous à te donner, il me promet, et ça me semble une bien meilleure proposition.

S
COMME « SCOLAIRE » ET « SUCCÈS »

Où je suis dépassée par les événements

J'ai l'esprit complètement pris par l'article que je veux écrire. Je passe la matinée du lundi à l'école avec l'angoisse de rentrer à la maison où je mange en vitesse les lasagnes d'hier soir, après les avoir réchauffées juste deux minutes au micro-ondes. Puis je me lance tête baissée sur Internet pour contrôler le récit de Tiziano.

Le site du lycée Godefroy de Bouillon n'est pas, comme j'aurais pu m'y attendre, un site qui sonne les trompettes et qui déploie des drapeaux croisés, avec des mots écrits en gothique, rien de tout cela. C'est un site très sobre, sans musique, avec un graphisme simple, rédigé en trois langues, parce que des écoles identiques sont également présentes en Allemagne et en Angleterre, de manière à constituer un projet innovant à dimension européenne.

Les images du bâtiment montrent un couloir parfaitement astiqué et illuminé par des fenêtres, des salles de classe bien rangées avec des bancs monoplaces et une chaire assez élégante, placée en hauteur, mais pas en position de domination exagérée comme l'avait raconté l'ami de mon frère. Le gymnase est très bien équipé et la cantine se trouve dans le réfectoire de l'ancien couvent, mais les tables sont dressées avec des nappes blanches et des plats en porcelaine, comme dans un restaurant.

On ne voit pas les étudiants. Peut-être que c'est la loi qui interdit de publier des photos de mineurs. Parce que dans l'onglet intitulé « livre d'or », il y a des photos d'identité d'anciens élèves avec leurs meilleurs résultats : des visages on ne peut plus normaux, avec un sourire de circonstance ou des expressions sérieuses, comme sur toutes les photos de carte d'identité.

Pour chaque professeur, on trouve son CV, ses publications, ses prix et titres honorifiques. Il n'y a pas de photo, mais peut-être que ces lumières ne veulent pas faire trop de publicité. Je me demande comment ça se fait qu'avec de telles références, ils enseignent au lycée, quand on sait que les professeurs sont si mal payés. Il est évident qu'au lycée Godefroy de Bouillon, ils doivent y trouver une compensation différente des autres écoles, car l'établissement a recruté tant de gens illustres.

Bref, avec ce site je me fais une idée plus claire de l'école, mais surtout cela me rend encore plus curieuse. Il faudrait que j'arrive à parler avec quelqu'un qui étudie là-dedans ou qui a fréquenté les lieux pour me faire une idée plus précise. Mais comment faire ? Il n'y a pas d'adresse ! Il n'y a que l'adresse mail du secrétariat, à qui j'écris pour avoir de plus amples informations. Je fais semblant d'être une étudiante qui voudrait s'inscrire.

Bref, je suis là à naviguer sur le site, à chercher d'autres informations, quand maman m'envoie un SMS.

« On se voit dans le salon dans dix minutes ! »

C'est un ordre. Je pense que maintenant, elle est vraiment devenue folle. Elle ne pouvait pas venir frapper à la porte ? Je pourrais faire semblant de ne pas avoir vu le message et laisser courir, mais je me dis que qu'il vaut mieux ne pas aggraver la situation. Mes parents sont tous les deux au bord de la crise de nerfs.

Hier soir, Papa est revenu de Grosseto épuisé de sa rencontre avec mamie Marie et le yogi. Nous sommes arrivés presque presque en même temps, alors que maman s'inquiétait beaucoup pour nous deux. Heureusement, la mission de papa a pris le pas sur la mienne, parce qu'il s'agit d'une véritable urgence. Mamie Marie est furieuse que papa s'oppose à sa volonté d'offrir tous ses biens au yogi, d'autant plus que le yogi refuse catégoriquement de les accepter si papa ne signe pas une espèce de « donation ».

— Je te crois ! Cet homme n'est pas naïf, a commenté maman. Il sait que nous pourrions intenter un procès, et il veut notre autorisation !

— Écoute, si ce n'était pas pour tata Rose, moi, j'aurais tout signé, mais elle s'est mise dans une colère noire. Elle a dit qu'elle traînerait au tribunal le yogi et toute cette bande de voleurs, de crapules. J'ai dû la faire sortir de force.

Maman a écarquillé les yeux.

— Et ta mère ?

— Elle s'est mise à hurler qu'elle n'acceptait pas de leçons d'une sorcière, et que s'ils vont au tribunal, elle racontera aux juges que tata Rose consulte comme cartomancienne au noir, chez elle.

Maman a alors commencé à râler, parce que je les écoutais.

Alors j'ai lâché :

— Maman, écoute, l'activité de tata n'est pas un mystère. Je suis au courant depuis que je suis toute petite, peut-être qu'il serait temps d'arrêter tous ces secrets !

Mais qu'est-ce que j'espérais ? Qu'elle me donne raison ? Tu parles ! Maman a répliqué, sur un ton morose :

— Mon trésor, qu'est-ce que tu dis ? Chez nous, il n'y a pas de secrets. Papa et moi te disons tout, et nous préférons que Berni et toi ne gardiez pas les choses pour vous. Tu vois ? Nous ne t'avons même pas caché cette affaire de mamie...

— Forcément ! C'est elle qui est venue ici, habillée en Hindoue.

— De toute façon, papa et moi voulons tout partager avec nos enfants, pour ne pas nous retrouver demain face à des choses déplaisantes, elle était en train de se pavaner.

Je me suis alors levée et je me suis exclamée :

— Il vaut mieux penser à aujourd'hui, plutôt qu'à demain. Ça ne t'intéresse pas de connaître les projets de Berni ? Au lieu de le forcer à venir à une fête de remise de diplômes, tu pourrais respecter son choix d'aller à Berlin et de rester avec Andrea !

Mes parents m'ont alors fixée tous les deux, comme foudroyés.

Je me suis rendu compte que je venais de rompre la promesse faite à mon frère, j'en aurais avalé ma langue ! Un silence de plomb est tombé, puis nous avons tous commencé à parler en même temps et très vivement. À tel point que Robbie, qui jusque-là était allongé sous la table, est sorti de sa cachette et s'est mis à aboyer. Il voulait rétablir le calme dans ce salon, qui semblait tout d'un coup traversé par un tourbillon de voix et d'aboiements.

J'ai cherché à faire machine arrière :

— Excuse-moi, je n'ai rien dit !

— Mais tu vois, mon amour, a dit maman avec un filet de voix et une expression hagarde. Si ton frère t'a mise au courant, peut-être qu'il cherche à nous le faire savoir de manière indirecte, parce qu'il craint d'être jugé... et là, maman a étouffé un sanglot.

— Allez, Carla, arrête de tout dramatiser, a tout de suite affirmé papa, entourant ses épaules de son bras. Il aurait fini par nous le dire, c'est seulement qu'il s'est d'abord confié à sa sœur. Ça ne t'arrivait pas à toi aussi, avec Loris ?

Maman a secoué la tête.

— Loris était beaucoup plus jeune que moi, et puis c'était une autre époque. Je croyais que Berni nous faisait confiance !

Bref, tout ce tollé parce que Berni voulait aller à l'étranger avec une fille qui n'avait pas encore été présentée à la maison. Vu que la soirée a fini comme ça et qu'aujourd'hui, je n'ai pas croisé maman, tu vas voir que cette convocation officielle par SMS, c'était juste pour me soutirer des informations sur mon frère.

Mais j'ai à peine franchi le seuil du salon que je tombe sur maman, Martina, et une dame aux cheveux rouges voyants, coupés court, vêtue d'un habit noir avec des rayures blanches comme tracées à la craie.

— Viens Mia, je veux te présenter cette dame... m'accueille maman, toute souriante. L'air funèbre d'hier soir avait heureusement disparu devant ses deux hôtes.

— Voici le docteur Betty Falieri, tu sais, la personne qui va s'occuper de la fête de remise de diplôme de Martina.

Là, j'ai vraiment besoin d'ajouter un « dans quel sens ? »

La doctoresse Betty m'adresse un grand sourire et m'explique :

— Je m'occuperai du look de Martina et de ses parents, de la décoration florale, du lieu de réception... elle annonce, et Martina, me prenant sous le bras avec une expression complice, ajoute :

— Betty est une experte en événementiel. C'est elle qui pensera à tout, elle va ainsi nous soulager.

— Excusez-moi, mais moi, qu'est-ce que j'ai à voir là-dedans ? j'ose riposter.

— Mais ma chère ! Tu es essentielle, s'exclame la doctoresse, levant les paumes en l'air.

— Carla nous a parlé de ton extraordinaire talent de journaliste, même si tu fais tes premières armes. Tu seras notre *press agent* !

— C'est-à-dire ?

— Tu t'occuperas des relations presse et tu prépareras les articles à publier dans les journaux, s'exclame Betty, doctoresse en je ne sais trop quoi.

— Tu n'es pas contente, Mia ? maman me fait un clin d'œil.

— Je ne savais pas que pour une remise de diplôme, on pouvait finir dans un journal, je commente, glaciale.

Mais Martina m'explique toute joyeuse :

— Depuis quelque temps, pour certaines remises de diplôme, on peut acheter un espace dans le journal pour informer les parents, les amis, les connaissances lointaines, et de nombreuses autres personnes. Tu n'as jamais lu *Ici* ou *Toutes des vedettes* ?

Je secoue la tête, toujours plus déconcertée. Je dois dire que ce ne sont pas exactement les magazines pour lesquels j'ambitionne d'écrire, mais Martina me prévient, maligne :

— Tous les journalistes commencent en bas, avec des magazines populaires ou des potins. Tu ne vois pas ça comme une occasion ?

Je hoche la tête, peu convaincue. Martina ouvre les bras pour me serrer contre elle, prête à sceller un pacte.

— Que c'est beau de travailler ensemble ! elle piaille, tandis que Betty intervient tout de suite :

— Je recommanderai de commencer par publier l'interview de Martina. Nous la ferons publier dans *Toutes des vedettes*. Le directeur est un ami proche, nous sommes déjà d'accord pour présenter Martina comme « une immigrée à succès ». Elle fait un petit signe avec les index et les majeurs réunis pour nous faire comprendre que cette définition est à placer entre guillemets.

Je reste sans voix. Je n'ai jamais vu Martina sous ce jour-là : pour moi, elle est tout simplement une fille originaire d'Argentine, venue en Italie pour étudier. Alors que Betty est en train de nous expliquer :

— Le public adore ce genre d'histoire, des gens qui réussissent en partant de rien, en commençant tout en bas... Maman approuve en faisant des signes vigoureux de la tête, littéralement suspendue aux lèvres de la femme.

Moi, par contre, j'aimerais ajouter que ça ne ressemble pas du tout à un beau compliment pour Martina. Car en fait, elle est issue d'une famille argentine aisée, propriétaire d'une mine. Mais je sais qu'il est impossible d'arrêter certaines personnes, quand elles sont lancées comme un train à grande vitesse, il n'y a rien à faire et si on essaie de les ralentir, on risque même d'être renversé.

S

COMME « SCOLAIRE » ET « SUCCÈS »

Où l'on parle de la façon de réussir

Je voulais devenir journaliste ? Eh bien, me voilà servie.

J'imagine que peu de gens peuvent choisir les journaux où ils vont écrire, surtout au début. Le travail, c'est le travail, et qui sait combien d'articles on doit écrire par devoir plus que par plaisir ou intérêt personnel. C'est ce que je me répète sans cesse pendant que je me prépare à interviewer Martina. Et aussi ce que m'a dit Sean, quand je lui ai raconté l'affaire.

— Regardons le côté positif, il a commenté, enthousiaste. Tu signes un article sur un autre magazine, une publicité, ce que tu veux, mais ne cite pas l'école.

— Mais toi, tu le ferais ? je lui ai demandé. Le portable était en train de me chauffer l'oreille, ça faisait une demi-heure que je lui parlais au téléphone.

L'oreille de Sean bouillait peut-être aussi, parce qu'il a coupé court :

— Mais oui, je ne sais pas. Ce n'est pas moi qui suis concerné. Fais-le et puis c'est tout.

— Et si je regrette ensuite ? j'insiste.

— Tu ne regretteras pas. Tu ne vas pas écrire une feuille assassine !

— Mais ça ne va pas ?

— Je ne sais pas, je crois que j'ai le cerveau fondu par cet appel, il a soupiré.

Sa voix rauque me plaît beaucoup, aussi, plutôt que de me fâcher, j'ai ricané et j'ai admis :

— Oui, pardon, moi aussi.

— Ça aurait été plus rapide de se voir, il gémit alors.

— Je ne sais pas si nous arriverions juste à nous parler.

— Justement.

Je me suis mise d'accord avec Martina pour la voir chez moi, parce que pendant que nous bavarderons, elle sera immortalisée par Lary Cascini, un photographe de mode engagé spécialement par Betty. Pour l'occasion, maman a demandé son après-midi au travail et elle s'est habillée et coiffée comme si c'était elle dont on allait tirer le portrait. En plus, la maison a été briquée du sol au plafond, y compris les chambres, on ne sait jamais, si le photographe voulait réaliser quelques photos plus intimes, par exemple dans la chambre de mes parents.

Lary Cascini arrive de Milan en train et se présente chez nous à quinze heures précises, escorté par la très efficace Betty qui est allée le chercher à la gare et qui l'a amené déjeuner dans l'un des meilleurs restaurants de la ville, histoire de « le mettre de bonne humeur ».

Allez savoir, mais quand il a passé le seuil de la maison, il ne m'a pas semblé de bonne humeur, au contraire. Il était plutôt bourru et désagréable, et malgré la chaleur, il n'a pas retiré son écharpe bleue ni son chapeau.

Maman rougit déjà.

— Venez maître ! Elle lui montre le chemin après l'avoir salué sur le seuil de la maison avec une espèce de révérence.

Ce type antipathique, lui, marmonne :

— Mais quel maître… ?

— J'ai vu votre splendide site, annonce ma mère, qui tourbillonne. Puis elle se répand en mille louanges. Vous avez photographié les plus grandes célébrités avec un tel talent… même Madonna ! Toujours très belle, mais elle est particulière. Certains portraits, laissez-moi vous dire, sont extraordinaires !

Betty vient en renfort :

— Tu as raison, Carla. Extraordinaires.

Pendant ce temps, ils sont arrivés dans le séjour, où Martina les accueille toute joyeuse et elle aussi abuse des superlatifs.

— Et cette jeune fille, c'est qui ? demande Lary Cascini, soulevant le menton dans ma direction.

Je réponds, sans me plier sous les courbettes comme elles.

— Je suis l'intervieweuse, je dis sur un ton neutre.

— Tu n'es pas un tantinet jeune ? il observe en fronçant un peu plus les sourcils .

J'aurais envie de lui répondre : « Seulement parce que vous êtes un tantinet décrépit », mais je laisse Betty chuchoter à l'oreille du photographe quelques mots pour le rassurer. Lequel râle :

— Ah, elle est de la famille, je vois. Mais quelqu'un regardera le texte après ? Il le sait, Piccolini, que c'est une enfant ?

Piccolini, c'est le célèbre directeur de *Tous des vedettes* et à ce que j'en sais, non seulement il est informé du fait que j'ai quatorze ans, mais il en est bien content. Betty, rusée, l'a en effet convaincu de présenter toute la page comme celle « des filles à succès » : l'immigrée diplômée et la collégienne intervieweuse, un duo gagnant auquel toutes les ados peuvent s'identifier et rêver ! Bref, cette Betty connaît son affaire, comme m'a dit maman, très admiratrice.

Ce n'est pas par hasard qu'elle est diplômée en économie et experte en marketing. Et moi qui croyais que c'était une styliste ou une décoratrice ! Parfois, je me fais de fausses idées sur les choses : j'imaginais qu'une économiste était une personne sérieuse, en vêtements gris, pas une femme aux cheveux fauves et habillée en vert pomme ! Va savoir si c'est le marketing qui impose cette touche de frivolité !

Tandis que Betty et le photographe parlent entre eux à voix basse, j'observe Martina et il me semble qu'elle a subi une espèce d'étrange métamorphose. Elle dégaine en effet un sourire d'un blanc éblouissant, comme si ses dents étaient fausses. Elle ne se serait tout de même pas mis une prothèse ? Oh mon Dieu ! Ses yeux ! Ils n'étaient pas marron clair ? Pourquoi ils sont devenus vert d'eau genre vampire ?

— Excuse-moi Marty, je lui demande à voix basse. Tu as fait quelque chose à tes dents ?

Elle sourit, encore plus satisfaite.

— Tu as vu ? Je les ai fait blanchir ! Ça a pris des mois, mais ça en vaut la peine, n'est-ce pas ?

J'ouvre la bouche, et ma stupéfaction l'encourage peut-être, parce que Martina poursuit :

— Et mes yeux ? Qu'est-ce que tu en dis ?? J'ai mis des lentilles de couleur, et des faux cils, comme ça, sur les photos je paraîtrai plus sexy ! Et tant que j'y étais, je me suis fait faire quelques petites injections pour remplir les pommettes...

Je ne pensais pas pouvoir ouvrir encore plus la bouche, mais c'est ce qui s'est passé. Mieux, j'ai l'impression d'avoir la mâchoire qui tombe.

Je relis les questions que j'avais l'intention de lui poser : « Que signifie ce diplôme pour toi ? Est-ce que tu voulais devenir biologiste depuis que tu étais petite ? Quelles études as-tu suivies dans ton pays ? Comment t'es-tu trouvée à l'université ? Est-ce que les études ont été difficiles ? Qu'est-ce que tu as l'intention de faire après le doctorat ? » Ça me semble à présent des questions bien trop sérieuses pour quelqu'un qui se comporte comme si elle était entrée tout d'un coup dans le monde brillant de la célébrité. Aussi la première (et l'unique) question devient :

— Que signifie pour toi le mot succès ?

Il n'y a pas pire que de piquer la vanité de certaines personnes déjà assez enclines à se regarder le nombril. Tandis qu'elle bat des faux cils et qu'elle lance des regards langoureux vers l'objectif, tout en s'allongeant sur le canapé, Martina bavasse à tort et à travers sur sa difficulté à s'imposer comme étrangère et belle femme. Des discours faux, puisque tout le monde lui a donné un coup de main, en commençant par ma mamie qui lui a même payé son inscription à l'université et pour finir avec maman qui se met toujours en quatre pour elle. Mais comment puis-je faire pour la contredire ? C'est un torrent en crue, elle alterne la victimisation et la vanité et finit par révéler son projet de devenir professeur et mannequin.

— Pourquoi renoncer à une carrière en faveur d'une autre ? elle déclare, un tantinet agressive. C'est interdit ? Combien de mannequins sont aussi actrices ou photographes ? Eh bien, moi je démontrerai que l'on peut être professeur et mannequin, cerveau et beauté !

Elle continue comme ça pendant une bonne demi-heure, tandis que moi, j'ai du mal à prendre des notes. Il n'y a pas moyen de poser d'autres questions ni de l'interrompre pendant qu'elle s'auto-encense, parlant de sa grande ténacité et de l'optimisme qui lui ont permis de se faire accepter dans un pays dont elle apprécie « beaucoup » la cuisine, les voitures de sport, la mode et enchaînant les stéréotypes les uns après les autres.

— Pour faire comprendre qui je suis, parce que, moi, je suis une effrontée, elle continue imperturbable, ce qui désormais m'apparaît comme un total délire de toute-puissance.

— J'ai déjà pris contact avec une école très importante, un lycée prestigieux où le principal est honoré de m'accueillir. D'ailleurs, mon doctorat en biologie a un certain poids par rapport aux autres doctorats de quatre sous, et je ne suis pas là pour faire la liste parce que nous nous sommes déjà comprises...

Cette fois, j'arrive à placer un mot

— C'est-à-dire ? Explique-moi, ça peut m'être utile.

— Tu as raison. C'est bien qu'une jeune fille sache à quoi elle risque de s'exposer. Je parle des soi-disant facultés de lettres, sciences de la communication, sciences de l'éducation, sans compter des sciences sociales, mais quelles *sciences* ? Ne nous faites pas rire !

Bref, la néo-biologiste est sur le point d'être embauchée dans un vrai temple du savoir, certainement pas dans un collège, ni un pâle lycée de banlieue, ni un lycée public, comme celui que je fréquente, entendons-nous bien ! Certainement pas ! Notre très ambitieuse Martina a été appelée par un lycée privé, qui garantit à ses élèves une préparation d'un niveau très élevé. Une école à succès.

Je n'ai pas besoin de demander comment s'appelle cette école, parce que je pense avoir déjà compris. Un frisson me traverse le dos quand Martina confirme mon soupçon : le temple du savoir est justement le lycée Godefroy de Bouillon.

S

COMME « SCOLAIRE » ET « SUCCÈS »

Où je contacte un bouillonné

Bon, maintenant, je dois réussir à visiter cette école et à parler avec des étudiants. Je ne peux certainement pas me fonder sur la publicité du site ou sur les récits de certains. Ni sur la lettre très formelle que j'ai reçue par e-mail de la part de l'institut, prêt à répondre à toutes mes questions sur l'école.

Il ne me reste qu'à convaincre Martina de m'accompagner au lycée Godefroy de Bouillon, et pour ce faire, je choisis la stratégie de la complicité. Je l'appelle et je lui confie que l'autre jour, quand elle m'a parlé du lycée privé où elle travaillera en septembre prochain, il m'est venu l'envie de le visiter. J'en ai tellement entendu parler en bien que j'aimerais moi aussi le fréquenter, peut-être l'année prochaine, qui sait, quand elle sera enseignante là-bas.

— Tu connais mes parents ! je me suis confiée. Tu sais ce qu'ils pensent ces deux-là. Ce sont d'infatigables adeptes de l'école publique.

— Oui, c'est étrange de la part de Carla de s'obstiner ainsi, car désormais tout le monde sait que les meilleures écoles sont les écoles privées.

— Ne t'inquiète pas, je ne dirai rien de ton plus que légitime désir.

— Merci, tu es une amie. Et pour la visite de l'école ?

— Je vais voir ce que je peux faire, elle a glissé vaguement.

— J'y tiens vraiment beaucoup, j'ai insisté, puis j'ai joué la carte de la flatterie. Peut-être que je pourrais suivre tes traces.

— Tu sais que je suis très amie de ta mère, puis elle a posé les mains devant elle et a ajouté : Pourtant toi, tu es douée, tu as compris quelle était la bonne direction. J'essaierai de te donner un coup de main.

Je pensais la relancer un ou deux jours après, mais j'ai reçu un coup de fil bien avant.

— Tu sais que tu as beaucoup de chance ? Le principal De Giorgo m'a appelée pour finaliser quelques papiers, des formalités. Nous nous sommes mis d'accord pour vendredi matin : tu devras donc rater l'école.

— Ça me va très bien, j'exulte, même si ma conscience me rappelle à l'ordre tout de suite.

Je n'ai jamais fait d'absence injustifiée, je romps la confiance de papa et maman. Mais là, c'est un cas de force majeure ! Aussi, vendredi matin, au lieu d'entrer au collège, je monte dans le bus et je descends à la place Tanucci, où j'ai rendez-vous avec Martina. Laquelle arrive une heure après dans une voiture encombrante aux roues énormes, une espèce de tout-terrain parfaite pour le Paris-Dakar.

— Elle te plaît ma nouvelle voiture ? Demande-t-elle dans un salut éclatant de'auto-satisfaction.

— Hallucinant ! je commente.

— Tu n'avais pas une Fiat 500 ?

— Si, mais j'ai mis le paquet avec celle-ci, elle est plus adaptée à ma nouvelle vie. C'est Betty qui me l'a conseillé. Il faut faire étalage si on veut être admirée et enviée.

— Concept intéressant, j'observe, sceptique.

Mais Martina est déjà partie en quatrième vitesse, insouciante des limites de vitesse.

Nous arrivons à Pise, on peut le dire, en un éclair par rapport à mon précédent voyage en train. Pendant le trajet, Martina n'a fait que bavarder allègrement en criant pour se faire entendre à cause de la musique qui fonctionne à plein volume. Elle m'a mise au courant de ses achats de vêtements et des chaussures qu'elle portera le jour de la remise de diplôme ; pour sa coiffure, elle a pris rendez-vous dans un salon célèbre ; pour la séance de massages relaxants pré-remise de diplôme et pour les bonbonnières qu'elle distribuera aux parents et aux amis au cours du cocktail. Elle m'a ensuite invitée à prendre un petit paquet dans son sac et à l'ouvrir : dedans, il y avait une pile de cartes de visite fraîchement imprimées, avec écrit dessus en caractères dorés « DOCTORESSE MARTINA MARGIELA Y GASSET. ENSEIGNANTE ET MANNEQUIN », suivi de son numéro de téléphone, de son adresse e-mail, et d'un tout nouveau site web en construction réalisé par un studio d'infographistes engagés eux aussi par la même et toujours indescriptible Betty.

— Tu as pensé à tout ! Je me suis exclamée avec admiration.

— Oui, vraiment ? Mais je n'aurais rien réussi sans Betty, cette femme est un puits d'idées et tu ne peux pas t'imaginer combien elle a de contacts ! Elle connaît tout le monde. Je te dirais même que le lycée Godefroy de Loubon, c'était une de ses initiatives, le principal est son ami, je crois même qu'ils ont étudié ensemble à Milan.

— Bouillon, je la corrige, poliment.

— Comment tu dis ?

— Godefroy de Bouillon. C'était un grand chevalier du Moyen Âge.

Mais elle n'écoute rien. Elle fronce les sourcils derrière ses énormes lunettes de soleil.

— Ah bon ? Je pensais Loubon comme un gros loubard.

— Ce serait mieux que tu ne dises pas ça au principal, je lui conseille sur un ton neutre.

Nous arrivons à l'école vers onze heures et demie. Le bâtiment est entouré d'un haut grillage en fer, avec un portail électrique surmonté par une caméra télé. Martina gare son espèce de tank sur l'espace réservé aux camions des fournisseurs, et provoque ainsi un petit malentendu. Le surveillant du parking croit que nous faisons partie de l'armée de terre américaine, attendue ces prochains jours pour un exercice antiterroriste.

En voyant descendre Marina en tenue moulante rouge feu, avec des lunettes yeux de mouche et des chaussures aux talons vertigineux, le surveillant a le souffle coupé. Mais tout de suite après, il se reprend, pour crier :

— Mais non, mademoiselle, vous devez déplacer votre voiture !

— Comment osez-vous ? crie-t-elle cette fois. Ce n'est pas votre travail ? et elle lui tend les clés de la voiture.

— Même pas en rêve ! fait le gars et il porte un sifflet à sa bouche.

En un rien de temps apparaissent deux agents de la sécurité, des hommes grands et forts qui font de grands gestes pour lui faire comprendre de sortir tout de suite du parking. Mais elle, et là je dois vraiment admettre qu'elle est du genre coriace, elle s'accroche à son portable pour appeler le principal.

À ce moment-là déboule de l'intérieur du bâtiment un gardien en uniforme impeccable, qui ressemble à un majordome, tout souriant, et vient résoudre le petit malentendu. Martina lui laisse les clés et se pavane en marchant direction du portail, suivie par moi qui voudrais plus que tout devenir invisible.

Une fois passé le portail, on nous prie d'attendre une autre gardienne qui ressemble à une directrice d'hôtel, dans la petite salle pour les visiteurs. Pour le moment, cet endroit ressemble à tout (une clinique privée, un ministère, une ambassade, un mégabureau) sauf à une école. On n'entend pas le moindre chahut d'élèves.

Enfin, nous sommes escortées le long d'un corridor, celui que j'avais vu en photo, jusqu'au bureau du principal. Juste à ce moment-là, la cloche du changement d'heure sonne et les portes s'ouvrent toutes en grand. L'école prend enfin vie, et un brouhaha se propage, qui témoigne de la présence d'étudiants. Certains d'entre eux se ruent dehors. La vision est choquante. Jeunes filles et jeunes garçons en tablier noir se croisent dans le couloir comme d'énormes cafards dans un chuchotement entretenu, certains lancent des coups d'œil curieux, mais quasiment tous se tiennent la tête baissée.

— C'est l'heure de la pause du déjeuner, nous informe la gardienne-directrice d'hôtel.

Je lance un coup d'œil à ma montre : il est midi pile. Un peu tôt pour déjeuner, ça se voit qu'ils sont vraiment hors du monde.

— Excusez-moi, je dois aller aux toilettes, je dis, et je disparais en vitesse vers un étroit couloir sur la droite, où j'ai vu indiquées des toilettes et où j'ai remarqué un certain affolement.

— Fais vite, me conseille Martina, et dans ce confus murmure sa voix sonne presque comme une trompette.

Enfin seule ! Et enfin loin des regards curieux.

Comme dans toutes les écoles, les toilettes sont remplies d'une foule d'élèves, mais surtout on respire un peu plus relax. Non pas que l'on rie ou que l'on bavarde à voix haute, bien au contraire. Beaucoup sont enfermés dans un mutisme hostile et personne n'ose me demander ce que je fais ici, habillé en bourgeoise, au milieu d'eux.

— Salut, je commence, souriant un peu nerveusement devant toutes ces personnes qui me font une tête de six pieds de long. Je visite, et je me demandais si je pouvais bavarder un peu avec vous...

Personne ne répond, au contraire quelques filles me tournent ostensiblement le dos.

— Je ne voudrais pas vous déranger, bien sûr, c'est l'heure du déjeuner... un peu tôt, c'est curieux, non ? À quelle heure commencent les cours ?

— Lis l'emploi du temps sur le panneau d'affichage, répond une fille à voix basse.

— Ah oui. Merci pour l'information, je poursuis, toujours sur le même ton exalté. Il me semble avoir vu que vous commencez à huit heures, c'est ça ?

— À sept heures, me corrige une autre fille.

Je hoche la tête.

— Ah oui, bien sûr, quelle idiote ! Donc midi est la bonne heure pour faire une pause...

— Le déjeuner est à midi trente pile, m'informe celle-là même fille sur un ton neutre.

— Bien, donc si je vous vole cinq minutes... je poursuis, confiante.

— Nous n'avons pas le temps, m'interrompt une autre fille plutôt grande et forte, à l'air menaçant. Si tu veux bavarder, retourne là d'où tu viens.

— Mais moi, je suis très admirative de cette école, vraiment ! Je veux en savoir plus, quel mal y a-t-il à ça ?

— Qui t'envoie ? me demande une voix masculine derrière moi.

Je me retourne et un type au crâne rasé est en train de me dévisager d'un air féroce.

— Personne, pourquoi ? Je suis venue avec une amie qui va enseigner ici l'année prochaine.

— Comment tu t'appelles ?

Je décide d'opter pour mon nom officiel :

— Marie-Véronique Maltagliati.

— Parente du ministre ? s'informe la fille un peu forte, sur un ton légèrement plus aimable.

— Je crains que non.

— Personne n'est venu bavarder avant de venir s'inscrire ici, insiste alors le rasé. Je pense que tu es une espionne.

Je suis sur le point d'éclater de rire mais je me ravise.

— Ah celle-là, elle est bien bonne ! Quelles raisons j'aurais d'espionner...

Mais ils m'ont tous tourné le dos, et en quelques secondes les toilettes se vident. Les cafards se rassemblent pour aller manger.

Je soupire, résignée. Ceux-là, je n'en tirerai rien, on dirait qu'ils appartiennent à une secte secrète. Si ça se trouve ils font vœu de silence, comme les moines.

Mais juste avant de m'éloigner des toilettes, il me semble entendre un léger appel :

— Hé ho... excuse-moi...

Je me retourne et j'aperçois un visage caché dans un coin des toilettes des filles. Je m'approche et je me rends compte que c'est un garçon tout menu, aux cheveux blonds et fins, avec des lunettes fines derrière lesquelles scintillent deux yeux apeurés. Le garçon met un doigt sur sa bouche, puis, très vite, il se dépêche de tirer la chasse d'eau d'un cabinet, ouvre les robinets et presse le bouton du sèche-mains. À ce moment-là, il me fait signe de me pencher vers lui.

— Il y a des micros partout, il me murmure à l'oreille.

J'acquiesce d'un signe de la tête, impressionnée.

— Et aussi des caméras. Elles n'arrivent pas à filmer dans les angles, j'ai testé, il m'indique. Je n'ai pas beaucoup de temps, je dois descendre avec les autres, sinon je serai puni.

— Je te donne mon adresse e-mail et mon numéro de portable.

Je suis prête à écrire, mais il m'arrête.

— Dis-les-moi à voix haute, je les mémoriserai. Je te donnerai de mes nouvelles, il affirme.

Entre-temps, il actionne de nouveau le sèche-mains pour maintenir le bruit de fond.

— Tu es vraiment une espionne ?

— Une journaliste, je révèle.

Son visage s'illumine, même si je ne souris pas.

— Je le savais ! C'est ce que j'espérais.

— Cette école me semble terrifiante, je commente.

Et lui s'enthousiasme :

— Tu n'as rien vu. Les gens doivent savoir.

— Comment ça se fait que tu es ici ? je demande, curieuse.

— Ce sont mes parents qui m'ont obligé. En fait, mon beau-père et ma mère. Ils ont dit qu'il me fallait une école qui me dresse.

— Quelle affaire ! je secoue la tête.

Le sèche-mains s'est arrêté et le garçon est en train de se faufiler dehors. Mais avant de sortir, je lui demande :

— Comment tu t'appelles ?

— Julian.

Deux jours après, je reçois un e-mail de sa part : il a été écrit à deux heures du matin et signé J.

« J'ai une tablette cachée, cadeau de ma sœur, ici les téléphones et les ordinateurs portables sont interdits. Pour les messages, je me suis branché sur la connexion du principal, personne ne se rendra compte de rien. Je t'écris tout de suite quelques trucs sur cette école. J'imagine que le principal t'a fait faire le tour panoramique que j'ai fait moi aussi au début, il t'a montré les classes attrayantes et les dortoirs à deux lits genre *college*. On explique aux parents que la méthode est traditionnelle et on leur demande de signer une feuille où l'on confie à l'école l'éducation complète des enfants, en leur interdisant toute ingérence. Si tous les parents sont comme les miens, et je suppose que oui, ils sont bien contents de se débarrasser de nous, les jeunes. Les règles ici sont strictes : réveil à six heures, petit déjeuner, début des leçons à sept heures, déjeuner à midi et demi, reprise des leçons, entraînement, pause à cinq heures, rassemblement, chants et marches, dîner à dix-neuf heures, récréation surveillée et obligation de rejoindre sa chambre au plus tard à dix heures du soir. Il n'y a pas de temps libre pour les occupations personnelles. La discipline est totale, tout est interdit. Même une toute petite transgression est punie. Les punitions sont horribles. Les visites sont interdites.

Tout ce que nous devons faire du matin au soir c'est étudier et nous entraîner.

Les films sont passés au crible par le conseil des enseignants. Sont permis les livres de la bibliothèque scolaire. Tu me rendrais un grand service si tu arrivais à m'envoyer *IT* de Stephen King en format compressé. Je dois te laisser. J. »

Mes cheveux se dressent sur ma tête et je m'empresse de trouver *IT* pour l'envoyer à mon courageux ami !

S
COMME « SCOLAIRE » ET « SUCCÈS »

Où l'on explique diverses choses

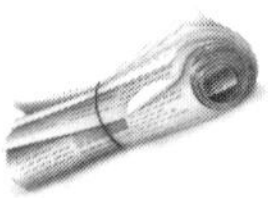

Je passe quasiment toute la fin de la semaine à travailler sur mon article, grâce aux informations qui me sont arrivées de Julian, qui m'a aussi donné quelques tuyaux sur le propriétaire de l'école.

Samedi après-midi, je m'octroie un peu de temps libre et je sors avec Sean, je lui raconte mon incroyable visite au lycée Godefroy de Bouillon, la rencontre avec Julian et l'article que je suis en train d'en tirer.

— On dirait une enquête, il observe, impressionné.

— C'est une affaire importante.

— Vraiment ?

Je commence en effet à avoir tellement de matière que l'article sera très long.

— Tu en as parlé avec Andy ?

Je m'assombris un peu.

— Non, pas vraiment. Je dois vraiment en parler avec elle ?

Sean me caresse la nuque et glisse ses doigts dans mes cheveux.

— Pourquoi ça te gêne ? Tu as entre les mains une histoire vraiment brûlante, Andy ne peut être que contente.

Je crois que c'est surtout l'effet des frissons provoqués par ses doigts sur ma nuque qui me relaxe. Le soir-même j'appelle Andy, mais elle me répond dans un chahut assourdissant : elle doit être à une fête. Le lendemain matin, son portable est éteint, peut-être que la fête a fini tard dans la nuit. Quelle chanceuse, elle peut sortir tard. Chez moi, je n'ai pas le droit de me coucher plus tard qu'à vingt-trois heures, et uniquement le samedi, et je ne peux aller que dans des lieux connus, et seulement avec des amis que mes parents connaissent. Seule exception : les fêtes chez les amis si je suis accompagnée de papa ou maman, mais je ne dois jamais dépasser minuit. Il m'est sévèrement interdit de boire de l'alcool. Et je m'étonne des règles du lycée Godefroy de Bouillon !

Il est plutôt facile pour moi d'éprouver de l'empathie pour Julian, lui qui est prisonnier de cette école de nazis. S'ils découvrent qu'il m'a parlé, ils le cloueront peut-être au pilori comme à l'époque médiévale, ou peut-être qu'ils le brûleront sur le bûcher. Il n'y a pas de quoi rire. J'ai des frissons rien qu'en dépensant à ce que risque mon informateur. Ça doit être pour ça que je travaille comme une folle depuis ce matin, jusque vers l'heure du déjeuner, au moment où je rejoins le reste de ma famille réunie dans le séjour. L'atmosphère n'est pas des plus joyeuses, au contraire, mes parents font une de ces têtes !

— Qu'est-ce qu'il y a ? je demande, tout en me vautrant sur le canapé.

— Dans peu de temps, ton frère arrive, il nous fait l'honneur de venir nous voir depuis Pise, annonce papa.

Maman pose le magazine qu'elle était en train de feuilleter distraitement et me fixe en croisant les bras. Aïe, aïe, aïe, je sens comme un air de polémique.

— C'est sûr que vous êtes bien difficiles tous les deux, elle commence à attaquer, avec un air de victime.

— Qu'est-ce que j'ai à voir là-dedans, moi ?

— Tu as quelque chose à voir là-dedans. Je viens à peine d'avoir au téléphone la maman de l'une de tes camarades de classe qui voulait t'inviter pour le dîner. Il semblerait que vendredi tu aies séché l'école, ça te dit quelque chose ?

Le ton est glacial et moi, je rougis.

— Oui, c'est vrai. Je ne suis pas allée à l'école, j'admets rapidement.

Papa retire ses lunettes et se pince la racine du nez entre deux doigts. Pendant ce temps, maman me demande :

— Et pourquoi donc ? Et pourquoi tu ne l'as pas dit tout de suite ?

J'essaie d'expliquer tranquillement que j'ai été invitée par Martina à visiter le lycée où elle enseignera l'année prochaine et que j'ai même l'intention d'écrire un article...

Maman m'interrompt, en soupirant :

— Tu ne pouvais pas me le dire ? Tu avais besoin de subterfuges ?

Et papa renchérit :

— Tu te rends compte que ce n'est pas un comportement correct ?

— Allez, papa, ça ne m'est jamais arrivé ! C'est la première fois...

— Et la dernière, il conclut, prévoyant.

Il a un visage assez sombre, ce qu'on ne voit pas souvent. Je ressens un profond chagrin de l'avoir déçu.

— Tu ne te rends pas compte que tu risques de finir par avoir des ennuis, il me dit, sur un ton très renfrogné et aussi un peu exagéré. Eh bien, au pire, j'aurai des ennuis !

— Moi, cela m'étonne de la part de Martina ! commente maman. Te laisser aller, comme ça, sans m'avertir... mais qu'est-ce qui lui a pris ?

— Martina a beaucoup changé, lui dit alors papa, qui semble sauter sur l'occasion de donner son avis, car jusqu'à présent, il avait gardé le silence là-dessus. Tu n'as pas vu comme elle s'est monté la tête ? Avec cette remise de diplôme, l'idée de devenir mannequin... toutes ces idées confuses et superficielles.

— Et pourtant, elle est tellement sensible, insiste maman, sans aller plus loin.

Au contraire, elle se tourne tout de suite vers moi pour me demander :

— Quand est-ce que tu pensais nous le dire ?

— Je ne sais pas, aujourd'hui... je bredouille.

Papa soupire.

— Ou même jamais. Quelle confiance !

— Non, excuse-moi, papa ! je réplique, plus décidée que jamais. J'ai eu tort, tu as raison. Mais si je vous avais dit que je voulais faire une enquête, peut-être que tu aurais voulu m'accompagner, et ça n'aurait pas fonctionné comme ça l'a fait.

Je me rends compte que j'ai parlé de manière désordonnée, et papa soupire une nouvelle fois.

— Ce n'est pas une raison. Tu es encore trop jeune pour déjeuner toute seule. Il y a un temps pour tout.

Après quoi, il se lève et se dirige vers la cuisine.

— Je vais préparer un apéritif, l'autre ne va pas tarder à arriver.

Il est en train de parler de mon frère, bon sang qu'est-ce qu'il est en colère !

Pendant ce temps, maman s'approche et pose une main sur la mienne.

— Papa a raison. Tu dois me promettre de ne JAMAIS faire les choses en cachette.

Puis elle ajoute, entre les dents :

— Et avec Martina, il vaut mieux en rester là. C'est aussi un peu de ma faute, je t'ai poussée vers cette excitée.

Heureusement Berni arrive, comme ça, le chapitre sur mon équipée est clos. Comme d'habitude, il arrive en retard, et de manière retentissante, juste quand nous étions en train de nous asseoir à table pour commencer sans lui. Comme il était tout joyeux, l'atmosphère s'est réchauffée tout de suite et mes parents ont hésité un peu avant d'en venir au fait. Nous sommes en effet au dessert quand maman décide d'entrer dans le vif du sujet :

— Nous sommes contents que tu aies pris la décision de passer une année à l'étranger. C'est très important, ça t'aidera à t'orienter...

Papa reçoit le regard qu'il lui lance comme un service au tennis et poursuit :

— C'est une sage décision, que nous approuvons. D'autant plus que Berlin est une ville pleine d'opportunités...

Tout à coup, Berni n'y tient plus et lâche :

— Mais qu'est-ce qui vous arrive à tous les deux ?

Mes parents s'échangent un regard.

— Rien. Qu'est-ce que nous avons ?

— Mais comment ça ! s'exclame mon frère. On dirait que vous marchez sur des œufs.

Ils se regardent de nouveau, et puis maman commence :

— Excuse-moi, mais nous ne savons vraiment pas comment nous comporter. Tu n'as pas quelque chose à nous dire ?

— Quelque chose de quel genre ? il s'assombrit.

Maintenant c'est papa qui parle :

— Si tu nous mettais au courant de tes projets, nous serions moins réticents. À chaque fois que nous ouvrons la bouche, on dirait que l'on se mêle trop de tes affaires. Mets-toi à notre place, ce n'est pas sur des œufs que nous marchons mais sur un champ de mines.

Berni hésite un instant, puis admet :

— D'accord. J'ai été un peu brusque. Mais moi aussi, j'ai une vie privée, vous devez garder ça en tête, surtout toi, maman.

Je m'attends à ce qu'elle s'enflamme, en fait elle réagit sur un ton assez abattu.

— Je n'avais pas l'impression d'être aussi envahissante. Je ne te demande pas qui tu fréquentes ou ce que tu fais...

— Nous te demandons juste de ne pas perdre de temps, l'assiste papa.

— C'est logique, non ? accorde Berni.

— Et de ne pas nous considérer comme des étrangers ou, pire, comme... des ennemis ! la voix de maman tremble.

Berni semble dérouté :

— Mais non, bien sûr... mais qu'est-ce qui vous prend ?

À ce moment-là, papa se décide à se lancer :

— À part les études, tu as une autre raison d'aller à Berlin ? Une... personne ?

Berni commence à comprendre :

— Ah je vois, vous savez tout ! Mia a parlé.

Papa me défend de manière convaincante :

— Pourquoi ? Qu'est-ce qu'elle devait cacher, Mia ?

— Rien, de toute façon, je vous l'aurais dit aujourd'hui. Une fille m'attend à Berlin.

Maman respire un bon coup et dit :

— Berni, dis-nous la vérité. Papa et moi, nous nous considérons comme des personnes ouvertes et toi, tu es notre fils. Nous t'aimons et nous avons complètement confiance en toi.

Berni écoute ce discours la bouche ouverte. Et il finit par sortir son fameux :

— Excuse-moi maman, mais en quel sens ?

— Tu as dit qu'une fille t'attend... tu peux être honnête avec nous.

Berni fronce les sourcils et insiste :

— Mais qu'est-ce que c'est ? C'est une représentation ? Qu'est-ce qui te prend... ?

Puis d'un coup, il s'illumine :

— Et zut, j'ai compris ! Andrea !

Maman et papa s'échangent un énième regard, tandis que Berni éclate de rire.

— Cette farceuse de Mia !

— Qu'est-ce qu'elle a à voir Mia ? Et qu'est-ce qui te prend de rire ? fait papa.

— Quels idiots, vous êtes tombés en plein dans le panneau ! Il insiste tout en riant.

— Andrea est une fille, c'est un nom de fille. Et vous avez cru que j'étais devenu gay !

Le visage de maman se transforme, puis elle se lève brusquement et s'exclame :

— Quelqu'un veut des fruits ?

Elle disparaît dans la cuisine, suivie dans la foulée par papa.

Berni me fixe.

— Les pauvres, tu les as choqués.

Pour si peu ? Ils n'ont pas encore lu ma série d'articles.

Pendant la nuit, je reçois d'autres informations de l'école Godefroy de Bouillon. Julian s'est déchaîné. Il m'envoie un message à une heure, un autre à deux heures, puis un à trois heures. Je m'en aperçois tôt le matin, quand je vérifie mon ordinateur et vois les e-mails l'un après l'autre.

Julian est pressé, il conclut son troisième e-mail comme ceci :

« Je veux être libéré !!! »

Courage, mon ami J. Les journaux existent aussi pour ça.

S
COMME « SCOLAIRE » ET « SUCCÈS »

Où je réalise la première véritable enquête de ma vie

Je ne croyais pas que le métier de journaliste puisse me mener si loin dans une histoire ! J'ai passé deux jours entiers à rassembler les informations envoyées par Julian et à les compléter par une série d'interviews. Des choses que je m'étais notées dans un carnet pendant la visite à l'école en présence du principal, d'autres tirées de la conversation avec Martina. Mais à la fin, pour compléter mon enquête, j'ai enregistré l'avis de deux personnes bien différentes. Ainsi j'ai interviewé ma prof, madame Trombetti, qui comme d'habitude a été très disponible et s'est enthousiasmée pour mon nouveau travail, qu'elle a appelé « dossier ».

Puis j'ai pensé à poser quelques questions à un parent qui serait favorable à cette école-galère. Ça n'a pas été facile de le trouver, parce que la majeure partie des adultes que je connais sont (assez) compréhensifs et saisis d'horreur à l'idée qu'un endroit puisse dresser leurs enfants comme dans une académie militaire. Mais finalement je me suis souvenue du directeur de la banque de papa, qui parle des jeunes comme de « crédits à perdre ». C'est peut-être pour cette raison que son fils s'est justement enrôlé l'année dernière dans la Légion étrangère. S'il avait pensé à l'école Godefroy de Bouillon, il n'aurait pas eu franchi le pas tout de suite.

Pour être bref, voici ma première enquête.

VOYAGE DANS L'ÉCOLE DU FUTUR

Une enquête de Mia Maltagliati

La question est : qu'est-ce qui fait qu'une école est une bonne école ? On serait tenté de dire les enseignants, les programmes, les contenus, l'organisation, l'offre. Mais d'abord, essayons de nous mettre d'accord sur ce que l'on entend par « qualité » ou « qualité de l'instruction ». La qualité vient-elle de la capacité de l'école à se renouveler et à dialoguer avec la société actuelle, à inventer de nouvelles formes de compréhension ? Ou alors, la reconnaît-on dans la répétition d'un schéma traditionnel et rigide, dans la conservation et le maintien du système hiérarchique ? Est-ce la participation active ou la sélection très stricte ? La formation critique est-elle aussi importante ou plus que l'acquisition de données ? Ou au contraire, est-ce que la discipline est plus importante ? Notre enquête apporte quelques surprenantes découvertes sur une structure expérimentale et secrète, une école privée qui se présente comme un modèle de formation pour la classe dirigeante du futur. Aux dépens de toute idée de participation, de critique, de compréhension et de solidarité.

Pise. L'ex-couvent des sœurs dominicaines de Santa Croce à Fossabanda accueille une de ces nouvelles écoles expérimentales, le lycée Godefroy de Bouillon. Le bâtiment, un lieu consacré jusqu'au XIXe siècle, puis entretenu par la mairie qui en avait fait un hôtel, a récemment été acheté par une fondation privée, Futur Maintenant, liée à Futur SA, une grande société qui a des intérêts dans le secteur immobilier et les assurances. Parmi les nombreux objectifs de la société Futur, celui qui est ouvertement prioritaire est la formation des « futures classes dirigeantes », comme l'indique le dépliant de présentation de l'école qui porte le nom, et ce n'est pas un hasard, au célèbre chevalier qui a participé à la Première Croisade de 1095. L'institut veut se distinguer par son esprit de « croisé », ramener les jeunes à une « intégrité morale » et promouvoir un « retour aux racines de l'éducation ».

L'organisation de la formation se base sur trois concepts fondamentaux : tradition, obéissance, honneur. Une sorte d'académie militaire où le monde extérieur avec ses stimulations, sa diversité, et surtout, sa liberté, doit disparaître. Et en effet, cette dernière disparaît.

Les étudiants portent tous obligatoirement le même uniforme, c'est-à-dire un tablier noir qui cache la silhouette. Les cheveux longs sont interdits pour les garçons, tout comme les cheveux lâchés pour les filles. Les boucles d'oreille sont totalement interdites, piercing, tatouages et chaussures de sport aussi. Bannis également les films de jeunesse ou de genre, comme les films d'horreur : on peut visionner des documentaires sur les animaux, les explorations spatiales, les sciences naturelles et les films historiques sur les chevaliers ou les saints. Naturellement toute littérature sociale, de dénonciation, politique ou civile est interdite . La lecture conseillée est celle des classiques de la *littérature fantasy ou les biographies de personnages célèbres. Une école de ce genre n'est-elle pas déconnectée de la société ?*

On ne dirait pas, à en juger par le nombre d'inscrits, pour la majorité des enfants de familles très fortunées.

« La compétition sociale est un état de fait », explique le principal. « Tromper les jeunes avec une éducation permissive, où tout est donné, c'est les pousser à croire que tout est à portée de main. Ils seront inévitablement confrontés à d'énormes obstacles une fois sortis d'écoles qui n'étaient pas assez strictes. » Ne parlons pas des entreprises, pour lesquelles « les jeunes doivent être préparés à donner le maximum d'eux-mêmes et à ne pas se ménager », ajoute avec ferveur une enseignante embauchée depuis peu. Cette jeune femme de vingt ans, à peine diplômée, croit que l'éducation doit redevenir rigide et se montrer sans complaisance avec la paresse. Ces adolescents ont tendance « à ne rien faire dans la vie ». On peut alors se demander quel est le rôle de l'art et de la musique dans une école où tout doit être rangé et schématisé. Eh bien, au lycée Godefroy de Bouillon, il y a des ateliers de théâtre dans lesquels on étudie et on met en scène les textes classiques, surtout les tragédies ; et une salle de musique où sont interdits les instruments électroniques et toute technologie de ce genre. En ce qui concerne la poésie, l'art figuratif et les romans, il est bien clair que ces formes expressives ne sont que de simples loisirs, une sorte d'évasion pour ceux qui demain formeront la classe dirigeante, calculatrice, ambitieuse et sans scrupules de notre pays.

LES OPINIONS

CONTRE

Interview d'un professeur

Vous pensez que l'école doit redevenir plus sévère ?

Je ne comprends pas ce que cela signifie. L'école, à mon avis, doit être un lieu d'accueil et de compréhension. Elle doit savoir dialoguer avec les familles. S'efforcer de comprendre et valoriser les différences sociales et culturelles, ne pas proposer un modèle unique, rigide et sélectif.

Qu'est-ce que vous pensez des nouvelles écoles expérimentales qui prônent le retour aux méthodes traditionnelles ?

Ce sont des opérations nostalgiques qui ne respectent pas les mutations du monde. Elles partent d'idées négatives selon lesquelles les jeunes sont une masse d'ignorants et de fainéants, pour utiliser les termes que j'ai entendu brandir comme des armes par certains fonctionnaires de l'éducation. Ces instituts prétendument modernes sont des lieux de restrictions, ni plus ni moins. Des fabriques à névroses.

Est-ce que vous enseigneriez dans une école de ce genre ?

Non. Plutôt faire serveuse que ça.

POUR

Interview d'un parent

Qu'est-ce que vous pensez de ces nouvelles écoles expérimentales qui garantissent le maximum de sévérité ?

Il était temps qu'elles ouvrent ! Ça suffit ces écoles où l'on n'apprend rien et où les jeunes passent leur temps à chauffer les bancs !

Quelle école avez-vous faite ?

Le lycée scientifique. À cette époque, on étudiait. Pas comme maintenant...

Pardon de vous interrompre, donc pour vous « *melius abundare quam deficere* » ?

Je n'ai pas compris.

À votre époque vous n'étudiiez pas le latin ?

Bien sûr que si. C'était il y a vingt-cinq ans, je ne m'en souviens plus !

Et pourtant l'école était sévère...

Très sévère.

Vous portiez un tablier ?

Mais non, il ne manquerait plus que ça ! Et de toute façon, moi, je ne l'aurais jamais porté, c'est un vêtement de femme.

Les professeurs vous punissaient ? Vous humi liaient ?

Vous plaisantez ? M'humilier, moi ? J'aurais déclenché une révolution.

À ce propos, vous savez pourquoi on dit « déclencher une révolution ». Que vous évoque 1789 ?

Écoute, petite, tant que l'on plaisante ça va, mais maintenant je n'ai plus de temps à perdre.

Je me demande si les journalistes célèbres connaissent les mêmes difficultés que moi quand ils mènent une enquête. C'est-à-dire, on écrit, on écrit, mais on ne s'imagine pas l'impact de son texte. Peut-être on se rend compte qu'on a fait du bon travail, qu'on s'est donné du mal et il nous semble qu'à la fin, il en est sorti un bel article, mais ensuite il y a les réactions des lecteurs, qui sont toujours imprévisibles.

Bref, je n'imaginais pas que mon enquête allait entraîner une telle pagaille. Ça me suffisait que mes amis, Andy, les jeunes de la rédaction, Sean, soient touchés par mon travail et qu'ils décident de donner le maximum d'écho à mon enquête. J'étais déjà aux anges : une double page ! Avec des photos et des articles sur les différentes formes d'éducation, des comparaisons avec des pays étrangers, des contributions d'experts. Mais ensuite, quand il a été publié en ligne, la rédaction a été assaillie de messages, d'opinions, de témoignages. Nous avons même reçu deux lettres-articles d'une célèbre femme écrivain et d'un metteur en scène de cinéma. Quel scoop !

Et comme si ça ne suffisait pas, grâce au bouche à oreille, le magazine web est devenu une petite affaire, et mon histoire est arrivée sur le site d'un quotidien national qui a ouvert une enquête plus fouillée. Finalement une dizaine d'écoles, des politiques, des proviseurs, des enseignants, et surtout la société immobilière qui gère tout ça ont été visés. Un nuage de poussière a été soulevé grâce à mon tout petit battement d'ailes de papillon, jamais je n'aurais imaginé une chose pareille. Je n'avais pas encore expérimenté en personne le pouvoir de l'information !

Avec tout ça, je dois avouer que je perds un peu la tête.

Pendant deux semaines, il me semble que l'on ne parle de rien d'autre que de ça et je me retrouve au centre de l'attention. J'ai déjà eu les moyens de découvrir que j'étais vaniteuse, et de voir que mon nom mis autant en évidence me fait gonfler l'ego. En plus, en classe je suis devenue une sorte de star, et on me demande mon avis pour tout, comme si j'étais une grande experte : « Excuse-moi, Mia, mais est-ce que c'est vrai qu'ils vont réduire les cours d'anglais ? Tu sais si on ne fera plus d'histoire ? Et s'ils suppriment les manuels scolaires ? » Même la prof a besoin de mes lumières : « Tu n'as rien entendu dire à propos de l'âge de la retraite des enseignants ? »

Je passe beaucoup de temps au téléphone, avec mes amies, mes camarades, des parents plus lointains qui m'appellent pour me complimenter. Je reçois même une offre d'un éditeur pour écrire ma biographie ! Ça serait chouette de raconter ma vie à quatorze ans.

Avec une nouvelle de ce genre et un moral haut jusqu'au plafond, j'appelle tout de suite Sean, mais lui, au lieu d'être content, il paraît assez froid.

— Félicitations, il me dit d'une voix assez froide.

— Tu ne me sembles pas très enthousiaste, je réplique, contrariée par cette douche froide.

— Peut-être que j'en ai marre d'être enthousiaste pour tout ce qui t'arrive, je ne sais pas si tu t'en rends compte mais on ne parle que de ça et rien d'autre.

Eh bien, quel ton plein de colère ! Je ne voudrais pas me tromper, mais... Sean ne serait-il pas, par hasard, un peu envieux ?

— Ce n'est pas vrai... je commence, mais il m'arrête tout de suite.

— Je crois que tu ne t'es même pas rendu compte que cela fait des jours que nous ne nous sommes pas vus, parce que tu n'as pas une seconde de libre.

— Nous nous sommes vus samedi... j'essaie de me défendre, mais je sais très bien qu'il a raison.

En plus, ces derniers jours, je lui ai à peine envoyé de messages, parce que j'étais complètement prise avec l'affaire de Julian, à qui j'ai écrit des e-mails et des SMS jour et nuit, inquiète à l'idée qu'il puisse lui arriver quelque chose de grave. S'ils avaient découvert que c'était lui, l'espion, qui sait ce que lui auraient fait ces fanatiques. Bien sûr, je ne peux pas avouer à Sean que j'ai consacré un tas de temps à la cause de Julian. Aussi, alors que j'hésite, il réplique :

— Eh oui. Samedi. Et aujourd'hui, c'est vendredi.

— Ben, oui, ça je le sais... Oh mon Dieu ! je crie, parce que j'ai enfin compris. C'était hier.

— Oui, c'était hier notre jour très spécial !

Je l'avais marqué dans mon agenda, sur le calendrier, cela faisait presque un mois que je rêvais de ça, et puis... pouf ! Je l'ai supprimé d'un coup, parce que j'étais complètement prise par les tribulations de l'ami Julian qui a voulu me rencontrer avec ses parents pour me remercier. Son père et sa mère avaient couru le retirer de l'école Godefroy de Bouillon pour l'emmener vivre avec eux à Pérouse, où il fréquentera une école publique et suivra des cours de saxo.

C'était une occasion très spéciale, comment j'aurais pu y renoncer ? Les deux parents, reconnaissants, sont venus me chercher à l'école. Nous sommes allés déjeuner en ville avec ma mère, qui se pavanait encore plus que moi sur ce que serait mon avenir dans le monde de l'information. Une sacrée journée ! Au point qu'après le déjeuner, maman a décidé qu'elle devait me faire un beau cadeau et elle m'a emmenée dans le centre, où papa nous a rejointes parce qu'il voulait fêter mon succès et aussi le sien : il semblerait que mamie se soit laissé convaincre de ne pas léguer son appartement au yogi et qu'elle ne parte plus en Inde, mais aux termes d'Ischia avec son amie Bice et peut-être aussi avec tata Rose, avec qui elle s'est réconciliée dans de grandes effusions de larmes.

Je sais, ce sont toutes des excuses stupides qui ne justifient pas le fait que j'ai oublié l'anniversaire de nos un an avec Sean !

J'essaie d'y remédier, mais on sait bien que dans ces cas-là, on aggrave les choses avec n'importe quelle phrase. La mienne, en plus, c'est sûr, est la plus mauvaise que je puisse trouver :

— Allez, on se voit demain, et on fête ça.

— Écoute, laisse tomber, il me dit d'une voix glaciale. Il me semble que tu as mieux à faire.

— Mais non, qu'est-ce que tu dis ? je bredouille, tandis qu'il insiste, toujours plus tranchant :

— À propos, comment s'est passé ton déjeuner avec Julian ?

— Bien, comment veux-tu que ça se passe ? Avec les parents, tu sais...

— En effet. Un déjeuner officiel, il commente, sur un ton très hostile.

J'essaie de plaisanter :

— Oui, en effet. Son père est commandant de police ! Ha ! ha ! ha !...

Mais je m'arrête de rire très vite, parce que de l'autre côté, j'entends un grand silence.

— Hum, Sean ? je demande alors, en faisant semblant de ne pas relever.

J'entends un grand soupir, puis il m'annonce que demain, nous ne pouvons pas nous voir.

— Pourquoi ? Qu'est-ce que tu dois faire ? je m'informe, méfiante.

— Rien, je vais faire un tour avec un ami.

— Quel ami ? Maintenant c'est moi qui pose les questions, un peu agressive.

Tu vas voir que son ami passe avant moi !

— Nico. Tu as fini ton interrogatoire ?

— Pardon, mais nous, quand est-ce qu'on fait la fête ?

Cette fois, c'est moi qui suis fâchée.

— On verra. On a le temps, non ? Tu dois aussi écrire ta biographie.

Quelle odieuse réponse ! Là je balbutie :

— Mais quelle biographie ? Moi, je n'ai rien à dire, je suis une fille très normale.

Lui m'interrompt, toujours sur un ton antipathique :

— Là-dessus j'ai des doutes, et je ne le dis pas avec méchanceté, bien au contraire.

— Non, tu ne dis pas ça avec méchanceté, mais le ton est vraiment moche, tu sais ça ? D'après moi, tu es tout simplement envieux de mon succès.

De nouveau un silence lourd... on pourrait dire un silence de tombe, parce que l'on n'entend rien du tout. Puis il reprend la parole :

— Je suis désolé que tu penses ça de moi. Il me semble évident que nous n'arrivons pas à nous comprendre.

— Eh non, je lâche et je regrette aussitôt.

Et puis il finit par me dire que c'est mieux si on ne se voit pas pendant un moment, histoire de « s'éclaircir les idées ». Je reste plantée là, à regarder le téléphone, tout en me disant qu'écrire une biographie sans Sean, ce n'est vraiment pas ce que je veux.

S
COMME « SENTIMENTS »

Où j'élabore un plan

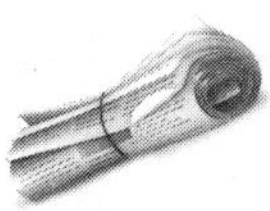

Mais qui a dit que dans la guerre amoureuse, le vainqueur est celui qui fuit ? Si je le rencontrais, celui-là, je jure que je lui ferais sa fête. Quelle idiotie !

De toute façon, l'amour et la guerre ne peuvent pas s'affronter : le premier est un sentiment et le second une situation. Et puis en amour, il n'y a rien à gagner ou à perdre, les personnes ne sont pas des trophées.

De toute façon, c'est inutile de rester là à ruminer. Je peux continuer jusqu'à l'infini les discussions avec moi-même et je n'obtiendrai qu'un désespoir grandissant.

Sean a décidé d'aller à Londres. Quelle belle idée, hein ? Ça aurait été fantastique si, par exemple, il m'avait demandé de venir avec lui. Au contraire, il m'a annoncé qu'il partirait juste après l'école. Voilà à quoi cet « éclaircissement d'idées » a servi. Depuis trois longues journées, je suis là à me morfondre, seule mon amie Jenny est venue me secourir, pendant que lui est allé samedi en canoë sur le lac avec son ami Nico. Il a passé tout le week-end avec lui, au lieu de rester avec moi et de me sortir de mon total désespoir !

Puis, lundi, il m'a évitée à l'école, et en réponse à mes messages, il m'a écrit qu'il a une montagne de devoirs. Vraiment une montagne ? Et moi, je suis censée le croire ? En plus, il m'a envoyé un e-mail dans lequel il m'a écrit que juste après l'école il partira à Londres, parce qu'il a besoin de « décrocher » et de « réfléchir ».

Quelle horreur ! Décrocher ? Mais de qui ? De quoi ? De moi ? Réfléchir sur quoi ? Est-ce possible que lui, écrivain aussi, utilise des mots aussi banals pour parler d'affaires de cœur ? J'ai répondu à son e-mail à la hâte, en lui faisant remarquer combien j'étais déçue que son message soit aussi fade. J'ai ajouté qu'il me semblait qu'il cherchait des excuses pour ne pas me voir et que son comportement était étrange, que je ne le reconnaissais plus.

Il m'a alors répondu facilement :

— Toi non plus, tu n'es plus la Mia que je connaissais. Tu as changé, tu ne le comprends pas, et tu n'admets pas non plus que tu te sois trompée.

Bref, il cherchait vraiment la bagarre ! Je ne lui ai pas répondu, j'ai préféré aller sonder Andy, sa meilleure amie. Je l'ai fait, bien évidemment, avec beaucoup de prudence, je commence à la questionner sur la montagne de devoirs.

— On dirait que vous devez beaucoup bûcher en fin d'année...

Elle part au quart de tour et lance une série de gros mots adressés au corps enseignant.

— Ils se sont déchaînés au dernier moment, surtout les profs de math, d'histoire et de chimie.

— Et avant ?

Autre marée d'insultes.

— Ils disent que c'est à cause des voyages scolaires, du festival de lecture et des ponts. C'est un peu facile !

— Il ne vous reste qu'à serrer les dents, je commente, compréhensive puis je lance :

— Même Sean... mais je crois qu'il étudie avec une amie...

— Ah bon ? Moi, je sais qu'il s'est enfermé chez lui. Hier soir, nous nous sommes tous retrouvés au Hard Rock Café pour un pot mais lui, n'est pas venu. Tu sais, c'est un gros bosseur.

Je suis d'accord, et fière de la discipline de mon bien-aimé. Puis, j'ai tout à coup un doute :

— Peut-être qu'il est sorti tout seul...

— Il était vraiment à la maison, je l'ai appelé. Mais comment ça, tu ne le sais pas ?

À ce moment-là, je soupire, contrariée :

— On s'est un peu disputés...

— Vous vous êtes accrochés ? Ça ne m'étonne pas. Nous sommes tous sous pression. Moi, je blasphème contre la Vierge matin et soir, il s'en faut de peu pour que j'en vienne aux mains.

— Vraiment ?

Je souffle comme si j'étais un peu rassurée. Mais bien sûr ! Sean est très stressé par l'école, voilà pourquoi il me tient à l'écart. Il ne veut pas me mettre ses problèmes sur le dos, il me l'a dit tant de fois.

— Comment ça ? Allez, tu sais comment il est, Sean. Il exige le meileur de lui-même. Laisse-le, tu sais qu'il déteste les gens qui le collent et ceux qui lui créent des problèmes.

« Pourtant, si tu te distrais un moment, il se met en rogne comme une bête », je pense. Avec Andy, j'ai tendance à devenir vulgaire.

Heureusement, le coup de fil s'arrête rapidement, elle annonce sur un ton dramatique :

— Excuse-moi, je dois te laisser. Nous avons deux devoirs et aussi des interrogations de groupe, nous avons tous été rappelés sous les drapeaux.

Je voudrais tellement demander « dans quel sens ? », mais je me retiens de le faire. Il vaut mieux taper sur Google « rappeler sous les drapeaux » et voir ce que cela signifie. Est-ce que c'est vrai que toute la seconde B est rappelée sous les drapeaux ? Je veux dire, nous les troisièmes, nous respirons déjà l'air des vacances depuis un moment, alors que nous devrions être plus malmenées vu que nous allons passer le brevet.

Au contraire, nous sommes déjà en train de nous relaxer grâce à ma prof, madame Trombetti, qui a décidé de consacrer cette dernière semaine aux activités à poursuivre pendant nos longues vacances : lecture de passages choisis, propositions d'ateliers, cours de musique, théâtre, photographie, *birdwatching*, anglais...

Un instant ! Qu'est-ce qu'elle a dit la prof ? C'est exactement ce dont j'ai besoin ! Un cours de langue en Angleterre, dans un collège ou une famille... voilà ce que je vais faire ! Je dois convaincre mes parents que j'ai désespérément besoin de perfectionner mon misérable anglais avec un cours intensif à Londres. C'est sûr, ça serait mieux que je ne sois pas seule : papa et maman seraient bien mieux disposés si j'annonçais une intention si noble de passer des vacances studieuses avec une amie. Deux filles c'est mieux, surtout pour mes parents anxieux.

Il ne me reste qu'à convaincre l'unique personne qui puisse être complice de Mia dans sa mission « Récupérer Sean ».

S

COMME « SENTIMENTS »

Où ma complice hésite

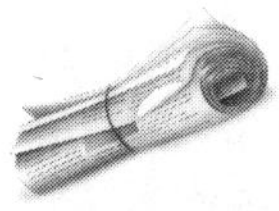

La complice parfaite devrait partager mon plan, je ne dis pas avec enthousiasme, mais au moins avec l'envie de collaborer. C'est du moins comme ça que je l'imaginais.

Ma complice se montre en fait récalcitrante, voire contrariée. À vrai dire ce n'est pas une complice mais plutôt une saboteuse.

— À Londres ? Mais pour quoi faire ? elle bâille, après que je lui ai fait cette proposition avec le maximum d'enthousiasme.

Je m'énerve :

— Mais comment ça « pour quoi faire » ? Je suis en train de te parler d'une capitale, d'une ville où il y a tout, et où l'on peut apprendre l'anglais en plus de s'amuser comme des folles.

— Oui, j'imagine.

Son œil est éteint et son corps s'allonge comme une couleuvre sur le lit. Insuffler de l'enthousiasme à une couleuvre est une entreprise impossible, mais j'essaie tout de même.

— Allez ! Pense un peu ! La ville du théâtre, de l'art, de la musique, de la mode...

— Oui, de Tower Bridge et de Big Ben, bâille de

nouveau la couleuvre en fermant les yeux. Je n'ai pas envie d'aller sous les projecteurs.

Bon, maintenant, un éclaircissement est indispensable. Je place mes poings sur les hanches et j'articule :

— Jennifer ! Qu'est-ce qui t'arrive ?

La couleuvre entrouvre les yeux.

— Mais qu'est-ce que tu as à crier ? Et puis, ça fait des siècles que tu ne m'appelles plus Jennifer. Tu sais que ça ne me plaît pas du tout.

— Je voulais tester tes réactions. Alors, qu'est-ce que tu as ?

— Rien. Ça ne me dit rien d'aller à Londres, c'est tout. Et puis, il fait une de ces chaleurs !

En effet, ces derniers jours de juin, il fait une chaleur étouffante. Et dans la chambre de Jenny, il fait au moins trente-cinq degrés, bien qu'un ventilateur bourdonne à fond sur la table.

— Il fait chaud ici, à Londres on sera super bien, j'essaie de la convaincre, mais elle hésite :

— J'ai du mal à...

C'est sûr qu'il faut une patience d'ange aujourd'hui avec Jenny.

Aussi j'essaie de la tenter :

— Ce n'est pas toi qui voulais faire le tour du monde, voir toutes les capitales, et quelques mois à Madrid, Paris, New York... ?

— Hum... elle gémit, contrariée. Pas tout de suite. On a le temps. Peut-être l'année prochaine.

— Ou même jamais.

Je m'assois, découragée.

— Si tu ne m'aides pas, pour moi, c'est la fin.

— Tu exagères !

Au moins, la couleuvre s'est tournée sur le côté et m'observe.

— Qu'est-ce que tu pensais faire à Londres ? Suivre Sean ? Et aussi, admettons que tu le fasses vraiment, qu'est-ce que tu comptes obtenir ? S'il a décidé de te plaquer, il n'y a rien à faire. Regarde, moi avec Jo.

— Ce n'est pas la même chose, je m'énerve. Vous n'étiez même pas ensemble, tous les deux.

— Nous sommes restés ensemble au moins deux jours ! Elle insiste, contrariée.

— J'ai compris, mais moi et Sean, nous sommes ensemble depuis un an !

— Déjà ? Vous avez fêté ça ? Comment ça se fait que je ne savais rien ? Elle est intriguée, agite son coude, lève la tête et la repose sur sa main.

— Ce n'est pas le problème. Nous n'avons pas fêté ça parce que je déjeunais avec Julian et ses parents, et puis maman... je reprends ma litanie d'excuses, mais Jenny balaie tout ça d'un commentaire perfide :

— Sean a donc bien fait de s'enfuir.

— Alors, toi tu es vraiment une amie ! je lâche, avec sarcasme.

— Bien sûr que je le suis. C'est pour ça que je te dis ce que je pense. D'ailleurs, tu ne t'es pas non plus bien comportée avec moi en ce qui concerne mon histoire avec Jo...

— Quoi encore ? J'écoute. Qu'est-ce que tu as à me reprocher toi aussi ?

— Eh bien... que de temps en temps, tu as des poussées d'égocentrisme, voilà tout, elle déclare.

Une flamme de colère monte en moi qui me fait bondir sur mes pieds. Si j'écoutais cette tornade de feu, je tournerais les talons et je sortirais de cette stupide chambre pleine de jouets et de poupées, qui ressemble à une bonbonnière. Au milieu de tout ça, il y a cette fille ramollie, sans expérience et prétentieuse qui prétend me faire la leçon !

Je suis sur le point de lui lancer : « écoutez de qui ça vient, de celle qui se tient bien au chaud ici à l'intérieur à rêver de princes charmants, pour ne jamais affronter les garçons en chair et en os ! » Mais je me mords la langue.

Parce que la fille inexpérimentée en question, la rêveuse et aussi un peu la lâche a parfaitement raison. Aussi je m'avachis de nouveau sur la chaise, tout en lançant un :

— Je me suis complètement trompée !

Mais Jenny, qui a la larme facile, se redresse et se lance vers moi les bras grand ouverts :

— Excuse-moi Mia ! Je ne voulais pas te faire de la peine ! De l'eau est passée sous les ponts.

— Mais quelle eau est passée sous les ponts ? C'est de ma faute, je détruis les amitiés, j'abîme les relations, j'insiste sur un ton lugubre.

Elle me dit, compatissante :

— Mais non, et puis nous sommes tous un peu égocentriques.

Sur ce point, elle a parfaitement raison. Il suffit de lire la phrase écrite au-dessus de son lit : « JENNY THE BEST ».

— Tu as raison, je dois renoncer à l'idée d'aller en Angleterre, j'annonce avec une expression triste. Toute seule, je ne m'amuserai pas, même si j'avais un beau programme... mais laisse tomber.

Mais c'est bien connu, Jenny est très curieuse.

— Quel programme ? elle s'informe.

— Non rien... une comédie musicale magnifique, il y a la bande-annonce sur Internet, un spectacle époustouflant !

— Peut-être qu'ils viendront aussi en Italie, elle répond.

— Non. Tu sais comment sont ces shows, ici c'est différent. Et puis, il y avait le fameux planétarium, j'avais même réservé des billets, c'était pour te faire une surprise, mais maintenant...

— Non, attends, quel planétarium ?

— Allez, tout le monde sait que le planétarium de Londres, c'est le top.

— Il doit être comme celui de Paris, j'y suis allée avec mes parents quand j'étais petite... elle essaie de se défendre, mais moi, je poursuis avec mes arguments.

— Eh bien peut-être, mais c'est une chose d'y aller avec ses parents, c'en est une autre d'y aller seule... et puis... non, mais ça, je ne te le dis pas, mais maintenant c'est décidé, nous n'y allons pas.

— Allez, dis-le-moi ! S'il te plaît ! implore Jenny, qui a même les mains jointes.

— Il semblerait qu'il y ait l'avant-première du nouveau film de Johnny Depp qui sortira chez nous à Noël. J'ai vu qu'il y a encore des billets disponibles.

Jenny reste bouche bée.

— Tu me le jures ?

— Le dernier film de la série des *Pirates des Caraïbes*, en avant-première. On dit que Johnny viendra en personne.

— Tu ne pouvais pas me le dire TOUT DE SUITE ? Il FAUT qu'on y aille !

Elle bondit sur ses pieds, tout d'un coup pleine d'énergie.

— D'abord, nous devons convaincre nos parents, je lui rappelle, mais elle est déjà en train de sortir une valise à roulettes rose fuchsia de l'armoire.

— Il faudra des vêtements chauds à Londres !

S
COMME « SENTIMENTS »

Où les préparatifs battent leur plein

J'imaginais que convaincre mes parents était comme atteindre le plus haut sommet. En fait, c'était tout autre chose, c'était comme franchir l'obstacle le plus glissant et escarpé. Mais allons-y par étapes.

À l'annonce de mes vacances-études à Londres, maman et papa montrent les différentes facettes de leur prévisible anxiété parentale : ils sont d'abord surpris et même satisfaits que leur fille – c'est-à-dire moi – manifeste un désir très noble (étudier encore, et en plus à l'étranger), mais très vite, évidemment, ils s'inquiètent pour le voyage, à cause de l'éloignement et toujours pour les mêmes choses, les flottements et les non bien définis « dangers » pour une fille de quatorze ans. Ils sont tellement inquiets qu'ils me posent des tas de questions, on dirait un interrogatoire. Mais je m'étais préparée, un peu comme on fait pendant les interrogations où tu dois rester calme si tu ne veux pas ne pas savoir quoi répondre ou t'embrouiller. Je me laisse tout de même un peu prendre par la nervosité, parce que vraiment pour papa et maman, je suis et sûrement je resterai pour toujours leur bébé.

— Comment as-tu eu cette brillante idée ? me demande maman comme je l'avais prévu.

— J'ai vu un dépliant à l'école, je fais très rapidement. J'y ai pensé, j'en ai parlé à Jenny, je me suis renseignée sur Internet sur les différents programmes... j'ai même demandé autour de moi, à l'école il y a des camarades plus grands qui ont suivi les cours.

Maman fait oui de la tête, compréhensive, avant de demander, avec son air vaguement blessé :

— Et pourquoi tu ne nous en as pas parlé tout de suite, pourquoi tu as fait ces recherches toute seule ?

Avant même que je puisse ouvrir la bouche, papa intervient :

— Allez Carla. Fais-lui confiance. Elle est en train de nous le dire maintenant, avant elle voulait peut-être être sûre de ce qu'elle voulait.

— Exactement, je confirme, avec une pointe d'euphorie pour l'assistance inattendue de papa.

— Pardon, Robert, mais ce n'est pas par manque de confiance de ma part. C'est juste que cette nouvelle arrive comme un coup de tonnerre, moi, j'avais déjà organisé des choses, et puis je ne suis pas convaincue que Londres est l'endroit adapté pour une fille de quatorze ans, c'est trop chaotique, trop compliqué...

Et bien sûr. Je le savais : la métropole tentaculaire !

Papa se synchronise tout de suite sur la longueur d'onde maternelle.

— Maman a raison. Ça ne serait pas mieux une ville plus petite, peut-être Oxford ? Ou alors un joli village des Cornouailles, parmi les moutons, où le plus grand risque serait de tomber d'un poney qui s'est emballé ?

Je fronce les sourcils. Quel que soit le sujet, à chaque fois, mes parents prennent l'air d'experts. Tu vas voir que maintenant ils s'y connaissent aussi en écoles anglaises, eux deux qui ne savent même pas dire « *what is your name* ».

Je respire un grand coup et je décide de sortir le joker.

— J'ai pensé à Londres parce que ça me semblait plus commode. Jenny a une tante qui pourrait nous héberger, comme ça, nous supprimons les frais d'hébergement.

Maman et papa s'illuminent.

— Elle a une tante ! Mais pourquoi tu ne l'as pas dit tout de suite ? s'exclame mon père, alors que maman reste toujours sur la défensive.

— Une tante ? La sœur de sa maman ou de son père ? Mariée ? Et qu'est-ce qu'elle fait à Londres ?

— Elle est conseillère financière dans une banque, je réponds seulement à cette dernière question, préférant dissiper quelque doute. Une tante dans la banque ça ne peut être qu'une garantie.

Bref, après un échange de coups de fil avec les parents de Jenny, puis des appels à l'organisatrice du cours, j'obtiens ma première approbation, qui sera validée par une visite chez les parents de Jenny.

Mais jusqu'ici, il s'agit de simples formalités administratives.

Le plus compliqué reste à venir, c'est-à-dire parler à quelqu'un qui refuse un rendez-vous depuis une semaine, comme si c'était un chef d'état. Ce n'est pas comme ça que doit se comporter un petit copain, zut alors ! Même si c'est Sean Hamilton, l'écrivain.

C'est quoi déjà le proverbe que cite toujours ma tante ? Aux grands maux, les grands remèdes. Mais elle fait souvent d'énormes fautes et dit « les maux extrémistes », ce qui est peut-être plus adapté à mon cas. Les maux « extrémistes » comme mon petit message.

« Je dois absolument te voir. C'est très urgent. »

« Mia, s'il te plaît, ne plaisante pas. De quelle urgence s'agit-il ? » il me répond un peu après.

« Je ne plaisante pas. Je t'attends au Hard Rock Café à 18 h » j'ordonne, mais lui, c'était plutôt à prévoir, il me répond :

« Je préfère le glacier Papini. Moins de chaos. *O. K.* à 18 h ».

Mais si c'était aussi simple, pourquoi je n'y ai pas pensé avant ?

Pourquoi je suis restée comme ça, dans le doute, pendant tous ces jours ?

Je sautille dans la pièce toute contente, puis je regarde ma montre : je n'ai que trois heures pour me préparer ! J'ouvre en grand l'armoire et les tiroirs, à la recherche de quelque chose de décent à me mettre. C'est un rendez-vous crucial, je ne peux pas me tromper. Je me lance donc dans une espèce de défilé devant le miroir, en jean, en short, en jupe, en robe d'été, en tee-shirt décolleté, en top, en leggins, mais à chaque fois, le résultat ne me semble pas à la hauteur. Je ne peux pas paraître vulgaire ni normale, et les cheveux, comment je vais les arranger ?

Je finis par prendre une douche au parfum de pivoine et un shampooing au muguet : mais je me demande si ces deux parfums ne vont pas se mélanger. Puis je décide de porter des sandales à talon fin qui me donnent l'idée de porter un top rouge.

Jupe ou pantalon ? À la fin, je mets la jupe en jean, féminine et *casual*. Ça semble dingue mais il est déjà cinq heures et je ne me suis pas encore maquillée, peut-être qu'avec le mascara, c'est un peu trop, mieux vaut juste un soupçon de crayon sur l'œil et du brillant à lèvres rose. Pas besoin d'en faire trop, je ne veux pas qu'il pense que je me suis mise sur mon trente et un pour ce rendez-vous !

À six heures pile, j'arrive chez le glacier, lui est déjà là, il m'attend, parfait avec son polo blanc, son jean et ses mocassins bleus. Ma première pensée est qu'il n'a jamais été aussi mignon. La seconde est que ça m'énerve qu'il soit aussi mignon avec un simple polo et sans moi. Puis la colère disparaît dès qu'il me sourit avec l'œil extasié, et je risque de fondre en larmes même avec le peu de mascara que je me suis mis. Ça se voit de loin que je lui plais ! D'ailleurs il me dit :

— Je ne me souvenais pas que tu étais aussi mignonne, peut-être que tu l'es plus sans moi ?

C'est ce dernier mot amer qui nous empêche peut-être tous les deux de nous abandonner à un câlin, ou alors la présence encombrante de madame Papini, le fait est que nous restons un peu plantés là à nous sourire. Puis je balbutie des excuses, je sors un mouchoir en papier et je me tourne vers le miroir. Sean a bien fait de choisir cet endroit peu fréquenté et doté d'un miroir, très utile dans ces moments de crise. Après tous ces efforts, je suis en train de me transformer en panda à cause de ce satané mascara que j'ai pris à maman, et qui apparemment n'est pas waterproof !

— Qu'est-ce qu'il y a ? me demande alors Sean, très attentionné. Tu as mal à l'œil ?

— Non, rien, peut-être un grain de poussière... en vélo, ça arrive... je bredouille, tandis qu'avec le doigt je pince les cils et je me promets de ne plus pleurer pour aucune raison. Absolument.

En attendant, lui, il reste sur la défensive. Il ne prend pas mon visage entre ses mains, ou que sais-je, pour scruter mon œil rougi par exemple. Au contraire, il fait bien attention à ne pas m'effleurer, il se limite à me regarder à travers le reflet du miroir, avec les mains dans la poche. À la fin, on s'assoit, je soupire, et lui plonge la tête dans la carte des glaces.

Je commande une coupe qui ne me plaît pas, à vrai dire, mais c'est surtout pour me distraire. Par désespoir, j'en choisis une qui ressemble à un lampion chinois, chargée de petits parapluies et de sirops colorés.

— Excuse-moi si je t'ai dérangé, je déclare tout d'abord, découragée par son évidente froideur.

— Mais non. Je suis très content de te voir.

Pendant un instant je le regarde, il s'illumine, puis il se met à tambouriner avec les doigts sur le bord de la table.

Oh mon Dieu, quel cauchemar ! C'est comme ça que les gens se quittent ? Mais moi, je ne veux pas perdre Sean ! Qu'est-ce que je fais ? Je lui dis ? Peut-être que ça sera pire. Pour le moment personne n'a prononcé le verbe « se quitter », ça serait mieux que ça ne soit pas moi la première.

— Moi aussi je suis très contente.

Ma voix tremble et je sens le nez me picoter. Eh non ! Mia ! Tu as promis de ne pas pleurer : tu veux laisser l'indélébile souvenir d'un panda affreusement triste au garçon le plus mignon du monde ? Aussi je respire un grand coup.

— Qu'est-ce que tu as à soupirer ainsi ? il me fait alors.

— Mais comment ça, qu'est-ce que j'ai ? C'est l'effet de te voir après tant de temps... je dis, prête à lui déclarer tout mon amour, mon cœur bat si fort, ce ne serait pas difficile à démontrer, ça.

Mais il m'arrête.

— Une habitude récente, je dirais.

Mon Dieu, comme il est indifférent, comme il est ennuyeux !

— Tu ne peux pas t'en sortir comme ça ! J'ai été si mal.

J'ouvre tout grand la bouche, abasourdie.

— Si mal ? Mais tu ne m'as rien dit !

— Tu étais tellement prise, tu ne t'es aperçue de rien !

Et il s'est énervé. Et dire qu'il n'avait jamais montré une once de colère jusqu'à présent. Mais qu'est-ce qui lui a pris ?

— Écoute Sean. Moi je te jure, je ne comprends pas pourquoi tu es aussi vexé. Je n'ai pas l'impression de t'avoir dit quoi que ce soit...

Si seulement je n'avais jamais prononcé cette phrase malheureuse ! À ce moment-là, il me fixe et éclate.

— Justement. Tu ne m'as justement rien dit. Tu m'as fait passer pour un idiot.

— Mais c'est toi qui as refusé. Le canoë, la montagne de devoirs... je bredouille, mais lui il répond, implacable et tout d'un trait :

— Et bien sûr maintenant c'est de ma faute. Je dois continuer à me prendre des coups de massue ? Qui a oublié que cela fait un an que nous sommes ensemble ? Ne me fais pas dire ça. Tant que tu ne seras pas plus claire avec moi, c'est inutile de me dire de se voir. Et puis je m'en vais dans une semaine, je ne veux pas gâcher ces derniers jours.

— Mais moi... mais toi... mais quel éclaircissement ?

Je bats des cils comme si je me débattais à la recherche d'air. Et pourtant je m'étais préparé tout un beau discours, surtout sur ma très coupable erreur de notre anniversaire !

Mais il prend mal mon balbutiement et mon battement de cils avec le mascara tout collé.

— Excuse-moi, mais tu croyais quoi ? Qu'il suffisait que je te voie pour tomber à tes pieds ? Tu as même mis une minijupe, j'ai remarqué ! Tu me prends pour un naïf ?

Je ne sais plus quoi dire, pourtant je tiens ma promesse solennelle : aucune larme, plutôt la fuite, même si ce n'est pas très honorable. Aussi, je bondis sur mes pieds, faisant dangereusement basculer ma coupe de glace, et un petit parapluie déjà hésitant tombe.

— Tu sais, c'est TOI qui veux ME faire passer pour une imbécile ! Et tu penses mal. Excuse-moi si je t'ai dérangé dans tes programmes, on se verra quand tu seras disponible.

Je tourne les talons et je sors. C'est à lui de payer ces absurdes coupes de glace !

Dans tous les films romantiques que j'ai vus, même dans les séries télé, quand une fille quitte une pièce, l'homme lui court derrière, en l'appelant, en s'accrochant à son poignet, tandis qu'elle crie, ivre de colère :

— Laisse-moi !

Rien de tout ça ne m'arrive. Je marche à grandes enjambées sur la route, la tête haute et bouillonnante de colère. J'arrive jusqu'à ma bicyclette, j'ouvre le cadenas, toujours avec l'oreille tendue espérant percevoir un mouvement derrière moi. Mais rien.

J'enfourche le vélo, je pédale. Mon copain ne m'a pas appelée, ni n'a volé pour me suivre, ni ne m'a retenue, et ni forcée à me retourner pour m'envelopper dans ses bras dans un câlin passionné.

« Comme la réalité est détestable », je pense avec le mascara qui coule sur mes joues.

S

COMME « SENTIMENTS »

Où commence la mission « *Love recovery* »

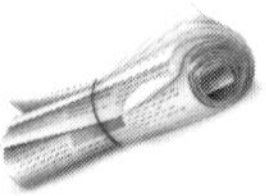

— Alors, les filles, voici votre chambre, nous fait Nancy.

La chambre est très simple : deux petits lits avec une petite commode qui les sépare et une seule lampe, une armoire blanche devant. Tout vient d'Ikea.

— Les toilettes sont ici, poursuit Nancy, en allumant la lumière d'un cagibi où se trouvent uniquement les toilettes. La salle de bains est ici, elle explique, ouvrant la porte d'une salle avec douche et lavabo, le lieu le plus mignon de tous, grâce à la faïence blanche et bleue qui recouvre les murs jusqu'à mi-hauteur et le reste peint en bleu ciel, avec plein de nuages sur le plafond.

— Waouh, s'exclame Jenny, qui a déjà décidé d'entrer dans l'esprit *british* au moins avec les exclamations. Vraiment très mignon !

— Vraiment ? commente Nancy qui parle un étrange français avec un léger accent anglais. Ce n'est pas grâce à moi. L'appartement appartenait à un artiste avant que je ne l'achète. La salle de bains et la cuisine sont très personnalisées, le reste c'est moi qui l'ai arrangé.

« Le reste » se compose d'une autre petite chambre pour deux où elle dort, d'un séjour et d'autres toilettes qui se trouvent au rez-de-chaussée de l'appartement, tout de même très petit, bien qu'il soit sur deux étages. On se presse en effet dans le couloir avant de descendre visiter la fameuse cuisine, une petite pièce, sûrement un ancien débarras. Cette fois-ci, le plafond est jaune, décoré d'un soleil jaune orangé peint au milieu. Pour le reste, les meubles sont tous en bois, peints en vert dans la partie inférieure et avec des motifs à fleurs et à feuilles dans la partie supérieure. On a vraiment l'impression d'entrer dans un tableau !

— *Very cool !* commente Jenny, à la grande satisfaction de Nancy qui nous montre aussi les ustensiles de céramique, les plats jaunes et les couverts verts, bref tout assorti à la cuisine.

— Quand vous pensez que j'ai tout trouvé exactement comme ça. Ce n'est pas de la chance, ça ?

Nous faisons oui de la tête. C'est aussi de la chance pour nous !

Quand j'y repense, la description de la maman de Jenny sur sa belle-sœur était assez inquiétante :

— Annunziata est célibataire, complètement prise par sa carrière.

Aussi j'avais imaginé une espèce de harpie en tenue noire, avec des chaussures pointues et des talons vertigineux comme on en voit dans les publicités avec des femmes managers.

En fait, la tante de Jenny porte des vêtements simples et des ballerines, elle a une d'épais cheveux frisés, des petites lunettes et des petits bracelets en tissu au poignet. En plus, elle ne s'appelle plus Annunziata mais Nancy, comme je l'ai dit. Elle l'a aussi écrit sur la sonnette et sur les cartes de visite éparpillées sur la table du séjour, où s'amoncellent beaucoup d'autres choses, un peu comme chez mon frère à Pise.

Ça faisait déjà quelques années que Jenny n'avait pas vu sa tante et la rencontre entre elles deux a été assez curieuse. Sa tante nous attendait à la sortie du terminal, au milieu d'une petite foule avec des enfants qui portaient des cartons autour du cou ou à la main avec écrits dessus les noms de personnes ou des sigles. Jenny s'est dirigée vers elle et l'a saluée :

— Salut, tata !

— Mon Dieu, c'est toi ? elle a ouvert la bouche en grand. Elle l'a fixée avant de la prendre dans ses bras, tout en disant :

— Heureusement que tu m'as reconnue ! Moi je n'aurais pas pu. Tu es devenue une femme, *darling*.

Puis elle l'a regardée de nouveau fixement :

— Tu ne ressembles pas aux photos ou alors c'est moi qui n'ai pas mémorisé les photos ? Je me souvenais de toi plus petite, plus ronde, avec les cheveux courts.

— Je ne saurais pas dire, tata. Toi, tu es toujours pareille. C'est-à-dire toujours belle, a dit Jenny, qui, il faut l'admettre, sait y faire avec les gens (alors qu'avec les garçons... hum... ça c'est un autre problème).

— Ça fait plaisir de l'entendre, même de sa propre nièce, elle a commenté.

À dire vrai, elle n'est peut-être pas la beauté classique des couvertures de magazine. D'abord, Jenny et moi, nous la dépassons d'une bonne dizaine de centimètres, à tel point que l'on dirait que nous sommes ses gardes du corps. Je dirais que la partie qui la caractérise le mieux est la masse de ses cheveux longs et bouclés, très sombres. Sur les photos montrées par la maman de Jenny, ils étaient courts, ce qui lui donnait un air plus sérieux et vieux, bref un peu plus proche de la mégère que je m'étais imaginée.

Carriériste, elle l'est. Sinon elle n'aurait pas pu acheter cet appartement, qui bien que très petit, se trouve dans un quartier très à la mode et donc ça lui a coûté *an arm and a leg*, comme elle a dit. Nous qui exagérons tout, nous disons « les yeux de la tête ». Autrement, elle ne resterait pas au bureau de huit heures du matin jusqu'à six heures du soir, parfois même jusqu'à sept heures, car elle s'arrête boire un apéritif avec ses collègues. En fin de compte, nous sommes pratiquement toujours libres à la maison, en dépit des recommandations de nos parents. Nancy avait pris le soin de les rassurer en disant :

— Elles dîneront toujours avec moi, au mieux je les sortirai au théâtre.

En fait, à peine arrivées, Nancy nous a mis entre les mains deux tickets pour les transports publics, la carte de la ville et du métro.

— Vous vous débrouillerez, elle a dit.

— Le centre de Londres est très sûr, facile et puis très amusant.

— Si nous nous perdons ? a répliqué Jenny, inquiète.

— Vous ne vous perdrez pas, c'est garanti. Et puis, tu as ton portable, mais s'il te plaît, appelle-moi seulement si tu es sur le point de tomber dans la Tamise. Sinon ce n'est pas la peine que tu m'appelles.

— Mes parents nous ont un peu fait peur, j'ai essayé de lui expliquer.

— Sur quoi ? Londres est une ville très civilisée. Il se passe des choses affreuses dans les petits endroits, comme dans le petit village où j'habitais quand j'étais petite !

— Quel village ? Celui que papa décrivait comme un paradis ? demande Jenny, stupéfaite.

— Mon frère est un romantique... elle coupe court... Comme tous les amnésiques.

Bref, depuis le premier jour, Nancy nous dit au revoir à sept heures trente pile dans la cuisine où nous descendons prendre notre petit déjeuner. Nous la trouvons toujours là en tee-shirt, pantalon et ballerines noires, les cheveux serrés dans une tresse, deux anneaux dorés aux oreilles tandis qu'elle finit de boire son café, puis elle met un imperméable léger, prend un sac à bandoulière et agite la main dans notre direction en nous souhaitant :

— Bonne journée, les filles !

Si maman savait, elle qui s'imaginait une vraie tante, mère poule, de celles qui attendent à la maison avec l'*apple pie* à peine sortie du four et qui te programme l'après-midi au British Museum ou à Tower Bridge !

Alors qu'en fait, Mia et Jenny sont toutes seules à la conquête de Londres et dans une mission de la plus haute importante, que je nommerai à l'anglaise : *Love recovery*.

S

COMME « SENTIMENTS »

Où je deviens correspondante à l'étranger

Avant de parler de ma mission, il vaudrait mieux faire quelques pas en arrière, c'est-à-dire avant mon départ pour Londres.

Désespérée, j'avais appelé Amanda pour lui demander où je pouvais trouver Sean à Londres : je ne pouvais certainement pas aller à l'aveuglette dans une métropole de plus de onze millions d'habitants ! J'avais trouvé Andy de mauvaise humeur (mais je suspectais que c'était son humeur habituelle, c'est rare qu'elle t'adresse un sourire éclatant qui rayonne de joie).

— Bref, toi aussi, tu lèves le camp, elle m'avait annoncé, brusque.

— Je te l'ai dit, rien de très amusant… des vacances-études, tu comprends, j'avais joué la carte de la victime.

— C'est mieux que de rester plantée là, elle avait répliqué. Je ne sais même pas si j'arriverai à partir en août. Les amies avec qui je devais partir en Grèce sont en train de me faire lanterner… et là, elle avait commencé à traiter ses amies de « conasses », ce qui ne me semblait pas très joli à leur égard.

« Va savoir comment elle me surnomme », je m'étais demandé dans un coin de la tête, mais j'avais tout de suite laissé tomber, car je ne voulais pas perdre de vue la raison pour laquelle je l'appelais.

— Je suis désolée. Pourquoi tu ne viens pas toi aussi à Londres ? j'avais demandé, pourtant pas très convaincue. Je ne pouvais pas me l'imaginer avec Jenny et moi. Ma quesiton était purement rhétorique, et elle ne prévoyait qu'une réponse négative. Mais j'avais ajouté, encourageante :

— Et puis ce serait comme des retrouvailles : toi, moi et Sean.

— Ça ne me paraît pas super comme proposition, elle m'avait répondu, lapidaire. Et puis Londres ne me plaît pas, il fait froid. Moi, j'adore le chaud. Londres, c'est pour l'hiver.

« Merci beaucoup », j'avais envie de dire. Moi, par contre, j'y vais maintenant et le temps me semble secondaire.

Par contre, elle avait poursuivi avec une question cruciale :

— Je m'excuse de me mêler de tes affaires, mais Sean sait que tu vas toi aussi à Londres ? Il ne m'a rien dit à ce sujet.

Hélas, je ne m'étais pas préparée au fait qu'elle puisse entrer dans le vif du sujet, alors, je me suis retrouvée à bredouiller :

— Non, voilà... c'est aussi pour ça que je t'appelle... Ne lui dis rien si tu lui parles, s'il te plaît.

— Et qui lui parle ? Eh bien, je doute qu'il m'appelle de là-bas. Au cas où il t'appelle, toi, tu lui réponds en anglais ! Ha ! Ha ! Ha !

Elle éclatait de rire d'une blague que je n'avais pas saisie, mais je cherchais à la contenter. Elle me semblait très nerveuse, et je n'avais pas l'intention de me disputer avec elle ni avec personne. Au contraire, revenant du très triste rendez-vous avec Sean, je m'étais promis que je n'aurais plus jamais de dispute avec personne pour TOUJOURS.

— Écoute Andy, je voulais justement te dire que ce sera très difficile que Sean m'appelle, parce que nous avons discuté.

— Ah.

— Je te dirais de plus qu'il a décidé d'aller en Angleterre pour prendre un peu de distance.

— Une période de réflexion, elle avait ajouté, en appuyant sur les paroles comme si elles étaient pesantes. Elles l'étaient. On sait très bien que cette phrase signifie toujours « rupture » voire « un euphémisme pour indiquer LA FIN ».

J'essayais de me reprendre :

— Mais non ! Qu'est-ce que tu dis ? Il n'y a pas besoin d'aller si loin pour réfléchir...

— Pourtant ça aide, elle avait insisté, méchante. Et toi qu'est-ce que tu fais ? Tu lui cours après ?

Je m'étais sentie touchée par la flèche brûlante de la vérité.

— Non, qu'est-ce qui te fait penser ça ? j'avais réagi, en m'enflammant.

Heureusement j'étais à l'abri au téléphone :

— C'est le hasard !

— Bien sûr. J'imagine que tu avais déjà réservé il y a des mois et des mois.

— C'est évident.

— Par contre, tu ne lui as jamais dit, tu n'avais même pas la moitié d'une idée d'y aller avec lui à Londres ! Bien sûr que non !

Qu'est-ce qu'elle faisait ? La maligne ? Elle se moquait de moi ? J'étais dans une impasse et j'étais obligée de lui demander :

— Pardon, mais tu ne me crois pas ?

— Pas du tout, elle avait répliqué sans cacher un bâillement.

— Hum... eh bien... en effet, j'ai bafouillé, mais elle a coupé court :

— Bref, tu lui cours après.

— Un peu, j'ai dû admettre. Je me suis rendu compte que j'étais en train de transpirer et que le portable bouillait dans ma main et surtout que mon oreille était brûlante.

— Nous sommes toutes passées par là, elle avait admis alors, indulgente. Au moins, Sean en vaut la peine.

— Sean ne t'a rien dit ? Je veux dire de notre, hum, discussion ? je m'étais renseignée, je la soupçonnais d'en savoir plus que ce qu'elle voulait bien me faire croire.

— Non, pourtant je l'ai senti un peu profiteur, elle avait ajouté. Et puis, depuis quand il décide d'aller à Londres chez ses grands-parents ? Je crois que cela fait au moins trois ans qu'il n'a pas fait un saut chez eux l'été. D'habitude ce sont eux qui viennent en Italie, c'est évident.

Hourra ! J'ai réussi à avoir au moins une information : Sean va chez ses grands-parents, et non tout seul dans une auberge de jeunesse fréquentée par des filles sublimes venant du monde entier !

— Et toi, tu sais où habitent ses grands-parents ?

— Bien sûr que je le sais.

J'ai levé les yeux au ciel.

— Tu me donnerais l'adresse ?

— Si je voulais te la donner, je te l'aurais dit tout de suite. Ça ne me semble pas correct avis-à-vis de Sean de te donner son adresse à Londres.

— Tu es vraiment une amie.

Je n'avais pas caché mon agacement, mais Andy a répondu rapidement.

— Bien sûr que je le suis, ton amie et celle de Sean. C'est justement pour ça que je ne fais pas la moucharde.

Mais moi, je suis entourée de personnes qui se déclarent « amies » parce qu'elles me disent tout.

— Moucharde ! Quel gros mot ! Je te demandais juste de m'aider, et c'est tout, j'ai commenté avec amertume.

— Vraiment ? Ma preuve d'amitié, et surtout d'estime, devrait te venir d'ailleurs, non de mes commérages.

— C'est-à-dire ?

— Du fait que j'ai pensé à te mettre au courant de mon projet pour l'été.

— Mais tu n'as pas dit que tu n'allais nulle part ou presque ?

— Justement. Tous ceux qui travaillent au magazine web vont un peu partout cet été. J'ai donc eu une idée. Chacun de vous pourrait m'envoyer des correspondances de l'étranger. Mais pas des journaux intimes. Des informations, des histoires, des événements. Tu y es ?

— Je pense que oui. Oui, oui.

— Georges m'enverra des articles de San Francisco, Louise de Barcelone, Viviane de Normandie. Toi, ça te dit de faire ça depuis Londres ?

— Hallucinant ! j'avais explosé.

Elle s'était dépêchée d'insister, sarcastique :

— Tu auras assez de temps pendant que tu lui cours après ?

— Je le trouverai, fais-moi confiance.

— Tu parles du temps ou de Sean ?

— Le temps, c'est plus facile.

— Brick Lane elle avait prononcé, comme si elle avait dit un truc du genre « tie-break » dans les quiz.

J'étais sur le point de demander « Dans quel sens ? » quand j'ai tout à coup compris et alors je me suis exclamée :

— Merci ! Tu es une vraie amie.

Puis, comme dans les dessins animés, il m'a semblé voir passer devant mes yeux le titre : « ICI LONDRES. DR MIA MALTAGLIATI ».

S

COMME « SENTIMENTS »

Où j'écris mon premier article

Brick Lane est une rue de Londres, elle se trouve dans l'East End. Elle s'appelle ainsi à cause des briques (genre Lego) avec lesquelles sont construits les maisons et les immeubles. Depuis le premier jour où je suis arrivée, je ne pense qu'à une chose, me précipiter là-bas, mais en lisant mon guide, je me rends compte que c'est une rue longue de un kilomètre et que je n'ai pas noté de numéro, car mon amie Andy montrait des réticences à me le donner. En plus, quand je demande à Nancy, elle me conseille de faire un saut là-bas surtout le dimanche.

— Pourquoi, c'est un jour de fête ? je demande, inquiète, tout en cherchant à le cacher.

— Parce que le dimanche, il y a un marché vraiment fantastique. Ça vous plairait de le voir ?

— Eh bien, allons-y tout de suite. On est dimanche, aujourd'hui, je tente.

En retour, Jenny me lance un regard assassin et sa tante, surprise, remarque :

— Mais vous venez juste d'arriver ! D'abord installez-vous un peu. On ira plutôt dimanche prochain, au moins, avant, vous vous serez un peu baladées dans la ville.

Mais comment ça ? Allons-y. Moi, j'irais plus volontiers toute seule, ou à la limite avec Jenny, mais pas avec une adulte indiscrète.

Mais sur le moment, j'amorce un sourire.

— Tu as raison, ce sera mieux d'y aller dimanche prochain.

Aussi, avant d'arriver à la moitié de mon séjour, je passe toute la semaine à l'école et à flâner dans la ville. Je commence par le quartier où vit Nancy, le fameux Notting Hill que la tante de Jenny a choisi volontairement à cause du film dont le poster est collé derrière la porte de la cuisine.

Je ne l'ai jamais vu.

Nancy nous raconte qu'il est « résolument romantique », avec un « splendide libraire timide, maladroit et sentimental » (qui est probablement son genre), et une « star magnifique, en pleine carrière, une femme déterminée, mais aussi fragile » (à laquelle elle s'est identifiée) qui tombent amoureux malgré les obstacles que constituent le travail, le succès et sa fortune à elle. Et aussi le fait qu'il est anglais et elle, américaine.

Il ne me semble pas que ce soit une différence culturelle insurmontable, mais peut-être que c'est comme chez nous quand on raconte qu'une fille du Sud aime un garçon du Nord ou vice-versa.

Bref, Nancy a tellement cherché qu'à la fin, elle a acheté une maison justement dans ce quartier autrefois très pauvre et aujourd'hui très chic, où il y a même une « Petite Venise », à savoir un canal avec des bars et des restaurants, et Portobello Road, où se trouve un des marchés les plus célèbres. Eh bien, il semblerait que je doive me spécialiser dans les marchés !

Notre toute première excursion se déroule sous une pluie battante qui ne se calme pas une seconde, une pluie fine et perfide comme un voile d'aiguilles. Quand nous rentrons à la maison, vers six heures, Jenny et moi sommes toutes trempées et nous nous jetons sur les sucreries que nous avons achetées dans un supermarché biologique indiqué par Nancy et qu'elle fréquente assidûment, à en juger par la quantité de nourriture que l'on trouve à la maison. À sept heures, quand la tante rentre, j'ai l'impression d'avoir été catapultée en plein hiver, le chauffage est allumé, Jenny et moi sommes en chaussettes de laine, et la tante nous propose justement de regarder Coup de foudre à Notting Hill téléchargé sur le net.

— C'est la dixième fois que je le vois mais ça ne fait rien, je l'adore, elle nous annonce, toute contente.

La dixième fois, dans le cas de Nancy, c'est peu de le dire, parce qu'elle connaît le film presque par cœur, tellement qu'elle pourrait faire la traduction en simultané (ou presque). En particulier, certaines phrases qu'elle prononce avec une voix vibrante, comme si c'était elle-même qui les prononçait : « Je suis juste une fille qui se tient devant un garçon et qui lui demande de l'aimer... »

Eh bien ! Et si je copiais la phrase ?

— Excuse-moi, Nancy, mais ça te plairait un type de ce genre ? j'ose dire, indiquant le grand échalas avec un menton un peu allongé et surtout avec une élocution saccadée, très maladroite.

— Bien sûr, elle me dit. Au moins ce n'est pas un faux-jeton ou un calculateur, sournois !

J'en déduis que la raison pour laquelle Nancy est célibataire est qu'elle n'a pas encore réussi à trouver la petite âme timide qui l'inspire et qu'en fait, elle n'est tombée que sur des goujats.

— En plus, on dirait qu'il embrasse très bien, intervient Jenny.

Les baisers de cinéma, c'est une obsession chez elle !

— Oui, c'est sûr, commente la tante tout enthousiasmée. En plus, ELLE est tellement sublime. Pour moi, Julia Roberts est un modèle, je l'ai adoré dans tous ses films, mais dans celui-là spécialement !

Puis elle révèle :

— Moi, j'ai les cheveux très raides, je me fais des permanentes pour les avoir comme les siens. Et puis son style, sa chaleur, c'est une femme magique.

— Mais la librairie du film, elle existe ? À quel endroit ? s'informe Jenny.

— Bien sûr ! La tante saute en l'air. Si tu voyais comment c'est ! Et combien de gens la visitent ! L'adresse n'est pas Portobello, mais si vous voulez jeter un œil, je vous montre sur la carte. Je n'y vais pas souvent, ils sont spécialisés dans les livres de voyage, mais on ne sait jamais...

— Tu pourrais rencontrer un type genre William, je lui suggère.

William est le nom du personnage un peu ennuyeux.

— Impossible. Celui-là, c'est Hugh Grant, il était fabuleux à ce moment-là. Et pourtant, quelqu'un de sympathique, un écrivain... et elle soupire.

Je ne sais pas si c'est le film, ou l'atmosphère, ou parce que pour le moment je ne peux pas aller à Brick Lane, mais ce même soir, l'inspiration me vient, je suis en bonne voie pour écrire mon premier article en tant que correspondante. Je prends des notes rapides avant de m'endormir, puis le jour suivant, en rentrant de l'école, je propose à Jenny de passer à Blenheim Crescent pour donner un coup d'œil à la librairie. Il ne pleut pas, mais le ciel est couvert et Jenny semble contrariée.

— C'est une librairie de voyage ? Pour faire quoi ?

— Mais c'est celle du film et moi, j'ai une idée pour écrire un article ! je lui explique.

— Mais tu es obsédée par ces articles. Même ici ! Tu n'étais pas venue à Londres pour Sean ?

— Bien sûr, mais ensuite je te l'ai dit, Andy m'a demandé...

— Oui, oui, je sais, elle souffle.

— Mais je ne pensais pas que tu allais commencer tout de suite, je pensais que peut-être nous allions faire un tour, un peu de shopping... je n'ai rien à me mettre.

— Mais comment ça, tu n'as rien ! Ta valise déborde.

— Ce ne sont que des choses trop lourdes ou trop légères, mais qu'est-ce que tu dis ? Nous sommes dans la ville du shopping et tu veux passer ton temps dans une librairie de voyages, va comprendre !

Tandis que Jenny se plaint, nous sommes arrivées à destination, juste devant le *Travel Bookshop*. Je lève les yeux au ciel pour éviter le regard de mon amie et j'entre. Ça, c'est un endroit qui fait naître l'inspiration !

À peine rentrée à la maison, je me lance à corps perdu sur le petit ordinateur portable d'occasion que m'a fourni Nancy.

— Tu en as pour longtemps ? me demande Jenny en bâillant.

— Non.

Je mens, parce que les articles ne viennent pas comme ça d'un seul coup.

— Mais toi, dis-moi, quand est-ce que tu sortir ?

Je lui ai juré que nous irions à *Harrods*, le magasin le plus célèbre de Londres.

— *No problem*, commente Jenny.

Une fois cloîtrée dans un endroit, elle me paraît bien contente de ne pas retourner tout de suite dehors, sous la pluie. Tandis que je vais dans la chambre tapoter sur les touches, elle se met en boule sur le canapé et regarde la télé. Je jurerais qu'elle pique un roupillon !

À sept heures, quand Nancy rentre, elle nous demande tout enthousiaste où nous sommes allées aujourd'hui et nous deux, nous échangeons un coup d'œil complice, et disons :

— Nous avions un milliard de devoirs à faire pour l'école, nous nous sommes limitées à un rapide tour.

— Je comprends, fait la tante, un peu déçue par nous deux qui devons paraître, à ses yeux de femme, *a pain in the neck*, en français on dirait « des casse-pieds ».

ICI LONDRES

De Mia Maltagliati

Travel Bookshop. C'est le nom de la librairie de Coup de foudre à Notting Hill, mais aussi une vraie librairie dans le cœur du quartier de Notting Hill. Ce n'est pas exactement à l'adresse Portobello 142, où il y a un magasin de vieilleries, mais au 13 Blenheim Crescent. Nous verrons difficilement entrer Julia Roberts, pourtant, depuis que le film est sorti il y a quelques années, le magasin est devenu un lieu de visite, voire de culte.

Les touristes cinéphiles et amateurs de littérature achètent avec frénésie des sacs en tissus avec le logo de la librairie, soit le bleu imprimé exprès pour le magasin, soit celui avec la carte du quartier dessinée dessus.

Les voyageurs cherchent « le carnet de voyage » noir et rouge intitulé Been there, Done that (« je suis allé là, j'ai fait ça ») avec les pages prévues pour être remplies avec ce qui a été vu, fait, mangé, les listes à dresser avec les ponts les plus longs ou les panoramas les plus beaux.

Beaucoup participent aux rencontres avec les auteurs qui, comme dans toutes les librairies londoniennes, coûtent 5 livres sterling par personne et commencent à 19 heures. Une file d'attente très anglaise (pour entrer) se forme au moins une demi-heure avant devant la porte, et il est recommandé de réserver parce qu'il n'y a que trente places. Pendant les rencontres avec les écrivains de voyage, on sert du vin, un peu comme si les lecteurs se trouvaient dans le salon de la maison de l'auteur ou d'un ami.

La « Librairie du Voyage » ne vend pas que des guides et des livres de voyage, comme on pourrait le penser. Elle propose aussi de la littérature, parce que le voyage « est un thème littéraire », m'explique Sarah, l'une des libraires. Il permet « de connaître le monde à travers la voix des écrivains, leurs témoignages, et leurs avis ».

Est-ce l'effet du romantisme du film qui s'est répandu dans la librairie ou est-ce que c'est la librairie qui a inspiré ce romantisme ? Parce que j'ai l'impression que l'on parle beaucoup de sentiments et d'amour, ici. Il y a un rayon consacré à l'amour : Love travel Guides, où l'on ne peut pas manquer le Guide de Venise pour les amoureux. Bien sûr, le voyage est avant tout un amour pour le lieu, une ville ; souvent un livre parle de tout ça. Ou alors un feeling qui nous pousse à suivre quelqu'un ou à rencontrer quelqu'un.

L'important est de partir, le reste adviendra.

S

COMME « SENTIMENTS »

Où j'essaie d'abattre un mur

C'était malin d'écrire que le reste adviendrait !

En attendant, ici, la seule chose qui se passe est que Jenny et moi bûchons comme à la maison et quand nous rentrons fatiguées de l'école, il n'y a pas de plat de lasagnes préparées par madame Betta, ni les paupiettes que maman me laisse toutes prêtes. Le frigo est plein de yaourts, de confitures diététiques, de jus de fruits, et un peu des restes du dîner que nous commandons quasiment toujours dehors, à moins que Jenny et moi ne nous décidions à préparer un beau plat de spaghettis achetés dans le fameux magasin de produits biologiques et coûteux comme un collier de perles.

Quelle vie misérable que celle d'une célibataire ! Nancy travaille et c'est tout. Elle pourrait tout aussi bien vivre dans un hôtel, au moins là, elle serait servie et respectée et surtout elle aurait des petits déjeuners et des dîners convenables, au lieu de ces *take-away* chinois ou thaïlandais ou indiens qu'elle nous propose ces derniers soirs.

Je dois admettre que nous aussi, nous sommes un peu des boulets. Car à chaque fois que Nancy avait envie de dîner dehors, nous avons décliné la proposition. La pauvre tante n'arrive jamais avant sept heures, souvent bien après, assez épuisée, et elle n'a qu'une hâte : prendre une bonne douche chaude et s'écrouler sur le canapé avec un dîner *take-away*. Et nous deux aussi, après l'école et le casse-croûte de midi, nous traînons dans les rues et dans les musées, et le soir, nous sommes à vrai dire complètement cuites. D'autant plus que nous ne sommes pas très habituées à passer d'une ligne de métro à l'autre : nous nous sommes trompées plusieurs fois de direction et par chance, nous l'avons toujours pris en rigolant, autrement nous serions désormais internées en hôpital psychiatrique !

Bref, nous sommes vendredi soir et nous avons effectué toutes les visites dites obligatoires comme le British Museum, l'abbaye de Westminster, Buckingham Palace avec la relève de la garde et le London Eye. La température avait grimpé et le ciel n'était plus couvert, ce qui avait facilité les choses, et les après-midi avaient été bien plus amusants, comme quand nous avions passé notre temps à ne rien faire sur la roue du London Eye, éberluées comme quand nous étions petites sur la roue de la fête foraine.

Je me sens vaguement coupable parce que cinq jours ont passé et je n'ai pas tellement envie de retrouver Sean. Bien sûr, partout où j'allais, j'imaginais tomber sur lui par hasard. Ça aurait si beau et bouleversant ! Et si lui au contraire m'avait entraperçue parmi la foule ? Pendant que je mangeais une glace dans la file d'attente pour le London Eye, ou quand je descendais en vitesse à l'arrêt de métro, ou alors à la sortie du British Museum, avec le sac du *bookshop* à la main ? Et peut-être m'avait-il appelée, ou avait-il pensé que j'étais un sosie, complètement interloqué... ?

Eh oui, j'ai de l'imagination à revendre ! En attendant, je n'ose pas l'appeler, je me limite à lui envoyer des petits messages où je me garde bien de l'informer du lieu où je me trouve. S'il savait que je me trouve à quelques kilomètres de distance !

Par contre j'écris : « Comment vas-tu ? Il fait beau temps ? » Je sais comment est le temps, mais voyons s'il me dit la vérité. « Tu t'amuses ? » Il répond toujours, mais évite de dire comment il va et s'il s'amuse. « Les journées sont longues », il m'écrit, moins banal que moi. « Je donne un coup de main à la maison. Peu de vie sociale, mais je le savais. »

Question vie sociale, je pourrais moi aussi dire qu'elle était quasiment nulle. Et puis vendredi arrive, le week-end démarre et de la larve de Nancy jaillit un papillon.

En effet, vendredi soir, elle rentre vers huit heures, à moitié éméchée à cause du *happy hour* où elle a dû bien lever le coude.

— Vous m'excuserez les filles si ce soir je ne suis pas avec vous mais j'ai un rendez-vous ! elle annonce euphorique.

Puis, elle s'enferme dans la salle de bains et vole dans sa chambre. Son look noir-d'enterrement est remplacé par un look brillant : on dirait qu'un néon s'est allumé sur la tante. Sa robe courte est incrusté de paillettes, les boucles d'oreilles brillent, les lunettes ont disparu, les ballerines sont remplacées par des talons hauts.

— Tata a un rencard, me souffle à l'oreille Jenny.

Emportées par l'enthousiasme de Nancy, nous nous changeons nous aussi et nous sommes poussées dans un taxi dans lequel elle sature l'air avec un parfum jusque-là jamais porté. Le programme prévoit que nous les filles, nous allions voir la célèbre comédie musicale dont j'avais parlé à Jenny (la tante a réservé deux places), tandis qu'elle va dîner avec « un ami ».

Franchement, nous irions bien volontiers nous aussi dîner avec elle, tout d'abord parce que nous avons une faim de loup et puis parce que nous sommes très curieuses : est-ce que ce type ressemble à Hugh Grant ?

En attendant, Nancy nous explique où trouver quelque chose à nous mettre sous la dent. Elle nous indique une rue où nous aurons l'embarras du choix : nouilles chinoises, *tacos* mexicains, ailes de poulet texanes, *fish and chips, pancakes*, à prendre avant et aussi après le spectacle, de toute façon, tout est ouvert tout le temps !

— Ça ne vous ennuie pas de sauter dans un taxi et de retourner à la maison toutes seules ? elle nous demande.

Et sans attendre de confirmation, elle poursuit, anxieuse :

— Vous vous souvenez de l'adresse ? Vous avez des sous ? La station de taxis est là, juste devant le théâtre. Sinon le métro, mais non, je ne préfère pas. Jurez-moi que vous allez prendre le taxi ?

Nous promettons. Puis son taxi disparaît, tandis nous cherchons une friterie.

Samedi matin, nous émergeons de nos lits assez tard. À la maison, il règne un silence de tombe et nous nous demandons si Nancy est rentrée. Nous descendons donc à pas de loup dans la cuisine, puis Jenny se rend devant la porte de la chambre de sa tante et contrôle.

— Elle est ici, elle me murmure.

Et tout de suite après, lisant ma question sur mon visage :

— Seule.

— C'est un bon ou mauvais signe ? je susurre.

— Mais quoi ? Tu penses qu'elle aurait dû se ramener le gars tout de suite à la maison ? elle se scandalise.

Nous fermons la porte de la cuisine et nous préparons le petit déjeuner. Nous pouvons parler sans chuchoter.

— Tu crois que ça s'est bien passé ? j'insiste à demander, comme si c'était moi qui avais eu le rendez-vous mystérieux.

Jenny hausse les épaules.

— à ce que j'ai compris, tata est du genre sélectif. Et elle fait bien.

— Comment ça ? Mais si elle attend Hugh Grant... je commente.

— Moi, le danseur d'hier soir m'irait très bien ! s'illumine Jenny.

— Il t'irait très bien ? C'est tout ? Il était hallucinant.

À ce moment-là, mon amie me fixe, et d'un air accusateur, elle me dit :

— Excuse-moi si je me mêle de tes affaires, mais quand est-ce que tu penses voir Sean ?

J'hésite avant de répondre. Au fond de moi, je remercie Jenny de ne pas m'avoir demander cela avant. Parce que moi-même, je n'osais pas me poser cette question. J'ai toujours cherché à me dérober en ayant des journées bien remplies entre les différentes occupations, les études, et puis le temps, et puis la fatigue...

Pour tout dire, j'ai peur !

C'est un peu comme si une barrière s'était relevée à l'intérieur de moi, une barrière invisible mais très lourde, j'étais pétrie d'anxiété et d'insécurité. Et s'il ne voulait pas me voir ? Et s'il me fait une scène ? *O. K.*, il ne l'a jamais fait, mais s'il était contrarié ? S'il se sentait poursuivi ? Et s'il en avait une autre ?

Une fille qu'il a rencontrée ces derniers jours, comme ça a été le cas pour Nancy ? Et si... et si...

Tous ces petits « si » sont comme les petites briques de ce mur. Brick Lane est d'abord à l'intérieur de moi et moi, je ne sais pas si je vais arriver à le traverser.

S
COMME « SENTIMENTS »

Où je commence le *count-down* de « *Love recovery* »

À un certain stade, même Jules César s'est décidé à passer le Rubicon et il a triomphé. Je me décide enfin à aller dans cette foutue rue Brick Lane et à récupérer mon amoureux. J'ai hésité bien trop longtemps !

C'est dimanche, il y a du vent comme chez nous au printemps, et un beau soleil éclatant. Tous les signes que les aruspices de César auraient justement interprétés comme propices. En plus, samedi a été une journée hallucinante, nous sommes allées faire du shopping avec Nancy dans un tas de magasins et nous avons aussi rencontré l'accompagnateur mystérieux de vendredi soir. Nancy ne se sent plus de joie. Comme moi, elle a changé cent fois d'habits, nous demandant notre avis. Elle voulait paraître « simple mais pas insignifiante, tata mais pas vieille fille, jeune mais pas fillette, mature mais pas vieille ».

Finalement, nous étions toutes les trois épuisées sur le lit, entourées de vêtements entassés, de chaussures, de ceintures et d'écharpes, et j'ai sorti une plaisanterie un peu malheureuse :

— Si tu lui plais, il ne fera pas attention à ce que tu portes.

— Mais qu'est-ce que tu dis ? On dirait mon père !

Elle a sauté comme un ressort et m'a jeté une chemise. C'était le signal de la bataille : nous avons commencé à nous lancer des soutiens-gorge, des tee-shirts, des culottes, tout en riant comme des baleines.

À la fin, nous étions plutôt déterminées à nous pomponner sans trop d'efforts : Nancy avec un tee-shirt en stretch, une robe géométrique jusqu'aux genoux, une ceinture noire et des talons pas trop hauts. Jenny et moi en jean et tee-shirt *glossy* achetés l'après-midi et en plus, un microsac hallucinant, un serre-tête avec des fleurs et des feuilles, des bracelets et des petits colliers trouvés dans un magasin d'Oxford Street.

Nous mourrions d'envie de connaître l'amoureux de Nancy. Nous ne nous attendions pas au sosie de Hugh Grant, mais quand est arrivé ce gars tout en noir, jean assez moulant et tee-shirt qui mettait en évidence un voyant tatouage sur le bras droit, nous sommes restées toutes bêtes. Le noir ne faisait pas ressortir une coiffure touffue brune ou grisonnante, mais une tête chauve, habillée d'une moustache et d'une barbichette. Le type avait l'air d'un policier ou d'un ancien athlète ou peut-être d'un videur. Mais je croyais que c'était le genre romantique, empoté et timide qui plaisait à Nancy, est-ce que je me suis trompée ?

— Les filles, je vous présente Ramon ! s'est exclamée la tante, un peu trop fort et rougissant de plaisir. Jusque-là, elle avait gardé son prénom secret.

— *Hola, chicas*, a fait le gars et j'ai alors pensé qu'il était torero et non videur.

— Bonjour, nous avons dit en français, quasiment à l'unisson Jenny et moi, abasourdies. Et nous avons tendu nos mains vers celle, massive, de ce supposé toréador.

— Mignonnes, n'est-ce pas ? a gazouillé Nancy en anglais à son accompagnateur.

Il a émis une sorte de grognement et la tante, en s'illuminant, nous a finalement dévoilé :

— Ramon est poète ! écrivain de voyage ! Ce n'est pas incroyable ?

Incroyable, en effet, c'est le mot juste.

— Il est à Londres pour écrire un guide ? a demandé alors Jenny, revenant doucement à elle après cette surprise.

Il a alors répondu en anglais avec un fort accent espagnol :

— Non, moi j'habite ici, un peu ici et un peu dans les Pyrénées. Et puis je n'écris pas des guides, mais des voyages sentimentaux, et là, il a lancé un regard noir à Nancy qui minaudait en poussant des petits gémissements.

— Des histoires qui partent de mes sentiments, surtout pour la nature. Moi, j'escalade les montagnes, je suis un montagnard, un *free climber*, je ne sais pas si vous voyez ce que je veux dire, je veux partager la beauté de ce que je vois et touche... et puis je veux raconter la vie rude, simple et vraie.

« Mince alors ! Sensationnel ! » j'ai pensé. « Il a du cran, ce monsieur. » Malgré ses muscles et son tatouage, ce type me semblait trop vieux pour ce genre de vie, gravir les montagnes et tout le reste. J'avais une idée très différente des écrivains et des poètes, mais après tout, il faut se méfier des stéréotypes.

— Et comment vous vous êtes rencontrés ?

Ça m'est sorti comme ça, je ne pouvais plus résister.

Nancy m'a adressé un regard fulgurant (un peu) de folle et m'a confié :

— Vous ne me croirez pas ! Je voulais vous le dire tout de suite, mais après je vous aurais gâché la surprise... Vous n'avez pas encore deviné ?

— À la banque. Ramon t'a demandé un prêt... était en train de dire Jenny, mais je lui ai donné un coup de coude.

— J'y suis ! À la librairie ! Au *Travel Bookshop* ! je me suis exclamée.

Nancy m'a d'abord pris dans ses bras, puis sa nièce, et elle s'est écriée :

— Oui, c'est exactement comme ça.

Puis, elle a expliqué, émue :

— Grâce à vous deux et au film que j'ai à peine revu d'un œil... Je suis passée là-bas vendredi après le travail, comme ça, une inspiration subite... il y avait une lecture, et il y avait... Ramon qui lisait, nous avons bu un peu de vin, puis il m'a invitée à dîner... Vous m'avez porté chance ! Merci !

Je ne sais pas, qui de Jenny ou de moi, avait la bouche la plus grande ouverte, nous semblions prêtes pour une intervention chez le dentiste.

Puis, la soirée a continué sur ce ton très pétillant grâce à la tante et à son accompagnateur qui lui lançait des coups d'œil de feu et un peu à nous aussi. Mais je ne pourrais pas dire précisément, car dans le restaurant où nous a amenées Ramon, l'éclairage ressemblait à celui d'un cimetière, on voyait à peine les plats dans lesquels on mangeait et son voisin. Il semblerait que ce soit un endroit très chic et à en juger par les gens qui fréquentaient l'endroit, c'était quasiment sûr : ils étaient tous tirés à quatre épingles, les femmes avec des talons très hauts, des vêtements moulants, les hommes en habits sombres, pourtant tous de l'âge de tata Nancy et bien plus.

En somme, nous étions les seules jeunes filles dans l'établissement. Cela ne m'étonne pas : même en France, personne de notre âge ne sortirait avec des balourds comme Ramon avec ses regards de feu et ses phrases ronflantes. D'ailleurs, il ne se souvient d'aucune d'elles. À la fin du dîner, le scénario de la soirée précédente s'est répété : Jenny et moi dans un taxi, et eux deux Dieu sait où dans la nuit londonienne.

À sept heures et demie, le dimanche matin, je me réveille, très agitée. Dans la maison, il y a un silence de mort, aucun coq n'a chanté, mais en moi s'est déclenché le compte à rebours !

La rencontre avec l'écrivain-alpiniste et le grand succès amoureux de Nancy m'avaient donné des forces, au point que j'ai envoyé hier soir un SMS à Sean. À vrai dire, déjà dans l'après-midi j'en avais envoyé un mystérieux, c'est-à-dire :

« Demain matin, tu auras une très grosse surprise ! »

À quoi lui avait répondu :

« O. *K.*, j'attends. » Le soir, le petit message a été :

« Demain matin, à 11 heures, 11 Camden Lock Market. Une personne t'attendra devant le restaurant juif, avec une surprise. »

L'endroit, c'est Nancy qui me l'a suggéré, ce n'est pas loin de Brick Lane. Mais ce n'est pas exactement dans sa rue, où peut-être on le connaît, où il y a ses grands-parents et ses parents, bref il vaut mieux éviter une situation qui pourrait embarrasser un peu tout le monde. Bien sûr, il m'a répondu soupçonneux :

« Qui est cette personne ? Comment je vais la reconnaître ? »

Et moi, toujours plus mystérieuse :

« Elle te reconnaîtra, elle. »

Le rendez-vous est donc pour ce matin. Je suis très agitée. Je rampe hors du lit comme un serpent, je m'enferme dans la salle de bains, je prends une longue douche, je me mets un baume au jasmin, je me sèche les cheveux avec le sèche-cheveux pour gonfleur donner du volume. J'essaie de faire le minimum de bruit en entrant dans la chambre et pour une fois, je suis bien contente d'avoir des fenêtres sans volets, car je peux ainsi passer au crible ma garde-robe sans devoir allumer la lumière. Jenny, pendant ce temps, continue à dormir, avec son petit masque sur les yeux.

Dehors on dirait qu'il fait beau, aussi je peux opter pour une jupe et des ballerines, même si la dernière fois que nous nous sommes vus, Sean a critiqué le fait que je porte une « minijupe », qui en fait n'en était pas une, c'était plutôt une jupe en jean qui arrive aux genoux. Aussi, cette fois-ci, je mise sur une petite jupe courte d'été et un haut décolleté.

Je retourne dans la salle de bains, je m'enduis de crème parfumée, je m'habille le mieux possible, chaussures comprises. J'épile quelques sourcils ; avec une goutte de fond de teint de Nancy, je couvre un satané bouton qui a éclos sur mon front juste pendant la nuit ; je gaine mes cils de mascara ; je passe du blush mais je décide ensuite de l'enlever avec de l'eau parce que j'ai le visage trop rouge. Je mets du vernis transparent, puisqu'il n'est pas encore neuf heures, et je peux enfin réveiller Jenny.

— Mince ! elle s'exclame, écarquillant les yeux. Mais où tu vas ?

— Je joue le tout pour le tout, je commente tristement.

Mais elle saute hors du lit pour me serrer dans ses bras.

— Tout ira très bien, tu verras. Tu es très belle, hallucinant ! Il va être séduit, c'est garanti.

Jenny tire sa tante du lit. Elle nous avait promis de nous accompagner jusqu'à Camden. Le plan prévoyait qu'elles iraient toutes les deux fouiner sur le marché, l'un des préférés de Nancy, pendant que moi, je mènerai ma mission en toute tranquillité. Après quoi nous nous enverrions des messages pour nous retrouver et déjeuner quelque part.

À dix heures, nous quittons la maison, moi alerte et réveillée depuis trois heures, parfaitement pomponnée et avec un maquillage léger, sur les conseils (et avec l'aide) de Jenny. Même mon amie est en grande forme, vêtue de pied en cap des achats qu'elle a faits hier dans les magasins, y compris les boucles d'oreilles et les bracelets.

Nancy, par contre, paraît endormie et parle doucement.

— Excusez-moi, d'habitude, le dimanche je dors tard, ça lui échappe, et tout de suite après, elle se dépêche d'ajouter qu'elle est très contente de nous accompagner. C'est une journée fantastique, on ne peut pas la passer au lit, il ne manquerait plus que ça, et puis je veux voir si je trouve un sac *vintage*...

Avant de sortir, elle cache son visage derrière d'énormes lunettes noires, du style diva américaine, ou plutôt du genre Julia Roberts, car avec les cheveux détachés et les lunettes, elle lui ressemble un peu.

Pendant tout le trajet en métro, j'ai l'impression de suffoquer, tant je suis anxieuse.

Il viendra ou il ne viendra pas ? La question continue à tourner sans cesse dans ma tête, et je me repose sur ma chère Jenny pour me distraire avec ses bavardages, ses questions, ses commentaires et ses blagues.

Nous arrivons finalement à la sortie du métro et mon cœur commence à battre fort. Il reste encore un quart d'heure avant le rendez-vous, je ne sais pas si je vais survivre jusqu'à onze heures. Jenny et Nancy me laissent, par prudence, à quelques centaines de mètres du lieu de rendez-vous, elles me font juste avant des baisers et des câlins, comme si je partais à la guerre !

Ça doit sûrement être pour ça que je pense « les dés sont jetés ». Heureusement je ne le dis pas à haute voix, sinon je friserais le ridicule.

S

COMME « SENTIMENTS »

Où la mission est « *accomplished* »

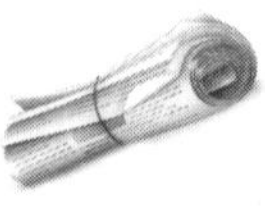

Mais où est ce restaurant ? Je regarde autour de moi, terrorisée à l'idée de me tromper. Nancy a été claire : « Plus loin, sur la droite, tu le verras tout de suite, c'est écrit en hébreu. »

Mais moi, je ne connais pas l'hébreu ! « Eh bien, je demanderai à quelqu'un », je me console.

En attendant, je me dirige vers le lieu fatal.

Plus ou moins à la hauteur de l'adresse fournie par Nancy se trouvent quelques serviettes de table disposées sur le trottoir à la bonne franquette, comme dans les villages de campagne. Mais ensuite, alors que je suis en train de me faire ces réflexions, je me rends compte qu'à deux tables de là est assis...

Oh mon Dieu, C'EST LUI !

C'EST LUI EN PERSONNE !

En plus, il est en train de me regarder tandis que je marche et que j'essaie de ne pas trébucher ni m'étaler par terre, ni tourner les talons ou fuir de honte !

Je prends mon courage à deux mains, même si mon cœur bat comme un tambour, et je souris. Mieux, je lève une main et je la secoue en l'air, totalement désinvolte. J'espère juste que mes jambes ne vont pas me trahir, je ne voudrais pas qu'elles se plient et s'écroulent à terre. Non, je ne peux pas me permettre de donner une telle impression, alors que je sens le regard de Sean posé sur moi.

Mais lui, il ne fait pas un geste. Il est resté assis, comme s'il était collé à sa chaise. Quand je lève le bras, il lève aussi la main, mais à peine, comme si elle pesait cent kilos. Puis, je comprends pourquoi il ne bouge pas : il est resté là, ébahi. Quand je suis à quelques mètres, il saute enfin sur ses pieds, faisant vaciller la table et tomber les verres.

— Oh !, je m'exclame d'un air détaché. Attention ! C'est en train de te tomber sur les pie...

Je ne finis pas ma phrase parce que Sean m'enveloppe dans ses bras et ainsi toute mon anxiété, ma peur, ma honte et le nœud affreux causé par les mille inquiétudes accumulées tous ces derniers jours fondent, s'évaporent et disparaissent. Et je suis là, enlacée à lui, plus sûre, plus forte et plus heureuse que jamais.

Cette fois-ci, c'est moi qui me soustrais à ses embrassades : après tout, nous sommes au milieu du trottoir, devant un bar bondé ! Mais il pose ses mains sur mes épaules, les serre, et me demande :

— Mais c'est vraiment toi ? Tu es là pour de VRAI ? Comment tu as fait pour venir ici ?

— Eh... surprise !

— Ah non ! Magie, il soupire et cette fois, qu'il y ait des gens autour de nous ou pas, il m'embrasse.

Je sais qu'à chaque fois je me répète, mais quand il m'embrasse, je pars en orbite. Tout disparaît autour, je suis transportée tout à coup vers un ailleurs moelleux, doux, chaud, vif, où chaque particule me fait vibrer de joie, et où je voudrais rester pour toujours.

Pourtant ce n'est pas possible. Je me retrouve assise à table, frissonnant de partout au point que je mets ma veste, et Sean très vite me demande :

— Tu as froid ? Tu veux que nous allions à l'intérieur ?

— Non, non, je vais très bien. Qu'est-ce que je peux commander ? je demande avec un léger tremblement dans la voix. Je me sens encore toute bouleversée et puis je n'arrive presque pas à le regarder tellement il est mignon ! C'est sans aucun doute le garçon le plus beau du monde et il est ici avec moi !

— Je m'en charge, moi, même si... tu parles anglais à la perfection maintenant ? il s'informe. Sa voix tremble.

— Mais non, je suis des cours. C'était l'excuse pour pouvoir te rejoindre.

— Vraiment, pour me rejoindre ?

Eh bien, qu'il est dur à convaincre !

— Oui. Seulement pour te rejoindre. C'est mon cadeau pour notre anniversaire... même si c'est un peu tard.

Et à ce moment-là, une larme m'échappe. Et zut, l'émotion, quels tours elle nous joue !

Il me serre fort les deux mains et il a, lui aussi, les yeux humides.

— Mia, tu es incroyable ! C'est le plus beau cadeau que tu pouvais me faire !

Tu vas voir que l'on va se mettre tous les deux à pleurnicher ensemble.

Heureusement, il se reprend et me dit :

— Quand je t'ai vue arriver, j'ai cru d'abord que je rêvais ! Je me suis dit : « Ce n'est pas possible que ce soit elle. »

De la petite larme, je passe tout de suite au rire.

— Et pourtant...

— Je m'attendais à une amie, quelqu'un venu en vacances qui m'apportait une lettre, un paquet, mais toi, en personne... Tu es si belle !

Je ris, satisfaite. Mais il me vient un doute : Sean s'est mis ici, dans ce bar, pour faire la vigie, mais depuis combien de temps ?

— Ça fait longtemps que tu attendais ?

— Une demi-heure. Je voulais arriver avant la personne mystérieuse.

Il me fixe avec un air d'adoration.

Mais moi, je suis toujours un peu chiffonnée.

— Et pourquoi ? Et pourquoi tu voulais arriver ici tellement en avance ?

Il sourit à faire tomber un régiment de jeunes filles.

— On ne peut rien te cacher à toi, hein ? Au fond de moi, j'espérais, je rêvais que tu allais arriver toi, vraiment toi.

— Mais alors il n'y a pas eu de surprise, je commente, un peu déçue.

— Tu plaisantes ? ça m'a fait un coup. Tu m'as paralysé !

— C'est pour ça que tu restes assis ? j'insiste, parce que j'adore qu'il me dise toutes ces douceurs, je ne m'en lasserai jamais.

— Un coup, bang ! Je vois cette fille sublime qui s'approche : c'est toi ! Mince, ça te va bien, la minijupe.

Ça y est, on commence à discuter.

Je ne sais même pas ce qu'il a commandé, il a toussoté quelque chose à la fille et est arrivé un grand verre que je goûte avec précaution : c'est de la limonade.

— Tu ne peux pas savoir combien je me suis senti seul ici. Je me suis demandé ce que je faisais dans la maison de mes grands-parents, comme quand j'étais enfant. Je pensais que tu étais en vacances à la mer, à t'amuser, je devenais fou.

— Mais comment ça ! je m'exclame.

Bien que je sois très contente de m'entendre dire qu'il s'est senti seul, je ne peux pas m'empêcher de répliquer :

— Tu es à Londres ! Et puis tu habites dans l'un des plus beaux quartiers, ou plus exactement, le plus beau !

Il rit. Je jure que s'il rit une autre fois comme ça je vais me liquéfier complètement en même temps que la limonade.

— Mais tu sais qu'il y a trente ans, c'était très moche ? C'étaient *les slums* de Londres !

— C'est quoi, les *slums* ?

— Les quartiers très pauvres, dégradés.

Je ne sais pas quoi dire. Peut-être qu'il exagère, car moi ça me semble très beau, peut-être est-ce dû à cette journée lumineuse, mais tout est flambant neuf, coloré, vif.

— Pour mes grands-parents, ça a été dur. Maintenant la maison est très sympa, même le quartier est fantastique, des étudiants et des artistes y vivent. Mais mamie répète que quand elle était jeune ça a été un choc d'arriver d'Inde, et les Anglais étaient extrêmement racistes.

J'ai la bouche glacée d'un coup, je ne sais pas si c'est à cause de la limonade trop froide.

— C'est pour ça que tes parents vivent en Italie ? je demande.

Je me rends compte que c'est la première fois que nous parlons de sa famille, de pourquoi Sean est né en Italie.

— Bien sûr. Mon grand-père était en réalité anglais, ma grand-mère était indienne. Une histoire compliquée pour l'époque, à ce qu'il paraît. Papa est parti après son diplôme, la France était son rêve, il avait étudié l'art antique.

— Tes parents étaient déjà mariés ? je m'informe, parce que cette partie de l'histoire est celle qui m'intéresse le plus.

— Ils se sont mariés et ils sont partis, papa avait trouvé du travail dans une société internationale de ventes aux enchères dont le siège était à Paris. Maman, elle, s'est mise à enseigner l'anglais. Quant au racisme, on ne plaisante pas là-dessus chez moi, il fronce les sourcils. Et pourtant, maman ne s'est jamais plainte. Elle dit qu'en Angleterre c'était bien pire ; enfant, elle avait souffert, parce qu'elle était d'origine somalienne.

J'ai la tête qui tourne avec tout ce monde qui me tombe dessus à travers les simples yeux de Sean. Je n'avais jamais pensé à ses origines aussi lointaines et différentes des miennes. Quelle chance que son père ait choisi de vivre où je suis née et que j'aie pu rencontrer Sean ! Sinon, j'aurais dû partir on ne sait où, autour du monde, pour le trouver. Parce que je suis absolument sûre que nous devions nous rencontrer.

— Pourtant les choses ont changé, il me dit, peut-être en voyant mon expression contrite.

— Ne me dis pas que tes parents veulent revenir ici ? je demande, inquiète.

Il me serre une main.

— Non, ne t'inquiète pas. Nous sommes heureux où nous sommes, et puis moi, je ne partirai jamais. À moins que…

Il marque une de ces pauses démonstratives pour tester mon attention, qui est bien sûr très ravivée.

— À moins que ? je fais.

S'il sourit encore, je vais m'évanouir.

— À moins que je ne doive te suivre !

Mon Dieu comme il est romantique ! Comme il est doux et amoureux !

Est-ce que je dois vraiment interrompre ce moment parfait ? Oui, je dois, parce que j'ai besoin d'une explication.

— Tu dis ça, mais tu t'es pratiquement échappé, je fronce les sourcils. La dernière fois que nous nous sommes vus a été terrible.

Le sourire disparaît de son visage.

— Je suis désolé.

Il réfléchit un instant et ajoute :

— J'avais mes raisons.

— D'accord, notre anniversaire, je me rends compte que ça a été très mal de ma part de l'oublier...

— Pas seulement ça, il m'interrompt, très assombri. Il s'agit de Julian...

J'écarquille les yeux.

— Qu'est-ce que ça a à voir avec Julian ?

Il baisse les yeux, embarrassé.

— On m'a dit que vous vous étiez retrouvés dans la salle de bains... qu'il y avait de la tendresse.

Sa voix tremble de nouveau, mais cette fois on comprend qu'il nourrit une certaine colère contre le pauvre, l'inoffensif Julian : je n'arrive pas à y croire !

— C'est vrai que nous nous sommes rencontrés dans les toilettes de l'école, tu sais tout était surveillé et il a dû faire couler l'eau, comme dans les films d'espionnage, mais... Ça par exemple, qui t'a dit un tel mensonge ? je hausse la voix, furieuse.

— Mais personne, des voix... quelqu'un à l'école... il hésite, tout en continuant à détourner le regard, mais moi je ne cède pas.

— Non, maintenant, tu dois me le dire ! Et toi, tu y as cru ! J'ai passé des sales journées, tu as été horrible...

La petite larme réapparaît sur le cil et Sean me caresse les cheveux en me demandant pardon, mortifié.

Mais qui est cette âme noire qui a répandu une telle médisance ?

— Alors, tu me le dis s'il te plaît ? Sinon je m'en vais et cette fois, c'est toi qui ne me vois plus, je menace, espérant que la phrase fasse son effet.

— C'est complètement ma faute, il confesse. Andy m'a dit que tu avais eu cette entrevue dans les toilettes et moi, je n'ai plus rien vu, va savoir ce que j'ai imaginé. Et puis, toi, tu ne faisais que défendre ce Julian. Un de mes camarades a commencé à dire que c'était sûr, qu'il y avait quelque chose entre vous, un autre à me faire remarquer que c'était étrange qu'une fille prenne autant à cœur une affaire de ce genre, puis il y a eu ce déjeuner en ville avec vos parents, le jour de notre anniversaire...

Je le fixe, troublée.

— C'est-à-dire que tu t'es basé sur des... suppositions ?

Je ne sais pas comment m'est venu sur les lèvres un terme de ce genre, mais cela semble le toucher.

Cette fois-ci, il me regarde droit dans les yeux, et il affirme :

— Je ne veux pas accuser les autres. J'ai été stupide et puis c'est tout.

— Tu es en train de me dire... que tu as tout fait tout seul ?

— Je suis jaloux, il révèle à la fin.

Il baisse de nouveau les yeux. Désormais, je pourrais même être reconnaissante. Mais à vrai dire, je me sens blessée. Tout cette histoire, pour rien ! Il suffisait juste d'en parler, comme dit toujours Sean, juste d'éclaircir les choses. Mais lui, il ne m'a pas fait confiance. Je garde le silence, et je retire la main.

— Je me suis trompé, peut-être que j'étais sous le stress avec l'école, j'ai exagéré... il me dit alors, toujours tête baissée. Je me suis comporté d'une manière détestable.

— Un peu, je concède.

— Mais j'ai compris que je me suis trompé, il admet, mais à ce moment-là, je dois absolument lui faire remarquer que si je n'avais pas fait le premier pas, il serait peut-être encore là à méditer tout seul.

— Tu as compris ce matin quand tu m'as vue, ou alors avant ? j'insiste.

Alors il sort un tas de feuilles pliées de la poche de son jean.

— Regarde, ça, c'est une lettre que je t'ai écrite... où j'ai cherché à t'expliquer...

— Ah. Et quand pensais-tu me l'envoyer ?

— Aujourd'hui. Mais tu m'as devancé.

Il me fixe avec son regard lumineux, sincère.

— Je peux la lire ? je demande avec une pointe d'avidité.

— Si tu veux, mais je crois que ce sont les palabres d'un fou, il admet, mortifié.

Qui sait, si j'avais eu cette discussion au téléphone, peut-être que j'aurais été dure, je serais restée sur mes gardes, je me serais fait prier, bref j'aurais rendu les choses plus pesantes. Parce qu'un peu de jalousie c'est bien aussi, mais trop ça risque de tout gâcher.

Sean se couvre le visage avec les mains.

— J'ai été un vrai crétin.

Je lui prends la main, je l'ai déjà pardonné.

— Tu n'es plus « saint », mais seulement Sean.

Il me regarde, pendant un moment il ne comprend pas le jeu de mots, puis il hoche la tête et rit, plus pour me faire plaisir, je crois, que par conviction.

C'est dur de descendre du summum de la perfection, mais après on se rend compte que ce n'est pas une chute. Bien au contraire, c'est un doux atterrissage entre les bras d'un autre.

S

COMME « SENTIMENTS »

Où l'on conclut avec un article

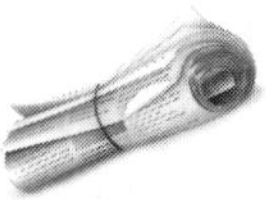

La seconde semaine de séjour à Londres avec Sean est tout simplement merveilleuse, même si je continue à aller à l'école et que nous nous voyons un peu comme quand je suis à la maison, l'après-midi et quelquefois le soir. Mais nous avons un tas de choses à faire en plus, ici, et lui il connaît tout, ou presque ! En plus, Jenny sort souvent avec nous, même si au début elle paraissait réticente.

— Je ne veux pas vous coller aux basques, je ne veux pas tenir la chandelle, elle disait, irritée.

Comment lui en vouloir ? Moi aussi à sa place, j'aurais réagi de la même manière. Mais ça me déplaît de la laisser seule, je ne veux surtout pas lui faire de la peine. Ma meilleure amie, qui en plus m'avait accompagnée dans la mission la plus délicate !

Aussi, en en parlant avec Sean, il s'est dépêché d'organiser une sortie avec ses cousines (une de mon âge et une autre plus grande) et leurs amis, de manière à faire un groupe. Pour Jenny ça a été un soulagement, elle s'est tout de suite acoquinée avec Ali, la cousine de notre âge. Elle avait une légère dose de *fashion addiction,* ce qui était parfait, elle pouvait emmener Jenny partout dans les rayons des grands magasins.

Les vacances ont enfin décollé !

Mais moi, je me souvenais de mon obligation envers Andy. L'article sur Notting Hill était un peu fadasse, c'était juste une description de mes premiers jours. Bref, il fallait vraiment ajouter autre chose de plus *cool*. Et alors, quoi de mieux que la soirée mirobolante des Pirates ? Parce que, comme promis à Jenny, nous sommes allées à l'avant-première du film de Johnny Depp et nous avons vraiment vécu une *expérience*. Mais vu que je suis désormais journaliste, je laisserai mon article raconter ça dans les détails. Alors le voici :

ICI LONDRES

De Mia Maltagliati

Il faut vraiment aller à une avant-première londonienne pour vivre un spectacle dans le spectacle.

Le cinéma Imax *à Waterloo est un énorme bâtiment circulaire qui s'enorgueillit d'offrir l'un des écrans les plus grands au monde. C'est un bâtiment de forme cylindrique, tout en verre, comme une espèce d'énorme monocle qui la nuit se transforme en un phare de lumière colorée, idéal pour faire aborder ici le fantasmagorique bateau de* Pirates des Caraïbes. *Le dernier film de la saga populaire sera projeté justement dans cette salle, en avant-première européenne. Depuis le début de l'après-midi, la foule qui attend le spectacle s'amasse ici. Beaucoup de passionnés de la saga, qui en est à son cinquième épisode, arrivent habillés en corsaires du* XVIII*e siècle, à tel point que South Bank semble ramené à l'époque où Londres était la reine incontestée des mers des siècles passés.*

Les spectateurs n'hésitent pas à exagérer avec les déguisements : bandeaux sur les yeux, jambes en bois, et même des dents pourries, et des cicatrices sur le visage, signes d'un long et minutieux travail de maquillage. Quelqu'un arrive même avec un perroquet sur l'épaule, et un autre avec un petit singe à la main, mais il est réprimandé par un groupe de dresseurs et il est obligé de ramener le petit singe, allez savoir où, chez lui ou au zoo. De toute façon, les animaux sont interdits dans le cinéma, et il n'y a plus de trace du perroquet non plus.

Avant l'arrivée de Johnny Depp, attendu à 18 h 30, à l'imposante entrée du cinéma (pour l'occasion décorée avec un red carpet de style hollywoodien), un sosie de Jack Sparrow circule sur la place, récitant par cœur les tirades du film ou chantant les chansons. Il ne s'agit pas pour autant d'une atmosphère carnavalesque, avec des chants, des danses, un allègre vacarme, des bousculades, des cris. Les pirates spectateurs semblent assez courtois, et ils s'attroupent soigneusement en une file d'attente à l'entrée de la salle, chacun avec son ticket réservé il y a plusieurs semaines. Bien sûr, quand on annonce l'arrivée de Johnny, l'ambiance change, elle se fait plus enflammée avec la foule de pirates qui s'entassent le long des barrières qui délimitent le red carpet, là où se trouvent les photographes prêts à actionner les flashes. La vedette arrive comme dans un film, dans une imposante voiture noire et descend avec la main déjà levée en l'air, en signe de salut. Il s'attarde, sourit pour les photographes, salue la foule à cet instant déchaînée, qui crie et qui anime la paisible soirée londonienne. Ils crient tous : « I love you ». Et la vedette adulée glisse parmi tous ces cris, par la main, il tient sa très belle et très compréhensive femme française. L'unique, le vrai Jack Sparrow et sa femme Vanessa, qui portent des vêtements Armani du dernier cri. L'écran est vraiment sensationnel et voir ce film ici est une expérience multisensorielle. Quand arrive l'orage, tout vibre tout autour, dessous et au-dessus de nous, à tel point que l'on a la sensation d'avoir été catapulté dans le film et de s'être retrouvé épuisé dans le navire qui tangue.

Tous, nous nous exclamons, crions, soupirons, frémissons, applaudissons, accompagnant les scènes du film comme une sorte de chœur dans les tragédies grecques.

Heureusement, on peut s'agripper à son compagnon de voyage sans être séparé par l'accoudoir du fauteuil. Il y a aussi des sièges doubles pour les amis et les couples. Désormais, nous sommes dans l'aventure entre coups de sabre, explosions assourdissantes, grondements de tonnerre, vagues gigantesques et des fantômes partout. Peut-être qu'à deux, on sauve mieux sa peau.

À la fin du film, les applaudissements crépitent et Johnny Depp se lève, il a assisté à la projection jusqu'au bout le plus tranquillement du monde, même si c'est sûrement la centième fois qu'il se voit sauter sur les ponts des voiliers. Il sourit, fascinant, salue et remercie la chaleur du public. Un peu comme dans un scénario hollywoodien, il se laisse aller à quelques observations pleines d'esprit, que les gens accueillent par des rires et des applaudissements nourris. À la fin, le sex-symbole loue la patience et la complicité de sa femme pour supporter Jack Sparrow en dehors de l'écran, dans les murs de la maison. Les fans de la star sont partagés entre l'admiration et la déception de voir *un homme amoureux qui exhibe son amour en public et embrasse même sa femme.*

Les lumières s'allument dans la salle, le public s'amuse de la flamme colorée qui pour toute la nuit continuera à répandre ses lumières joyeuses dans un ciel de Londres plutôt triste et chargé de pluie.

S

COMME « SENTIMENTS »

Pour finir…

Avant de pouvoir me définir comme une vraie journaliste, j'ai encore beaucoup à faire.

S'il y a bien quelque chose que j'ai compris ces derniers mois, c'est qu'il ne suffit pas d'écrire un bon article pour se dire journaliste, il faut pratiquer le métier avec patience, honnêteté, ténacité, régularité, et savoir acquérir une expérience soutenue par la recherche et la passion. Il ne suffit pas de le désirer, bref, il faut travailler dur si l'on veut être sérieux et devenir des professionnels respectés.

Je ne veux pas dire par là que j'avais sous-estimé ce métier, bien au contraire.

Seulement, je me suis rendue compte, une fois de plus, que pour moi, ce n'est pas seulement l'information qui est importante, mais aussi tout ce qu'il y a autour. ça me plaît de raconter les personnages et les situations, de reconstruire les scènes, de revivre les émotions que j'ai éprouvées et celles des autres.

Pendant que je réalisais mon enquête ou mon interview, je ne pouvais pas faire autrement que d'écrire tout ce qui m'arrivait et même plus, au-delà du simple article, parce que c'est ainsi que je suis faite.

Je serai peut-être journaliste, mais je suis sûre que je serai écrivain.

Le résultat est ici, c'est ce livre que j'ai composé jour après jour, alors que j'expérimentais le style de la chronique. Ce ne sera pas ma biographie, mais c'est une partie importante de ma vie, avec toutes les personnes qui comptent pour moi. Ce sont eux qui me poussent à parler d'eux, leur caractère, leurs sentiments, leurs pensées, leur comportement, les choses qu'ils font et qui leur arrivent.

Écrire c'est aussi aimer les autres ? En ce qui me concerne, oui.

Je ne peux pas dire si c'est mieux de construire un roman ou de reporter les faits et les histoires vraies des personnes : ce sont deux formes différentes. Il faut savoir les utiliser, ou peut-être il faudrait dire « doser ». Plus d'imagination d'un côté, plus de synthèse et de réalité de l'autre. C'est peut-être un peu approximatif, mais je crois que c'est une justification suffisante.

J'ai encore beaucoup à apprendre.

Remerciements

Un grand et sincère remerciement à mon amie journaliste Laura Montanari, qui a lu la première version de ce roman et qui m'a donné quelques tuyaux indispensables.

Merci à Matteo Faglia pour m'avoir encouragée et soutenue dans l'écriture de ces nouveaux épisodes de Mia, après le succès du premier volume, *Je veux être écrivain*.

Merci à Caterina pour m'avoir laissé utiliser son nom de famille.

Merci à mes fidèles lectrices, sans lesquelles ce livre n'existerait pas.

Table des matières

Notes

Notes

Notes

Notes

Notes

Notes

Notes

Notes

Notes

Dépôt légal : mars 2014 — N° d'impression : 1402.00019
Achevé d'imprimer en France par : Aubin Imprimeur